일본의 맛, 규슈를 먹다

일본의 맛, 규슈를 먹다
밥 위에 문화를 얹은 일본음식 이야기

지은이 박상현
초판 1쇄 발행 2013년 12월 20일
초판 7쇄 발행 2024년 12월 30일

펴낸곳 도서출판 따비
펴낸이 박성경
편집 신수진
디자인 박대성
일러스트 이은지

출판등록 2009년 5월 4일 제313-2010-256호
주소 서울시 마포구 월드컵로28길 6(성산동, 3층)
전화 02-326-3897
팩스 02-6919-1277
메일 tabibooks@hotmail.com
인쇄·제본 영신사

글, 사진 ⓒ 박상현, 2013

* 잘못된 책은 바꾸어 드립니다.
* 이 책의 무단 복제와 전재를 금합니다.

ISBN 978-89-98439-06-4 03900
값 26,000원

* 일러두기
본문에 나오는 지명과 음식 이름 등은 모두 외래어표기법에 따랐으나 카레, 우동, 오뎅에 한해서는 한국에서 통용되는 표기를 사용했다.

일본의 맛, 규슈를 먹다

밥 위에 문화를 얹은 일본음식 이야기

박상현 지음

차례

책을 내며   8

1 화혼양재, 일본음식이 된 서양음식들

돈카쓰 140년의 역사, 1,500킬로미터의 여정   16
카레 인도의 마살라는 어떻게 일본의 카레가 되었을까   32
돈코쓰라멘 포장마차에서 시작한 남성 노동자의 음식   50
단단멘 원조보다 더 완성도 있는   60
교자 요리보다 술안주, 한입에 쏙 들어가는 후쿠오카의 교자   70
잔폰 아직은 일본음식이 되지 못한 나가사키음식   86
오코노미야키 패전의 상실감을 달래 준 풍성함   102
구시아게 장르가 없는 음식의 즐거움   114

2 소울푸드가 된 에도의 패스트푸드

스시 세계 어디에서도 먹을 수 있는, 일본에서만 먹을 수 있는   130
오니기리 단단함 속에 부드러움을 간직한 채온의 음식   146
우동 한국인에게 맞는 우동은 후쿠오카에 있다   160
소바 일본인의 풍습과 함께하는 음식   176
오뎅 한국에선 재료, 일본에선 음식   192

3 전통, 만들어지거나 혹은 재해석되거나

가쿠우치 일본과 조선의 그늘이 만들어 낸 공간의 매력 212
소바가도 진짜 뺨치는 가짜가 시작하는 전통 220
아유야나바 기다림 끝에서만 만날 수 있는 228
게이한 규슈를 대표하게 된 피지배자의 음식 238
온타마란돈 뛰어난 기획력이 만들어 낸 스토리텔링의 정석 248
가라토시장과 단가시장 전통시장을 살리는 두 가지 지혜 258

4 일본 외식문화의 독특한 풍경

에키벤 일본 기차 여행의 백미 270
음식 냄새 코로 느끼는 맛을 중시하는 일본인의 이중잣대 282
야타이 후쿠오카의 속살을 만지다 292
프로듀싱 계열점
단순한 프랜차이즈를 뛰어넘는 일본 외식산업의 자존심 302
JR하카타시티 구텐 일본 대표 식당 46개의 진검승부가 펼쳐지다 310

5 혼모노, 음식의 본질을 추구하다

일본의 밥 밥상의 주인공에 대한 대접이 밥맛을 결정한다 — 318
혼모노센터 먹거리의 근본을 세운 생존 — 326
가와시마 두부점 두부를 다시 보게 만든 맛 — 336
갸야노야 고양이 목에 방울을 단 음식점 — 350

6 료칸, 일본 식문화의 결정판

가고시마 슈스이엔 29년간 지켜 온 료칸 요리의 정상 — 364
구마모토 아야노쇼 자연 속에 숨은 치밀한 인공미 — 378
오이타 하나벳푸 낡은 벳푸를 되살리는 동백과 대나무 — 390
사가 요요카쿠 왜 료칸에 가느냐고 묻거든 — 400

책을 내며

 맛칼럼니스트로서 나의 주된 관심사는 우리 음식의 '근대'다. 음식은 토기나 청동기 같은 유물처럼 그 실체가 전해지지 않는다. 기록을 통해, 혹은 현재의 식문화를 통해 미루어 짐작할 따름이다. 때문에 음식에 있어 지나치게 먼 과거로의 시간여행은 학문적 의미는 있을지언정 현재를 보는 방법은 아니다. 현재의 식문화를 파악하기 위해서는 그리 멀지 않은 과거, 즉 근대에 주목해야 한다.
 근대의 음식을 살피면 지금 우리가 먹는 음식의 근원이 보이고, 심지어는 그 배경과 변화의 과정까지도 보인다. 그런데 이를 살피다 보면 번번이 암초를 만난다. 바로 일본이다. 마음 같아서는 슬쩍 돌아가거나 못 본 척 지나치고 싶은데, 그냥 돌덩어리가 아니라 역사적 사실이기에 그럴 수가 없다.
 음식은 교류의 결과물이다. 좁게는 지역, 넓게는 국가, 더 넓게는 민족

간의 이동과 교류를 통해 전파되었다. 그리고 전파된 음식은 그 지역의 환경과 생활방식에 맞게 진화해 왔다. 태평양 남서부에서 만들어진 태풍은 서서히 그 세력을 키우며 북상하다 일본 열도와 만남으로써 세력이 꺾이거나 진로를 변경한다. 그리고 그 대부분이 한반도를 거쳐 간다. 근대 음식의 전파 역시 태풍의 경로와 유사하다. 아울러 이는 여전히 현재진행형이다.

  작년 일본에서 한국의 유명 식품기업 직원을 만났다. 그의 출장 목적은 단순했다. 일본의 주요 도시를 돌며 한국에서 당장 시작할 수 있는 외식 아이템을 찾는 것이었다. 그런 목적으로 일본을 찾는 업계 관계자가 적지 않다는 사실도 전했다. 비단 대기업뿐만 아니다. '일본 외식산업 탐방'이라는 주제로 일본을 찾는 외식업 종사자, 예비 창업자가 줄을 잇는다. 일본 유명 조리학교로 유학하는 학생 수 또한 증가 추세다.

  한국에서는 도심은 물론이고 동네 골목길에 이르기까지 일본식 주점인 '이자카야'가 대세로 자리 잡았다. 우동, 소바, 라멘, 덮밥, 카레, 햄버거스테이크 등 일본의 대중음식이 신규 창업 아이템으로 각광받고 있다. 결정적으로, 대다수의 한국 소비자가 오리지널이라고 생각하는 많은 가공식품, 과자, 음료 등이 사실은 일본 제품을 복제한 것이다. 일제강점기에만 우리의 의사와 상관없이 영향을 받았다고 눙치고 말기에는 이미 그 정도가 예상 외로 넓고 깊다.

  그렇다면 차라리 현실을 직시하고 냉정하게 한번 관찰해 보고 싶었다. 오늘날 일본의 식문화 전반은 물론, 그들의 대중음식을 낱낱이 살펴보기로 했다. 하지만 안타깝게도 국내에는 이를 위한 교양서는 말할 것도 없고 전문서조차 찾아보기 힘든 실정이다. 하는 수 없이 현장에서 직접 부딪치기로 했다. 지난 10년 동안 틈만 나면 일본을 갔다. 그들이 즐겨 먹는 음식을 먹고, 그 음식의 역사와 변화 과정을 갈무리했다. 일본 외식산업의 현장을 직접 목격하고 그 특성을 파악했다. 심지어는 음식을 대하는 일본인 특유의 행태까지 분석했다.

19세기 중반 일본은 700여 년 동안 이어져 온 봉건체제를 무너뜨리고 근대 국가로의 변신을 시도했다. 이를 '메이지유신'이라 한다. 이때 일본은 마치 거대한 용광로와도 같았다. '탈아입구'를 외치며 무차별적으로 서양의 문물을 받아들였다. 서양을 닮는 것이, 서양처럼 되는 것이 곧 근대화라 생각했다. 그런데 목적을 달성하기 위한 전략이 흥미롭다. 일본의 정신을 바탕으로 서양의 기술을 받아들이는 '화혼양재'를 택했다. 서양을 미치도록 닮고 싶어 했으면서도 단 한 번도 자신을 버리지 않았다.

이러한 목표와 전략은 음식에도 그대로 적용됐다. 서양음식을 먹는 것이 곧 근대적 시민이 되는 과정이며, 이를 통해 강한 일본이 된다고 믿었다. 영국, 독일, 프랑스, 미국 등의 음식을 닥치는 대로 받아들였다. 가장 상징적인 사건이 '육식 금지'의 원칙을 깬 것이다. 일본은 675년 덴무 왕이 발표한 〈살생과 육식을 금지하는 칙서〉에 의거 소, 말, 개, 원숭이, 닭의 살생과 육식을 엄격히 제한해 왔다. 무려 1,200년 가까이 지켜오던 이 원칙이 메이지유신 직후 깨졌다. 이때부터 일본의 식문화는 거대한 소용돌이 속으로 빠져들었다.

혼란의 와중에도 그들은 화혼양재라는 원칙만큼은 철저히 지켰다. 빵에 팥앙금을 쑤셔 넣고, 카레에 밥을 곁들이고, 돈카쓰에 젓가락을 사용했으며, 그 돈카쓰를 다시 꼬치에 꿰었다. 이렇게 만들어진 음식을 통칭하는 '양식' 혹은 '경양식'이라는 그럴듯한 말도 만들었다. 이 원칙에는 중국음식도 예외가 아니었다. 중국의 면요리를 들여와 자신들만의 라멘, 잔폰, 단탄멘을 만들었다.

이렇게 만들어진 음식은, 처음에는 누가 봐도 기형적이고 어색했을 것이다. 그런데 '기형적인 것'조차 시간이 지나고 발전을 거듭하니 '그럴듯한 것'이 되었다. 이제 일본은 이 음식들을 자신이 만든 세계적인 발명품이라 자랑한다.

그렇다고 우동, 소바, 스시 등의 전통음식을 포기하지도 않았다. 특유의 장인정신은 고수하면서 대중화를 꾀했다. 따지고 보면 이 음식들조차 본래부터 일본의 것은 아니다. 하지만 전통이라는 바탕에 근대적 합리성이 결합되면서 온전한 일본음식으로 정착했다. 외래음식을 거침없이 흡수해 어떻게든 일본음식으로 만들어 버리는 것. 이것은 일본 특유의 방식이면서 메이지유신 이후 150년간 진행되어 온 일본음식의 역사다. 그리고 그렇게 만들어진 음식은 태풍의 진로가 그러하듯 대부분 한반도로 전해졌다.

이 책의 전반부에서는 각각의 음식의 유래와 재창조의 과정을, 후반부에서는 그 낱낱이 모여서 만들어 낸 일본 특유의 식문화를 살폈다. 더러는 익숙한 내용이지만 더러는 전혀 생소한 접근 방식도 있다. 이방인, 특히 한국인의 입장에서 일본의 식문화를 관찰하면서 생긴 나름의 관점이 적용되었기 때문이다.

모든 내용은 실제로 존재하는 음식점, 인물, 료칸을 사례로 풀었다. 대신 일본 전체가 아닌 규슈로 한정했는데 여기에는 몇 가지 이유가 있다. 우선, 한반도와 규슈는 고대로부터 뱃길로 연결되어 있었다. 뱃길은 한일 해협을 지나 한반도와 규슈 내륙으로까지 이어졌다. 때로는 교류의, 때로는 침략의 통로로 활용되었다. 그것이 교류든 침략이든 결국에는 양국의 문화가 전파되는 결과를 가져왔다. 그래서 규슈는 일본에서도 한반도 식문화의 영향을 가장 많이 받은 곳이며 그 흔적 역시 만만치 않게 남아 있다.

규슈는 또한 일본인이 좋아하는 향토음식이 가장 많은 곳이기도 하다. 지난 2007년 일본 농림수산성은 '향토요리 백선'을 발표했다. 총 1,644종의 향토음식 가운데 전문가의 심사를 통해 100개를 선정했다. 그리고 심사와는 별도로 인터넷 국민투표도 진행했다. 그 결과 1위부터 10위까지의 음식 가운데 규슈의 향토음식이 무려 6개나 선정되었다.

끝으로, 현실적인 고려를 하지 않을 수 없었다. 일본 열도는 한국인이 생각하는 것 이상으로 넓고 다채롭다. 그 모든 것을 한 권의 책에 녹여 내는 것은 시간적으로도 비용 면에서도 무리였고, 더불어 이 책을 읽는 분들에게도 몹쓸 짓이라 생각했다. 내가 경험한 것을 보다 많은 독자와 공유하자면 범위를 좁힐 필요가 있었다. 순수 관광을 목적으로 방문하는 한국인이 가장 많은 규슈는, 그런 점에서 최적의 선택이라 믿었다.

   한 권의 책을 읽고 무엇을 느끼며 어떻게 활용하느냐는 온전히 독자의 몫이다. 저자가 독자에게 이러쿵저러쿵 훈수를 두고 가이드를 제시하는 것은 진정한 프로의 자세가 아니다. 이것은 내 이름을 달고 세상에 나온 첫 번째 책이다. 따라서 나는 아직 프로라 당당히 말할 처지가 못 된다. 그래서 한 가지 부탁을 드리고자 한다.

   이 책을 일본의 식문화를 이해하는 도구로 삼든, 혹은 일본여행의 가이드북으로 활용하든, 그것은 원하시는 대로 형편에 맞게 선택하시면 된다. 다만, 음식은 문화라는 사실, 그리고 문화는 교류를 통해 전파되고 정착된다는 사실만 기억해 주시면 감사하겠다. 지난 수천 년 동안 한국과 일본은 이 명제로부터 단 한 순간도 자유로웠던 적이 없었다.

2013년 12월
박상현

1

和魂洋才

화혼양재 일본음식이 된 서양음식들

돈카쓰

140년의 역사, 1,500킬로미터의 여정

후쿠오카福岡의 하카타博多역에서 신칸센을 타고 1시간 30분을 달리면 남규슈의 중심 도시 가고시마鹿兒島 중앙역에 닿는다. 역 광장에는 다양한 인물의 동상으로 이루어진 조형물이 관광객을 맞는다. 이름 하여 '젊은 사쓰마의 군상'이다. 이 조형물은 1865년 일본 최초로 해외 유학길에 올랐던 19명의 사쓰마薩摩(가고시마의 옛 지명) 젊은이들을 기념하기 위해 세워졌다.

당시만 해도 봉건체제를 유지하며 강력한 쇄국정책을 펼쳤던 상황이므로, 이들의 유학은 목숨 건 결단이었다. 영국을 비롯한 유럽 각국을 시찰하고 돌아온 이들은 이후 일본 근대화의 시발점인 메이지유신의 주역이 된다. 이들 가운데는 정한론征韓論을 주장한 인물도 있고 결국엔 제국주의 일본의 맹아 역할을 했기에, 한국인의 입장에서 보자면 상당히 불편한 조형물이기도 하다. 그런데 나는 아이러니하게도 이 '젊은 사쓰마의 군상'을 보고 있노라면 자꾸만 돈카쓰豚カツ(돈가스)가 떠오른다. 이를 설명하기 위해서는 140년 전의 도쿄로 시간과 공간을 이동할 필요가 있다.

도쿄 시부야에는 메이지유신을 단행한 무쓰히토睦仁 왕(즉위 2년에 메이지 왕으로 이름을 바꾼다)을 기리기 위해 건립된 메이지신궁明治神宮이 있다. 1920년에 창건되었다가 제2차 세계대전 중 공습으로 폐허가 된

후 1958년 새로 지었다. 현대 일본의 번영을 가능케 한 '근대화의 아버지'로 메이지 왕을 기리는 곳인 데다가 '화혼양재和魂洋才', '탈아입구脫亞入歐'를 외치며 근대화에 성공한 일본은 청일전쟁과 러일전쟁에 이어 한반도를 식민지로 만들어 버리고 그 자신감으로 태평양전쟁까지 도발했으니, 한국인에게는 결코 엄숙하거나 경건할 턱이 없는 공간이다. 그럼에도 굳이 이곳을 찾은 이유는 일본 근대사에 있어 가장 인상적인 한 순간을 회상하기 위함이다.

메이지유신은 요리유신

봉건적 질서를 허물고 근대로 향한 메이지유신은 일본인의 식생활에도 급격한 변화를 가져왔다. 그래서 더러는 메이지유신을 '요리유신'이라 부르기도 한다.

서기 675년 일본의 덴무天武 왕은 〈살생과 육식을 금지하는 칙서〉를 통해 소, 말, 개, 원숭이, 닭 등의 살생과 육식을 금지했다. 이는 불교의 영향이기도 했거니와 농경사회에서 생산의 기반을 보호하기 위한 방편이기도 했다. 후손들은 이 칙서를 충실히 따랐다. 더러는 멧돼지 등의 야생동물을 수렵하기는 했지만 이는 예외적인 경우였다. 일본에서 사시미, 스시, 덴푸라 등의 해산물요리와 우동, 소바 등의 면요리가 발달한 데는 이러한 역사적 배경이 존재한다.

이렇게 지켜 오던 육식 금지가 난관에 봉착한 것은 개국과 더불어 외국인이 몰려오면서부터다. 일본인은 자신들과 체급에서 현격히 차이가 나는 서양인을 보면서 충격을 받았다. 그리고 이 차이를 극복하지 않고서는 근대화고 뭐고 말짱 도루묵이라는 위기의식을 느꼈다. 근대화를 이끌었던 정치가들은 왕을 종용하기 시작했다. 아울러 서양의 관료들을 접대하기 위해서는 그들의 음식을 낼 필요도 있었다. 급기야 메이지

메이지유신과 더불어 시작된 일본음식의 근대화는 기술과 제도의 근대화만큼이나 빠른 속도로 진행되었다. 그런 의미에서 '육식 금지'의 역사를 끝낸 메이지 왕을 기리는 메이지신궁은 근대 일본음식의 출발점이다.

왕은 1872년 1월 24일 메이지유신의 주역들을 궁으로 불러 서양식 만찬을 열었다. 1,200년간 지켜 왔던 육식 금지의 역사가 막을 내리는 순간이었다.

이후로 일본인의 식생활은 유례없는 변혁의 소용돌이 속으로 빠져들게 된다. 제도를 바꾸는 데는 정치적 결단이 필요하지만, 오랜 세월 이어져 온 생활습관을 바꾸는 데는 시간과 용기가 필요하다. 새로운 정부는 육식 장려를 위한 적극적인 정책을 펼쳤으나 국민은 머뭇거렸다. 육식이 익숙하지 않았을뿐더러, 어떻게 먹어야 하는지 조리법조차 몰랐다.

우여곡절 끝에 가장 일본적인 방식이 선택됐다. 쇠고기를 일본인에게 익숙한 냄비(나베)에 넣고 조렸으니 이것이 이름 하여 규나베牛鍋, 즉 쇠고기전골이다. 이때부터 일본인은 고기 맛을 알게 됐고 규나베는 도쿄와 요코하마橫濱를 중심으로 순식간에 전국으로 퍼져 나갔다.

메이지 원년인 1868년 요코하마에서 창업한 '오타나와노렌'은 당시의 규나베를 지금까지도 원형 그대로 판매하고 있다. 바닥이 깊지 않은 무쇠냄비에 큼지막하게 깍둑썰기 한 쇠고기를 깔고 된장양념을 넣어 익혀 먹는다. 규나베의 된장양념이 간장양념으로 바뀌고 깍둑썰기 한 쇠고기를 얇게 저미는 것으로 변형된 요리가 스키야키鋤燒다.

규나베로 고기 맛을 알게 된 일본인이 다음으로 도전한 음식이 돈카쓰다. 돈카쓰의 어원은 프랑스어인 '코틀레트cotelette' 혹은 영어식 표기인 '커틀릿cutlet'이다. 이를 일본식으로 발음한 것이 '가쓰레쓰'고, 가쓰레쓰가 온전히 일본음식으로 변형되면서 돈카쓰라는 명칭이 정착되었다.

메이지 왕이 육식을 해금한 1872년 이래로 커틀릿이 돈카쓰가 되기까지는 근 60년 세월이 걸렸다. 이 과정을 오카다 데쓰는 《돈가스의 탄생》에서 다음과 같이 정리했다.

1. 쇠고기에서 닭고기로, 그리고 돼지고기로
2. 얇은 고기에서 두꺼운 고기로
3. 유럽식의 고운 빵가루에서 일본식의 알갱이가 큰 빵가루로
4. 기름을 두르고 부치는 것에서 기름 속에 넣고 튀기는 딥프라이로
5. 접시에 돈가스만 담던 데서 돈가스에 서양채소인 양배추를 곁들이는 형태로
6. 튀긴 고기를 미리 썰어서 접시에 담아 손님에게 내는 것으로
7. 일본식 우스터소스를 듬뿍 끼얹는 것으로
8. 나이프나 포크가 아니라 젓가락을 써서 먹는 것으로
9. 밥과 같이 먹을 수 있는 일식으로

여기서 재미있는 사실. 1번부터 5번까지는 아직 '가쓰레쓰'다. 그랬던 것이 6번에 이르면서부터 '돈카쓰'가 되기 시작한다. 흔히들 돈카쓰의 원조라고 알고 있는 도쿄 긴자의 '렌가테이'에서 내는 음식은 돈카쓰가 아닌 가쓰레쓰다. 실제로 렌가테이의 메뉴에 돈카쓰라는 음식은 없고 '포크카쓰레쓰ポークカツレツ'만 있다. 지금과 같은 형태의 돈카쓰를 처음 팔기 시작한 곳은 도쿄 우에노에 있던 '폰치켄'이라는 식당이다. 렌가테이에서 가쓰레쓰를 팔기 시작한 것이 1895년의 일이고 폰치켄에서 돈

카쓰를 팔기 시작한 것이 1929년이니, 가쓰레쓰가 돈카쓰가 되기까지는 장장 34년의 시간이 걸린 셈이다. 안타깝게도 폰치켄은 오래전에 문을 닫았고, 렌카테이만 118년의 세월 동안 자리를 지키고 있다. 돈카쓰의 원형을 맛보기 위해 렌카테이를 찾았다.

렌카테이煉瓦亭를 한자 그대로 풀이하면 '벽돌집'이다. 그래서 렌카테이는 3층 건물의 외관에 아직도 벽돌을 붙여 놨다. 근대화 초기에는 서양식 목조건물을 도입했던 일본은 점차 르네상스 양식의 건물을 짓게 된다. 르네상스 건물에는 벽돌이 필수 재료다. 하지만 당시에는 벽돌이 흔치 않은 건축자재였다. 일본인에게 흔치 않은 서양음식을 내면서 최신 건축자재를 사용해 건물을 짓고, 이름까지도 '벽돌집'이라고 붙여 버리는 이 일관성! 118년 전의 스토리텔링이라고는 믿기 어렵다.

포크카쓰레쓰를 주문하니 밥을 곁들일까 빵을 곁들일까 먼저 묻는다. 이런 질문을 받아 본 지 얼마 만인가 싶다. 아직 돈카쓰가 되기 전의 음식이니 당연히 빵을 주문했다. 동네 빵집에서 흔히 볼 수 있는 모닝빵과 바게트 그리고 버터 한 조각이 나왔다.

잠시 후 118년 전통의 가쓰레쓰가 나왔다. 빵가루를 입혀 튀겨 낸 조신한 모양의 고기 한 덩어리와 풍성한 양배추, 그리고 클래식한 문양의 접시까지. 그간 상상으로 그려 왔던 모습 그대로다.

사뭇 긴장되는 손놀림으로 칼질을 시작한다. 긴장이 덜 풀린 탓에 두툼한 티본스테이크를 썰 때보다 힘이 더 들어간다. 가쓰레쓰의 원형답게 돼지고기와 튀김옷이 자연스레 분리되고 고기 표면에 풍부한 육즙

118년 전통을 가진 도쿄 렌가테이의 포크카쓰레쓰는 기대했던 것만큼 맛은 없다. 하지만 당시의 맛과 분위기를 고스란히 유지하고 있어서, 이를 찾는 사람들의 발길이 꾸준히 이어지고 있다. 이 또한 일본 식문화의 저력 가운데 하나다.

이 좔좔 흐른다. '바로 이거야!' 하면서 한 입 깨무는 순간, 환상은 딱 거기까지다. 이 가쓰레쓰, 엄청 맛없다. 고기를 우유에 재운 탓에 돼지고기 특유의 풍미가 뭉개지고, 밑간을 어찌나 강하게 했는지 너무 짜다. 돼지고기의 품질이 떨어지고 유통이 원활하지 못했던 과거에야 우유에 재워 누린내를 제거하는 과정이 필요했겠지만, 요즘 같은 호시절에 굳이 이런 과정을 답습할 필요가 있을까 싶다.

순간 이런 생각이 들었다. 이건 어쩌면 오늘의 음식이라기보다는 1895년의 음식이다. 118년의 시간이 흐르는 동안 음식은 그대로인데 입맛이 변한 거다. 수없는 시행착오를 통해 지금의 돈카쓰는 메이지시대와는 비교할 수 없을 정도로 발전했다. 그런 역사적 결과물에 길들여진 입맛이 원형에 만족할 턱이 없다.

그래! 어차피 맛을 기대했던 것은 아니다. 돈카쓰의 원형을 내 눈과 입으로 직접 확인하고 싶었을 따름이다. 그럼 지금부터 근대가 아닌 현대의 돈카쓰를 만나기로 하자.

도쿄에서 만난 돈카쓰의 원형, 가고시마에서 만난 돈카쓰의 현재

도쿄가 돈카쓰의 본고장으로 유명 전문점이 많다지만, 가고시마 사람들은 이런 명성을 살짝 비웃는다. 돼지고기의 품질과 신선도에서만큼은 우리가 최고라는 자신감 때문이다. 실제로 가고시마에는 많은 돈카쓰 전문점이 있고, 어느 곳을 가든 돈카쓰의 진수를 맛볼 수 있다. 그중에서도 최고라고 엄지손가락을 자신 있게 세울 수 있는 곳은 역시 '마루이치九一'다.

이곳을 수소문해서 찾아갔을 때, 처음에는 좀 당황했다. 가고시마 최고의 돈카쓰 전문점이라는 곳이 고작(!) 빌딩 지하 식당가 한켠에 자리 잡고 있었기 때문이다. 여덟 명 정도가 앉을 수 있는 카운터와 다다미가 깔린 구조도 일본에서 흔히 볼 수 있는 대중식당의 모습이다.

설마 하면서 일단은 자리를 잡고 앉는다. 그러면 이상한 풍경이 펼쳐진다. 식당에서 일하는 분이 죄다 여성이다. 처음에 두세 분 정도 보이는가 싶더니, 백설공주의 일곱 난쟁이가 등장하듯 차츰차츰 늘어난다. 전부 30대 이상의 아주머니들이다. 돈카쓰를 튀기는 것도, 양배추를 써는 것도, 밥을 푸는 것도, 접객을 하는 것도 모두 그녀들의 몫이다. 가히 '돈카쓰계의 아마조네스'인데, 식사를 하고 있으면 여왕님을 알현하는 영광을 누릴 수도 있다. 일흔이 훌쩍 넘어 보이는 할머니가 물주전자를 들고 나타난다. 걸쭉하면서도 들을수록 친근한 가고시마 사투리를 쓰면서 이 식탁 저 식탁을 오가며, 차도 채워 주고 밥도 더 먹으라며 권한다. 단골들에겐 안부를 묻고 처음 온 손님에겐 맛있게 먹는 방법을 알려 준다.

마루이치에는 등심돈카쓰와 안심돈카쓰 그리고 새우프라이 단 세 가지 메뉴만 있다. 다만 등심돈카쓰는 보통의 가고시마 흑돼지를 사용한 것과 최고 등급의 흑돼지를 사용한 것 두 가지가 있다. 일본의 돈카쓰 전문점을 처음 찾는 관광객들이 흔히 하는 실수가 있다. 다양한 메뉴를

가고시마가 돈카쓰의 본고장이 된 까닭

서양음식을 모델로 도쿄에서 시작되었지만, 정작 일본 최고의 돈카쓰는 가고시마에서 만날 수 있다. 이유는 원재료인 돼지고기 때문이다. 가고시마의 토종 돼지는 흑돼지黑豚, 일본말로 '구로부타'다. 이 흑돼지는 400여 년 전, 지금의 오키나와에 있던 류큐琉球국으로부터 전래되었다. 하지만 육식 금지의 역사로 인해 흑돼지는 오랜 세월 그 명맥이 끊어져 멸종 위기에 놓여 있었다.

1970년대 일본 전역에서 '1촌 1품 운동'이 활성화되자 가고시마현에서는 재래종 흑돼지를 복원시키기로 하고, 현에서 운영하는 종돈장을 만들었다. 이후 가고시마현은 10년 이상의 장기 계획을 세우고 수백억 원의 예산을 들여 멸종 위기에 있던 재래종 흑돼지를 복원시켰다. 한편 축산 농민들은 흑돼지의 품질 향상을 위해 1990년 흑돈 생산자 모두가 참여한 '가고시마현 흑돈생산자협회'를 설립하고, 1992년에는 '가고시마 흑돈 증명제도'를 도입해 생산체제를 정비했다. 또한 가고시마의 특산물인 고구마를 일정 기간 사료로 사용할 것, 사육 기간은 230~270일 정도로 할 것 등 매우 까다로운 생산 규정을 정하고 이를 준수하고 있다.

이처럼 민관의 적극적이고 자발적인 노력으로 인해 현재 가고시마의 흑돼지는 일본 내에서 고급 돼지고기의 대명사가 되었다. 선호 부위인 삼겹살과 등심의 경우 100그램에 1,500엔(16,000원 정도) 이상에 팔리고 있으며, 같은 음식이라도 가고시마 흑돼지를 사용했느냐 그냥 일본산 돼지를 사용했느냐에 따라 가격은 배 이상 차이가 난다.

먹어 봐야 한다는 욕심에 이것저것 시켜서 나눠 먹는 것이다. 호기심을 이해하지 못하는 바는 아니지만 이는 '삽질'이다. 돈카쓰의 진정한 맛은 등심에 있고, 단 한 번의 선택이라면 고민할 것 없이 로스카쓰, 그중에서도 최고 등급의 로스카쓰를 선택함이 옳다.

일단 음식이 차려지면 그 볼륨에 탄성을 지를 수밖에 없다. 돈카쓰의 두께도, 면적도, 심지어는 밥의 양도, 흔히 생각하던 그것의 1.5배가 넘는다. 고기가 워낙 두꺼워 이걸 먹을 수 있을 만큼 익히자니 빵가루와 튀김옷이 오버쿠킹될 수밖에 없고, 따라서 표면의 색도 위협적일 정도로 짙은 갈색이다. 그럼에도 등심의 상태는 미디엄에 그친다. 핑크빛 속살이 살짝 드러나는 정도다. 당장에라도 먹어 치우고 싶다는 욕구가 발동하지만, 잠시 진정하고 주변을 좀 살필 필요가 있다.

우선 차림을 보자. 돈카쓰 접시 위에는 서장훈 손바닥만 한 돈카쓰가 미리 썰려 있고 채 썬 양배추가 곁들여졌다. 접시 옆에는 밥 한 그릇과 국 한 사발. 도쿄 렌카테이의 가쓰레쓰로부터 시작되어 100년이 흐른 전형적인 돈카쓰의 모습이다.

그런데 하고많은 채소들 가운데 왜 하필이면 양배추가 돈카쓰의 파트너가 되었을까? 이 역시 렌카테이에서부터 시작되었다는 것이 정설이다. 렌카테이도 초기에는 완두콩, 당근, 삶은 감자, 튀긴 감자, 으깬 감자, 샐러드 등을 가니시로 곁들였다. 그러다 러일전쟁(1904~1905)으로 요리사들이 죄다 징집되는 바람에 일손이 딸렸다. 그때 아쉬운 대로 양배추를 썰어 내기 시작했다. 그런데 뜻밖에도 이 양배추가 가쓰레쓰를 먹은 후 입안에 남는 느끼함을 없애 주는 데 탁월한 효과가 있었던 것이다. 양배추가 돈카쓰에 정착한 사연이다.

마루이치의 돈카쓰는 한마디로 기존의 상식을 뛰어넘는 맛이다. 비계와 살코기가 적당히 어우러진 등심의 단면에는 열로 활성화된 기름과 육즙이 자글자글한다. 한 입 깨물면 바삭한 튀김옷을 뚫고 달고도 고소한 육즙과 기름이 봇물 터지듯 흘러나오고, 부드러운 비계와 야들야들한 살코기가 주거니 받거니 씹는 재미를 더한다. 세상 어디에도 없는, 오로지 가고시마에서만 경험할 수 있는 맛이다. 그러니 고집 센 가고시마 사람들이 최고의 돼지고기라 자부할 만하다.

하지만 고기가 아무리 맛있기로서니 이렇게만 먹으면 돈카쓰 맛을 반만 경험하는 꼴이다. 1895년 렌카테이에서 가쓰레쓰가 처음 등장한 이후로 지금까지, 일본인이 돈카쓰에 특유의 장인정신을 발휘한 까닭은 '밥을 맛있게 먹기 위해서'다. 돈카쓰가 일본인의 '소울푸드'가 된 까닭 역시 바로 이 점에 있다. 마루이치의 돈카쓰도 이 기분을 살려야 비로소 완성된다.

먼저 우스터소스를 돈카쓰 표면에 적당히 뿌린다. 소스가 튀김옷에 닿는 순간 식욕을 돋우는 풍미가 코끝을 자극한다. 이 풍미가 가시기 전에 두툼한 고기 한 점을 입에 넣고 육즙과 육질을 즐긴다. 연결 동작으로 채 썬 양배추도 듬뿍 곁들인다. 입속에 남은 여백만큼은 흰 쌀밥을 마구 구겨 넣는다. 우적우적 씹다가 마무리로 단무지 한 쪽.

뭔가에 홀린 듯 이 과정을 대여섯 번 되풀이하다 보면 어느새 기분

억척스러운 가고시마 여인들의 손에서 만들어지는 마루이치의 돈카쓰는 그녀들의 성격만큼이나 화끈하고 푸짐하다. 게다가 가고시마 흑돼지라는 최고의 재료까지 사용됐으니, 이 맛과 볼륨감은 일본 어디에서도 찾아보기 어렵다.

좋은 포만감이 몰려온다. 이것이 진정한 '돈카쓰의 맛'이다. 그래도 마루이치의 돈카쓰는 3분의 1이나 남는다. 배가 충분히 부르지만 그렇다고 멈추면 안 된다. 마무리가 중요하다. 남은 돈카쓰는 맥주의 몫이다. 시원한 '나마비루生ビール'(생맥주)와 돈카쓰는 더할 나위 없는 궁합이다. 특히 우스터소스를 머금은 튀김옷은 최고의 맥주 안주 가운데 하나다. 여기까지가 '돈카쓰계의 아마조네스' 마루이치의 진정한 마무리다.

숨 쉬기조차 힘겨운 몸을 진정시키기 위해 시내를 산책하며, 이 모든

여정의 출발 장소였던 가고시마 중앙역 광장으로 돌아온다. 목숨을 걸고 유럽 유학을 떠났던 '젊은 사쓰마의 군상'들은 일본 근대화의 방법으로 화혼양재, 즉 일본의 정신을 바탕으로 서양의 기술을 받아들일 것을 주장했다. 프랑스음식인 코틀레트가 가장 대중적인 일본음식인 돈카쓰가 된 과정에는 일본 특유의 근대화 과정과 방법이 고스란히 담겨 있다. 음식은 때때로 역사의 일부분이자 중요한 증거가 된다. 가고시마가 일본 근대화가 잉태된 도시이면서 일본에서 가장 맛있는 돈카쓰를 맛볼 수 있는 도시가 된 까닭이다.

140년의 시간과 1,500킬로미터에 이르는 돈카쓰의 여정을 마무리했다. 하지만 '일본의 맛'을 찾아 떠나는 본격적인 기행은 바로 여기에서 출발한다.

렌가테이(煉瓦亭)
東京都 中央区 銀座 3-5-16 T.03-3561-7258

마루이치(丸一)
鹿児島県 鹿児島市 山之口町 1-10 中央ビル B1F T.099-226-3351

카레

인도의 마살라는
어떻게 일본의 카레가 되었을까

서양에서 전래된 음식 가운데 돈카쓰만큼이나 완전한 일본음식으로 정착한 것이 카레カレ-다. 둘은 일본의 가정식이나 단체급식에서 빠지지 않을 정도로 대중적인 음식이 되었다. 커틀릿이 돈카쓰가 되는 과정이 드라마틱하다면, 인도의 향신료 조합인 마살라가 카레가 되는 과정은 스펙터클하다.

무릇 음식은 사람과 문화의 교류를 통해 완성된 결과물이다. 역설적이게도 음식의 교류가 가장 급격하고 대규모로 이뤄지는 경우가 침략과 식민지배 그리고 전쟁이다. 유럽의 식문화가 지금처럼 발전하게 된 것은 대항해 시절 이후로 아시아, 아프리카, 남아메리카 등지에서 향신료, 채소, 차(커피) 등을 닥치는 대로 싸들고 갔기 때문이다. 프랑스인이 베트남음식을, 영국인이 인도음식을, 일본인이 한국음식을 즐기는 것은 오랜 식민지배의 결과다. 결코 유쾌하지 않은 가정이지만, 만약 일본이 아닌 프랑스가 조선을 지배했더라면 오늘날 프랑스에는 동네마다 쌀국숫집 대신 불고깃집이 즐비했을지도 모를 일이다. 한편 전쟁을 치르기 위해서는 간편하고 장기보존이 가능한 '전투식량'의 개발이 필수적이다. 통조림과 레토르트식품 등은 모두 전쟁을 수행하는 군인들을 먹이기 위해 개발되었다. 오늘날 일본은 물론이거니와 한국에서도 즐겨 먹는 카레에는 이 모든 과정이 오롯이 녹아 있다.

일본 해군의 근대화 도구, 해군카레

우선 당신이 알고 있는 '카레라이스'를 머릿속에 한번 그려 보시라. 흰쌀밥 위에 황토색 혹은 짙은 갈색의 걸쭉한 카레 소스가 부어져 있고, 소스에는 쇠고기, 감자, 양파, 당근 등이 들어 있을 것이다. 인도의 향신료 조합이 이와 같은 카레라이스의 형태가 되기까지 최소 250년 이상의 역사가 흘렀다. 여기에 직접적으로 관여된 국가만 인도, 영국, 프랑스, 일본 4개 국에 이른다.

음식을 수용하는 과정과 대중화되는 과정이 반드시 일치하지 않을 때가 있다. 수용에는 '목표'가, 대중화에는 '계기'가 있어야 한다. 즉, 수용의 경우는 특정 집단이 명확한 목표를 가지고 선택하는 것이기에 그 전파 속도가 빠르고 일사분란하다. 반면에 대중화는 매우 더디게 진행되는데, 이를 단축할 수 있는 '어떤 계기'가 만들어지면 그 양상은 급격히 달라진다. 카레의 수용과 대중화는 이 차이를 잘 보여 준다.

먼저 수용 과정을 살펴보자. 쇠고기, 닭고기 등의 육류와 각종 채소가 곁들여진 영국식 스튜는 균형 잡힌 음식이었을 뿐만 아니라 국밥처럼 한 번의 조리로 여러 사람이 나눠 먹을 수 있는 음식이기도 했다. 이런 이유로 선원들의 식사로도 애용되었는데, 우유를 비롯한 일부 식재료가 장기 항해에 적합하지 않았다. 대신 영국과 인도를 오가던 선원들이 스튜에 인도식 향신료 조합을 활용하기 시작했으니 이것이 영국인이 카레를 수용하게 된 시초가 되었다. 이후 이 방식은 영국 해군의 스튜 조리법에도 응용된다.

메이지유신 이후 일본은 육군과 해군으로 나눠 근대식 군대를 창설했는데, 육군은 프랑스와 독일을 모델로 했고 해군은 영국을 모델로 했다. 덕분에 군인들의 식사까지 영향을 받았다. 육군은 밥을 주식으로 한 전통적인 일본식을 고수한 반면 해군은 빵을 주식으로 하며 철저하게 영국식을 따랐다. 이 과정에서 영국 해군이 즐겨 먹던, 인도식 향신료 조합을 활용한 스튜도 일본에 전해졌다. 당시의 스튜는 걸쭉한 소스 형태라기보다는 수프에 가까웠고 여기에 딱딱한 빵을 찍어 먹었던 것으로 전한다. 이러한 전통이 남아 지금도 4만 2000여 명의 일본 해상자위대원들은 매주 금요일 점심으로 카레라이스를 먹고 있다.

여기서 한 가지 재미있는 사실은 해군의 스튜를 지역 향토음식으로 개발하는 방식이다. 일본 가나가와神奈川현(혼슈 간토평야 남서부의 현)의 요코스카橫須賀항과 나가사키長崎현의 사세보佐世保항은 일본 해군의 주요 거점이었다. 일본식 카레의 발상지라고 하면 흔히들 요코스카항을 꼽고 요코스카의 '해군카레'는 전국적으로 명성이 자자한 향토음식이다. 비슷한 스토리와 규모를 가진 사세보항으로서는 선수를 뺏긴 것이 두고두고 억울했을 것이다. 그렇다고 똑같이 해군카레를 내놓으면 원조를 모방했다는 혐의로부터 자유로울 수 없다. 해서 고안한 것이 '해군비프스튜'다. 카레의 발상지라는 타이틀은 요코스카가 꿰찼지만, 음식의 형태로 보자면 사세보의 해군비프스튜가 요코스카의 해군카레보다 훨씬 원형에 가깝다.

이처럼 영국과 일본 모두 장기 항해에 적합한 선원식으로 인도의 향신료 조합을 수용했다면, 이것이 대중화되는 방식은 조금 다르게 전개된다. 영국은 초기에는 동인도회사를 앞세워 금보다 더 비쌌다는 인도의 후추를 유럽에다 팔고, 나중에는 식민지배를 통해 아삼과 다즐링 등의 홍차를 독점했다. 그런 영국인에게 수십 가지 향신료를 조합해 음식의 양념으로 사용하는 인도인의 식문화는 신기할 수밖에 없었다. 인도에서는 다양한 향신료를 조합한 혼합 향신료를 '마살라Masala'라고 했는데, 이를 1772년 영국에 처음 소개한 이가 동인도회사의 직원이자 훗날 초대 인도 총독이 되는 워런 헤이스팅스Warren Hastings였다. 하지만 정향, 육두구, 회향, 고수, 바질, 오레가노, 강황, 커민 등 다양한 향신료를 조합해 기호에 맞는 마살라를 만드는 것은 영국인에게는 불가능에 가까웠다. 이에 착안해 세계 최초로 '커리파우더Curry Powder'를 개발한 회사가 영국의 'C&B(크로스 앤드 블랙웰)'였다. 따라서 커리파우더는 영국 스타일로 조합한 마살라였던 셈이다. 이때부터 커리는 영국의 가정식 혹은 대중음식으로 정착하게 된다. 또한 물소젖을 정제한 버터인 기ghee와 야자 열매(코코넛밀크) 등으로 걸쭉하게 만들던 인도식이 밀가루와 버터를 볶은 루roux를 사용하는 프랑스식 조리법으로 대체되면서 커리는 온전한 서양음식으로 환골탈태한다.

　메이지유신과 더불어 해군을 통해 수용된 커리는 이미 19세기 후반을 지나 20세기 초반에 이르면서 일본인에게 꽤 친숙한 음식이 되어 있었다. 하지만 당시 소비되었던 것은 전량 영국에서 수입한 C&B의 커리파우더였다. 영국과 마찬가지로, 일본 역시 카레가 온전한 대중음식이 된 것은 일본식 '카레파우더'가 개발되면서부터다. 카레파우더를 만드는 것은 단순히 향신료의 조합으로 끝나는 것이 아니라 각각의 배합 비율, 향신료의 특성에 따른 볶는 시간, 그리고 적정한 숙성 기간을 찾아내는 꽤 까다로운 작업이다. 17세 때 카레를 처음 맛본 야마자키 미네지로山崎峯次郎라는 사람은 C&B를 모델로 3년의 시행착오 끝에 1923년 '일본식 마살라'라 할 수 있는 카레파우더 개발에 성공한다. 브랜드 역시 C&B와 유사한 'S&B(선 앤드 버드)'를 채택하게 된다. 이후 S&B라는 브랜드는 회사명으로까지 정착해 일본 카레의 대명사 격인 '에스비식품'을 탄생시킨다.

　이처럼 초기 일본의 카레는 그 내용과 브랜드까지 철저하게 영국을 모방했다. 하지만 S&B의 카레파우더가 출시되고 나서는 그 상황이 완전히 달라진다. 우선 카레빵, 카레고로케, 카레모나카, 카레우동, 돈카쓰카레 등의 콜라보레이션은, 인도는 물론 영국과 프랑스조차 상상할 수 없었던 기발한 음식이다. 1950년에 출시된 즉석카레와 레토르트카레는 대중화를 넘어 카레가 일본의 국민음식이 되는 데 결정적인 기여를 했다.

일본 농림수산성과 통조림협회의 통계에 따르면 일본인은 연간 78회, 즉 주 1회 이상 카레를 먹고 있으며 이 중에서 가정에서 직접 조리해 먹는 빈도는 월 2.5회 전후인 것으로 조사되었다. 학교급식을 비롯한 단체급식은 물론이고 도시락에서도 빠지지 않는 메뉴다.

덕분에 일본은 본고장인 인도에 이어 향신료 소비량 세계 2위의 국가가 되었다. 이제는 카레파우더에 만족하지 않는다. 카레 전문점마다 인도처럼 다양한 향신료를 조합한 마살라를 직접 만들어 사용하는 수준에까지 이르렀다. 그래서 유명한 카레 전문점은 많지만 어디가 최고라고 꼽을 수 없다. 다만 개성의 차이일 뿐이다. 다름을 두고 순위를 정할 수는 없는 노릇이다.

S&B 카레파우더의 출시와 더불어 일본의 카레는 대중화되었다. 그리고 90년이 지난 지금, 카레는 일본의 국민음식이 되었으며 일본은 인도에 이어 전 세계에서 두 번째로 향신료 사용량이 많은 국가가 되었다.

대신 일본 카레의 과거와 현재를 가늠할 수 있는 최적의 '카레투어' 코스는 추천할 수 있다. 그것도 규슈 내에서 충분하다. 카레를 좋아하는 분이라면 꼭 한번 도전해 볼 만한 곳들이다.

일본 카레의 역사, 하치노야

앞서 언급했듯이 일본 카레의 발상지인 가나가와현 요코스카항의 '해군카레'에 대응해 나가사키현 사세보항이 내세운 음식이 '해군비프스튜'다. 일본 해군의 요리책이었던 《해군 요리술 참고서》를 토대로 각 음식점이 저마다의 개성을 살린 다양한 비프스튜를 선보이고 있다. 현재 사세보 시내에 있는 18개 레스토랑에서 비프스튜를 판매한다. 쇠고기 뼈를 우려낸 육수에 데미그라스 소스로 양념을 하고 큼지막한 쇠고기와 감자, 당근 등을 곁들이는 기본 형태는 유사하다. 맛의 차이는 레스토랑마다 독자적으로 개발한 데미그라스 소스와 사용되는 쇠고기의 부위가 결정한다.

특히 하치노야蜂の家는 여러모로 특별한 레스토랑이다. 우선 1951년 카레 전문점으로 창업한 만큼 60년 전통의 카레를 맛볼 수 있다. 규슈의 유명 백화점이나 나가사키현의 주요 관광지에서 판매하는 '나가사키카레'가 바로 하치노야의 작품이다. 카레 못지않게 비프스튜 또한 인기 메뉴다. 특히 하치노야의 비프스튜에는 직접 만든 데미그라스 소스에 이탈리아산 토마토 퓨레를 곁들이고 기름기가 많은 소의 삼겹양지를

영국 해군으로부터 일본 해군으로 전해진 '비프스튜'는 카레가 대중화되기 직전의 음식이다. 60년 전통의 '하치노야'에서는 원형에 가까운 비프스튜와 카레빵을 함께 맛볼 수 있다.

오랜 시간 조려 낸다. 때문에 농후하고 달콤하면서도 토마토 특유의 산미가 일품이다. 비프스튜와 비프카레를 나란히 놓고 먹으면 약 100년에 걸친 일본 카레의 시간 여행이 가능하다. 거기에 통신판매로도 인기가 높은 카레빵까지 곁들이면 일본 카레의 역사가 완벽하게 재현된다.

맥주와 함께하는 야키카레, 모지항 지비루 공방

일본이라는 나라를 가만히 들여다보면 별것 아닌 것을 마치 대단한 것인 양 혹은 전통인 양 내세우는 경우를 종종 목격할 수 있다. 더 신기한 것은, 집요하고 치밀하게 밀어붙이다 보면 정말로 전통이 되고 명물이 되어 버리는 경우도 더러 생긴다는 사실이다. 이런 대표적인 사례가 모지門司항의 '야키카레'다.

기타큐슈北九州시의 모지항은 19세기 중반부터 20세기 초반에 이르기까지 국제무역항으로 꽤 번성했던 곳이다. 1988년부터 1995년까지 7년에 걸친 대대적인 복원사업을 통해 근대적 무역항의 모습을 완벽하게 재현했다. 덕분에 일본 국토교통성이 선정한 '일본의 100대 도시경관'으로 선정되기도 했으며 해마다 200만 명이 넘는 관광객이 찾는 명소가 되었다.

이쯤 되면 명물음식 하나쯤은 반드시 있게 마련이니, 그것이 바로 야키카레다. 그런데 이 야키카레가 탄생한 배경이 어처구니없다. 그 시작은 1960년대 초 모지항에서 영업을 하던 어느 찻집이었다. 가게에서 팔고 남은 카레에 치즈를 얹어 그라탱처럼 오븐에 구웠는데 그 맛과 향이 의외로 괜찮았던 모양이다. 우연히 태어난 음식이 일약 가게를 대표하는 메뉴가 되었고, 반응이 좋으니 주변 가게로까지 자연스레 퍼져 나갔다. 그러다 2006년 모 텔레비전 프로그램에서 개최한 향토음식 그랑프리에서 2위를 차지함으로써 순식간에 전국적인 유명세까지 얻게 되었다.

이에 탄력을 받아 2007년에는 '모지항 야키카레 클럽'을 설립해 야키카레 지도를 제작·배포하고, 매년 6~7월에는 '야키카레 페어'라는 축제까지 개최하고 있다. 지금은 30개가 넘는 음식점에서 야키카레를 판매하는데, 정확한 규정은 없고 카레라이스에 치즈를 올려 오븐에 굽기만 하면 전부 '모지항 야키카레'로 쳐준다.

야키카레 지도를 들고 근대 도시의 분위기 물씬 풍기는 모지항을 산책하면서 취향에 맞는 카레집을 찾아가는 재미가 제법 쏠쏠하다. 특히 항구 끝자락에 위치한 '모지항 지비루 공방'에서는 모지항에서만 생산·판매되는 생맥주를 야키카레와 함께 즐길 수 있다. 다양한 향신료가 조

우연의 결과물인 모지항의 '야키카레'는 지역을 대표하는 음식일 뿐만 아니라 근대 무역항의 모습을 간직한 모지항의 분위기와도 잘 어울린다. '모지항 지비루 공방'에서는 야키카레와 함께 직접 양조한 지역 맥주까지 함께 즐길 수 있다.

합된 카레와 홉의 풍미가 살아 있는 생맥주의 궁합이 좋다. 창 밖으로 펼쳐지는 항구의 풍경은 맥주 맛과 카레 맛을 한층 돋워 준다.

유럽 스타일의 카레를 찾아, 샤토분가

사가佐賀현 사가 시 외곽에 있는 '샤토분가シャトー文雅'를 가려면 약간의 노력과 결단 그리고 용기가 필요하다. 사세보항이나 모지항의 경우 그 자체가 유명한 관광지라, 굳이 카레 때문이 아니더라도 한 번은 가 볼 만한 곳이다. 하지만 한적한 시골 마을에 외떨어져 있는 샤토분가는 오로지 '맛있는' 혹은 '특별한' 카레를 맛보겠다는 일념으로만 찾아가야 하기 때문이다. 하지만 카레투어에서 이곳을 빠뜨리면 나중에 크게 후회할지도 모른다.

애써 찾아갔다면 이번에는 용기가 필요하다. 예상치 못한 엄청난 규모의 외관은 말 그대로 프랑스의 샤토Chateau를 연상시킨다. 1층 로비에

서 종업원의 안내에 따라 나선형의 고풍스런 계단을 오르다 보면 '이거 카레 한 그릇 먹자고 괜한 짓을 한 게 아닌가' 싶기도 하다. 식탁에 앉으면 가져 본 적은 없지만 눈에는 익은 에르메스 접시가 세팅되어 있고, 메뉴판을 펼치면 만만찮은 가격의 정통 프랑스요리 코스가 차곡차곡 펼쳐진다. 그렇다고 주눅들 필요도, 물러설 이유도 없다. 우아하게 메뉴판은 접고 "비후카레 단품(단품)"이라고 한마디만 하면 된다. 사가시 유일의 정통 프렌치레스토랑 샤토분가에서는 그래도 되고, 어차피 이곳을 찾는 많은 고객이 그렇게 한다.

올해로 일흔인 샤토분가의 오너셰프 다지마 씨는 50년 동안 정통 프랑스요리만 고집해 왔다. 그는 고교 졸업 후 7년 동안 도쿄의 유명 호텔 등에서 수련을 쌓고 고향인 사가로 돌아왔다. 1952년부터 아버지가 운영해 온 양식집 '그릴분가'가 있었지만, 정통 프랑스요리를 추구하던 그는 아버지의 식당을 물려받는 대신 1976년 '샤토분가'를 열어 독립한다. 하지만 아무리 고도성장기에 접어든 일본이라 해도, 1970년대에 시골에서 정통 프렌치레스토랑을 한다는 것은 모험이라기보다는 도박에 가까웠다. 당연히 파리만 날렸다. 뭔가 해결책이 필요했다. 그렇다고 신념을 포기할 수는 없었다. 고민 끝에 개발한 메뉴가 프렌치 스타일의 비프카레였다.

다지마 씨는 프랑스요리의 기본 육수인 퐁드보fond de veau를 정성껏 우려내고, 카레가 인도에서 유럽으로 건너갔을 당시에 그랬던 것처럼 프렌치 스타일 그대로 밀가루와 버터를 볶아 루를 만들고, 향신료 조합

정통 프렌치레스토랑 '샤토분가'에서는 퐁드보 육수에 직접 배합한 마살라를 곁들인 프렌치 스타일의 농후하고 산미가 좋은 비프카레를 선보인다. 여기에 건조 양파와 건포도를 곁들인 버터라이스는 이국적인 맛을 더한다.

인 마살라 역시 직접 배합했다. 이렇게 하니 카레 하나가 완성되는 데 꼬박 이틀이 넘게 걸렸다. 접시에 밥을 담고 카레를 부어 주던 방식에서 벗어나, 건조 양파와 건포도를 함께 볶은 버터라이스와 카레를 따로 냄으로써 나름의 품격까지 유지했다. 시중에 판매되는 카레파우더나 즉석카레에 익숙해 있던 대중들에게 샤토분가의 카레는 각별하고 화려할 수밖에 없었다.

30여 년이 지난 지금까지도 샤토분가의 카레는 여전하다. 쇠고기 육수의 농후한 맛에 은근한 단맛과 신맛 그리고 다양한 향신료의 향이 농축된 카레는 한번 맛보면 잊지 못할 정도로 중독성이 있다. 명물인 버터라이스는 그것만으로도 완성된 요리라 하기에 충분할 정도로 매력적이다. 맛도 맛이지만 일본음식이 되기 이전, 유럽 스타일의 카레를 맛볼 수 있다는 즐거움까지 덤으로 누릴 수 있다. 애써 먼 길을 찾아가야 하는 수고로움 따위는 샤토분가의 카레를 먹는 순간 눈 녹듯 사라진다.

카레투어의 마무리, 본타나카

이제 제법 긴 여정의 종지부를 찍을 차례다. 지금까지가 유럽을 거쳐 일본에 정착한 카레의 시간여행이었다면, 후쿠오카 다이묘大名 지역의 본타나카는 오늘날 일본 카레의 수준을 가늠할 수 있는 곳이다.

먼저 용어를 좀 정리할 필요가 있겠다. 이 집 간판을 보면 "8년카리 본타나카八年カリ-ボン田中"라고 적혀 있다. '다나카타田中田'라는 후쿠오

카의 고급 이자카야에서 식사 메뉴로 8년 동안 인기를 끌었던 카레만 따로 분리해서 판매하는 식당이라 붙여진 이름이다. 그럼 왜 '카레'가 아니고 '카리'일까?

'커리curry'라는 용어는 영국의 C&B가 영국식 마살라를 개발하면서 제품명으로 처음 사용한 것이다. 이때 커리는 소스를 의미하는 남인도 타밀어 '카리kari'에서 따왔다. 일본 역시 영국으로부터 처음 받아들일 때부터 같은 명칭을 사용했다. 대신 curry라고 쓰고 일본식으로 '카레カレ-'라 읽었다. 이것이 굳어져 공식 명칭이 되었고 이는 일본뿐만 아니라 한국도 마찬가지다. 그런데 일부 카레 전문점에서 개성을 나타내거나 정통을 지향한다는 의미로 카레의 어원을 쫓아 굳이 '카리カリ-'라고 쓰는 경우가 종종 있다. 근본적인 차이가 있는 것은 아니니 이 정도만 확인하시면 되겠다.

본타나카는 카운터를 따라 15개의 좌석만 놓여 있는 작은 식당이다. 호두나무의 짙은 갈색으로 마무리된 실내는 곧, 이 집에서 만드는 카레의 색을 상징한다. 완전히 개방된 주방은 당장에라도 해섭(HACCP) 인증을 받을 수 있을 정도로 깔끔하다.

메뉴판을 받아 들면 살짝 당황스럽다. '웬 카레 종류가 이렇게 많을까' 싶다. 허나 당황하지 마시라. 본타나카의 다양한 메뉴에는 공식이 있다. 모든 카레는 '8년카리'로부터 시작한다. 이를 기본으로 다양하게 응용하고 여기에 10여 가지가 넘는 토핑을 선택할 수 있으니 많아 보일 뿐이다. 그러니 본타나카에서의 첫 번째 선택은 고민할 것 없이 '8년카

'본타나카'는 후쿠오카의 고급 이자카야 '다나카타'에서 8년 동안 식사 메뉴로 인기를 끌었던 카레만 따로 판매하는 식당이다. 규모는 작지만 오늘날 일본 카레의 수준을 가늠할 수 있는 곳이다. 쇠고기 우둔살과 사탯살을 24시간 끓여 낸 육수에 비법의 향신료 조합을 섞어 다시 이틀간 끓이고 숙성시킨 '본타나카'의 비프카레는 쇠고기와 향신료가 완벽한 혼연일체를 이룬다.

리'다.

'8년카리'는 쇠고기 우둔살과 사탯살을 24시간 끓여 낸 육수에 본타나카 비법의 향신료 조합을 섞은 다음, 이를 다시 이틀간 끓이고 숙성시킨 것이다. 어찌나 오래 끓였는지 덩어리째 들어갔을 우둔과 사태는 산산이 흩어져 그 부스러기만 소스에서 방황하고 있다. 각종 향신료는 달면서도 보드러운 고기 육수에 완벽하게 녹아들었다. 카레를 한 입 떠먹으면 처음에는 보드러운 듯싶다가 이내 다양한 향신료가 폭발하듯 정체를 드러낸다. 마지막에 살짝 치고 나오는 매운맛도 인상적이다. '그래, 이런 게 바로 카레지!'라며 접시에 코를 박고 있으면 어느새 바닥이 훤히 드러난다. 멀고도 긴 카레투어의 마무리로 손색없는 맛이다.

이 정도 돌아보셨다면, 250년의 세월 동안 인도에서 시작해 영국과 프랑스를 거쳐 일본에 정착한 카레의 스펙타클한 여정을 완벽하게 파악하셨다 자부하셔도 좋을 것이다.

....

하치노야(蜂の家)
長崎県 佐世保市 栄町 5-9 T.0956-24-4522

모지항 지비루 공방(門司港地ビール工房)
福岡県 北九州市 市門司区 東港町 6-9 T.093-321-6885

샤토분가(シャトー文雅)
佐賀県 佐賀市 大和町 久池井 2592-1 T.0952-62-5444

본타나카(ボン田中)
福岡県 福岡市 中央区 大名 2-3-9 ハーモニーヒル1F T.092-737-9694

돈코쓰라멘

포장마차에서 시작한
남성 노동자의 음식

　나라마다 국민들이 일상적으로 즐겨 먹는 대중음식이 있게 마련이다. 무엇이 그 나라의 대중음식인지 확인하는 것은 그리 어렵지 않은데, 대중성은 길거리에 보이는 음식점의 숫자와 비례하기 때문이다. 이렇게 봤을 때 일본의 대중음식으로는 규동牛丼(덮밥), 스시, 우동, 소바(메밀국수), 라멘, 카레 등을 꼽을 수 있다. 우동, 소바, 스시, 규동이 일본의 대중음식으로 자리 잡은 것은 에도시대(1603~1867)로 거슬러 올라가니 그 역사가 만만찮다. 하지만 지금 일본에서 이들보다 많이 만날 수 있는 것은 뜻밖에도 라멘 전문점이다.

　라멘ラーメン이라는 명칭이 정착된 것은 1958년 닛신日淸식품이 세계 최초의 인스턴트라면인 '치킨라멘'을 선보이고부터다. 라멘의 어원은 중국 간쑤甘肅성 란저우蘭州의 면요리인 납면拉麵(lā miàn)이다. 납면은 짜장면처럼 밀가루 반죽을 손으로 여러 번 늘려 가늘게 뽑는 수타면이다.

때문에 중국 면요리의 영향을 받은 점, 정착한 지 100년이 넘는 역사성, '청출어람'이라 할 정도로 광범위하게 대중성을 확보한 점 등으로 봤을 때, 일본의 라멘은 한국의 짜장면과 여러모로 비슷한 점이 많다.

한국엔 짜장면, 일본엔 라멘

라멘은 크게 면·수프(국물)·고명으로 이루어진다. 면은 밀가루 반죽에 간수라는 알칼리 용액을 첨가하는 것이 가장 큰 특징이다. 때문에 우동과 달리 노란빛을 띠고 아주 약간의 시큼한 향과 알싸한 맛이 난다. 수프에는 다양한 재료가 사용되는데 닭, 돼지뼈, 쇠뼈, 가쓰오부시, 멸치, 말린 고등어, 다시마, 버섯 등을 조합하고 여기에 누린내를 제거하기 위해 파, 마늘, 생강, 당근, 배추 등을 첨가한다. 고명으로는 일반적으로 돼지고기를 간장에 졸인 '차슈', 죽순을 발효시킨 '멘마', 반숙 달걀 등을 올리고, 그 외에도 파, 김, 어묵, 미역, 시금치 등을 사용한다.

이러한 조합을 바탕으로 라멘은, 같은 맛이 하나도 없을 정도로 다양하게 발달했다. 아마도 이러한 개방성이 요리사에게는 창작의 욕구를 불러일으키고,

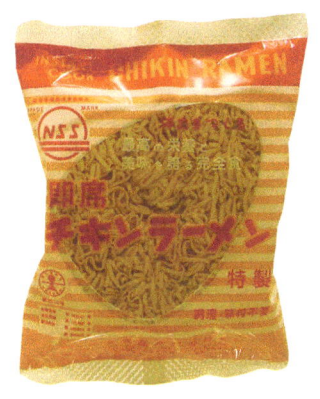

1958년 세계 최초의 인스턴트라멘인 닛신식품의 '치킨라멘'. 이 제품이 출시되면서 '라멘'이라는 명칭이 대중화되었다.

소비자에게는 호기심을 자극했을 것이다.

물론 다양성 속에서도 주된 흐름은 있게 마련이다. 흔히들 일본의 '4대 라멘'으로 쇼유醬油라멘, 시오塩라멘, 미소味そ라멘, 돈코쓰豚こつ라멘을 꼽는다. 그런데 여기서 한 가지 독특한 점이 발견된다. 쇼유(간장), 시오(소금), 미소(된장)는 각각 양념재료를 기준으로 분류한 데 반해, 돈코쓰(돼지뼈)는 수프를 만드는 재료가 중심이다. 이는 일본 라멘에서 돈코쓰라멘이 차지하는 비중이 그만큼 각별하다는 방증이기도 하다.

돼지 등뼈와 사골을 우려낸 돈코쓰라멘은 규슈를 대표하는 라멘이다. 후쿠오카현 구루메久留米시에서 시작된 돈코쓰라멘은 이후 후쿠오카, 구마모토熊本, 가고시마 등 규슈 전역으로 퍼져 나갔다. 돼지 등뼈와 사골을 강한 불에서 오랜 시간 끓여 낸 덕에 유백색의 진한 국물이 특

징이다. 때문에 밥 대신 면을 말았다는 것만 제외하면 돼지국밥과 매우 유사한 음식이고, 따라서 경상도 사람들에게는 매우 친숙하게 느껴지기도 한다.

일본인은 후쿠오카식 돈코쓰라멘을 '하카타라멘'이라 부른다. 에도시대 후쿠오카는 시내를 관통하는 나카那珂강을 사이에 두고 서쪽은 영주와 사무라이가 거주하던 후쿠오카로, 동쪽은 상업도시로 번성했던 하카타博多로 나뉘어져 있었다. 1889년 행정구역 개편으로 두 지역이 후쿠오카로 통합되기는 했지만 과거의 전통과 지역민들의 자존심이 고스란히 남아, 국제공항은 후쿠오카공항인 대신 항구와 중앙역은 각각 하카타항과 하카타역으로 명명하고 있을 정도다.

상업의 중심지였던 하카타의 나카강 주변에는 태평양전쟁 직후부터

우리 안의 돈코쓰

돈코쓰豚骨는 말 그대로 돼지의 뼈다. 돼지뼈는 크게 머리뼈, 등뼈, 갈비뼈, 사골 등으로 나뉜다. 이 중에서 한국과 일본에서 가장 으뜸으로 치는 것은 사골이다. 구수한 맛이 뛰어나고 콜라겐, 단백질, 칼슘 등 영양분이 풍부하기 때문이다. 사골을 일본어로는 겐코쓰けんこつ라 한다. 뼈의 양 끝이 주먹을 쥔 것처럼 둥글게 생겼다고 해서 붙은 이름이다.

한국인에게 돈코쓰라멘이 특히 친근한 까닭은 부산의 돼지국밥, 제주도의 고기국수 때문이다. 농경사회였던 한반도에서 돼지는 식용 외에는 쓸모가 없었다. 그러니 많이 키울 수도, 함부로 잡을 수도 없었다. 대신 식용이라는 한 가지 목적만 가진 만큼 샅샅이 먹어 치웠다. 살코기와 내장은 물론이고 뼈까지 활용했다. 뼈를 오랫동안 곤 유백색의 국물에 밥이나 면을 곁들인 것이 돼지국밥이고 고기국수였다.

돈코쓰라멘은 1980년대 일본의 라멘 열풍에 힘입어 전국적인 유명세를 얻었다. 하지만 그전에 이미 후쿠오카-구마모토-가고시마 등 규슈 전역에 퍼져 있었다. 아울러 이와 유사한 음식으로 '오키나와소바'가 있다. 이는 돼지 국물에 밀가루 면을 말고 삼겹살로 만든 수육을 올린 음식이다. 일본 역시 농경사회였으니 돈코쓰라멘이나 오키나와소바가 돼지국밥이나 고기국수와 어떤 관련이 있지 않을까 추측해 볼 수도 있다. 하지만 일본은 이를 한사코 중국 면요리로부터 비롯된 음식이라 강조한다.

돼지국밥, 고기국수, 돈코쓰라멘, 오키나와소바는 돼지를 활용했다는 공통점 외에도 국토의 남단이며 해안 지방이라는 지리적·환경적 공통점을 가지고 있다. 그리고 한반도의 남해안과 제주도, 일본의 오키나와 규슈는 오래전부터 뱃길로 연결되어 있었다. 음식의 역사를 교류의 역사로 본다면 이는 만만치 않은 단서들이다. 하지만 아직 이에 대한 구체적인 연구 결과는 없다. 이처럼 한반도와 일본 열도 간의 '음식교류사'에는 풀어야 할 과제가 여전히 많다.

대거 사람들이 몰려들기 시작했고, 이때 등장한 것이 야타이屋台(포장마차)다. 하카타라멘은 바로 이 포장마차에서부터 시작돼 후쿠오카의 향토음식으로 자리 잡았다. 현재 후쿠오카에서 유명한 라멘집의 대부분이 포장마차에서 출발했고, 지금도 많은 포장마차에서 라멘을 팔고 있다.

포장마차 라멘의 전통, 간소나가하마야

한편, 1955년 하카타에 있던 어시장이 인근의 나가하마長浜라는 지역으로 옮겨 가게 된다. 이와 더불어 어시장 근처에서 라멘을 팔던 포장마차 역시 새로운 어시장 근처로 장소를 옮겼다. 이렇게 옮겨 간 포장마차들은 새벽부터 바쁘게 움직이는 어시장 인부들을 위해 맞춤형 라멘을 개발하게 되니, 이를 '나가하마라멘'이라고 한다.

우선 돼지뼈를 우린 뽀얀 육수를 사용하는 부분에서는 하카타라멘과 차이가 없다. 대신 국수보다 더 가는 면을 아주 살짝만 익혀 말아 냈으니, 이는 어시장의 분주함을 고려해 조리 시간을 줄이기 위함이었다. 대신 면(사리)은 손님이 원하는 만큼 추가로 제공했으니, 이는 먹성 좋은 인부들의 양을 고려한 것이다. 고명은 화려함 대신 실속을 추구해 얇게 저민 돼지고기와 채 썬 파만 올려 냈으니, 이는 고객들의 주머니 사정을 헤아린 선택이었다. 이렇게 해서 만들어진 나가하마라멘은 전형적인 노동자 혹은 남성을 위한 음식이 됐다.

포장마차에서 출발해 1955년 어시장 이전 당시부터 나가하마라멘의 전통을 만들어 온 '간소나가하마야元祖長浜屋'는 60년 가까이 흐른 지금까지도 변함없는 맛을 지켜 오고 있다. 꾸밈없는 수수한 외양에 돼지 육수의 진한 풍미를 머금고 있는 나가하마야의 라멘은, 먹으면 먹을수록 돼지국밥과 닮은 구석이 많다는 것을 느끼게 한다. 어시장 인부들을 위해 탄생했고 그 전통을 너무 잘 지켜 온 덕인지, 나가하마야에는 지금까지도 남성 고객이 여성 고객보다 절대적으로 많다.

끊임없는 혁신, 잇푸도

돈코쓰라멘이 워낙 유명한 도시이다 보니 후쿠오카에는 라멘 하나로 성공 신화를 이룬 식당이 유난히 많다. 그중에서도 대표적인 곳이 '잇푸도一風堂'다. 1985년에 창업한 잇푸도는 후쿠오카의 여느 라멘 전문점에 비해 출발이 늦은 편이었다. 하지만 창업주인 가와하라 시게미河原成美는 돈코쓰라멘의 원점에서 출발해 새로운 하카타라멘을 창조하겠다는 신념으로 자기만의 돈코쓰라멘을 개발했다.

그 결과 일본 유명 방송국에서 주최한 '라멘왕' 선발 대회에서 네 번이나 우승함으로써 일본 최고의 라멘 장인으로 등극했다. 덕분에 현재는 일본 전국에 65개를 비롯해 뉴욕, 홍콩, 싱가포르, 서울 등 해외에도 지점을 가진 라멘기업으로 성장했다. 하지만 이런 외형보다 더 중요한 것은 다른 라멘 전문점이 마케팅에 힘을 쏟는 동안 잇푸도는 오로지 돈코쓰라멘의 맛에 집중했다는 점이다. 실제로 잇푸도는 일본에서도 가

어시장에서 일하던 노동자를 위해 만들어진 '간소나가하마야'의 돈코쓰라멘. 그런 전통 때문에 지금도 후쿠오카 남성들에게 인기가 높고, 고객 역시 일부 관광객을 제외하고는 남성이 대부분이다.

화혼양재, 일본음식이 된 서양음식들

일본에서 가장 유명한 라멘 브랜드인 '잇푸도'는 궁극의 돈코쓰라멘이라 해도 좋을 만큼 완성도가 높다. 하지만 끊임없는 자기혁신을 거듭하는 까닭에 그 맛은 항상 변한다.

장 완성도 높은 라멘 전문점으로 꼽힌다.

8년째 매년 잇푸도의 라멘을 먹고 있는데, 단 한 번도 같은 맛이었던 적이 없다. 이는 일관성이 없어서가 아니다. 현실에 안주하지 않고 끊임없이 자기혁신을 거듭하기 때문이다. 먹을 때마다 '잇푸도야말로 궁극의 돈코쓰라멘이다!'라고 단언하지만, 그다음 해에 먹으면 또 다른 모습으로 발전해 있다. 이러니 매번 잇푸도의 문턱을 넘을 때면, '이번에는 또 어떤 맛일까?' 하는 기대와 궁금증이 생기지 않을 수 없다.

후쿠오카를 찾는 관광객이라면 돈코쓰라멘 한 그릇 정도는 필수 코스로 여긴다. 그런데 한 집 건너 라멘집이라 해도 과언이 아닐 정도로 많다 보니, 대체 어딜 가야 할지 선택이 쉽지 않다. 최고의 라멘집이 어딘지는 각자의 취향 문제니 나도 모르겠다. 하지만 간소나가하마야와 잇푸도를 추천할 수밖에 없는 이유만큼은 말할 수 있다. 60년 전에 만들어진 돈코쓰라멘의 원형이 궁금한 분께는 간소나가하마야를, 60년의 역사를 거치면서 완성된 돈코쓰라멘의 오늘이 궁금한 분께는 잇푸도를 추천한다. 아주 자신 있게!

....

간소나가하마야(元祖長浜屋)
福岡県 福岡市 中央区 長浜 2-5-38 T.092-711-8154

잇푸도 본점(一風堂本店)
福岡県 福岡市 中央区 大名 1-13-14 T.092-771-0880

단탄멘

원조보다 더 완성도 있는

짜장면처럼 우리나라에 들어와 100년 정도 현지화 과정을 거치고 국민과 생사고락을 함께 하면 그건 이미 '한국음식'이다. 마찬가지로 중국 면요리로 시작해 그 이름조차 중국어인 '拉麵(라미엔)'에서 따왔지만, 이미 100년 세월 동안 일본에 완전히 동화되었고 짜장면만큼이나 대중적인 음식이 된 라멘은 엄연한 일본음식이다.

라멘만큼 역사는 오래되지 않았지만 그 유래나 현지화 과정이 굉장히 유사한 음식이 있으니, 이름 하여 단탄멘擔擔麵이다. 1960년대 이후

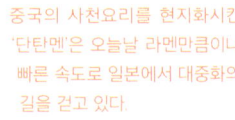

중국의 사천요리를 현지화시킨 '단탄멘'은 오늘날 라멘만큼이나 빠른 속도로 일본에서 대중화의 길을 걷고 있다.

일본에 정착해 라멘보다 50년 정도 늦게 출발했지만, 일본인 특유의 흡수력이랄까 응용력이 발휘되면서 단탄멘은 매우 빠른 속도로 진화하고 있다. 특히 최근 몇 년 사이 부쩍 탄력이 붙었다. 전문점의 숫자도 눈에 띄게 늘고 있고 그에 맞춰 라멘 못지않은 변형이 이루어지고 있다. 대중화의 척도로 볼 수 있는 즉석 단탄멘 역시 다양한 브랜드에서 출시되고 있다.

일본에서 단탄멘을 이야기하자면 진陳씨 집안을 빼놓을 수 없다. 중국 쓰촨四川성 출신으로 열 살 때부터 요리를 시작해 중국 본토와 대만, 홍콩 등을 거쳐 33세(1952)에 일본에 정착한 진켄민陳建民은 일본에서 '사천요리의 아버지'로 불린다. 그는 1958년 도쿄 신바시에서 '시센한텐四川飯店'을 시작한 이래로 일본에서 사천요리의 대중화를 이끌었다. 칠리새우, 마파두부, 단탄멘 등 많은 요리가 그의 손을 거쳐 '일본식 사천요리'로 새롭게 탄생했다. 아들인 진켄이치陳建一는 후지TV의 인기 프로그램 〈요리의 철인〉에 출연해 '중화요리의 철인' 타이틀을 획득함으로써 시센한텐의 입지를 더욱 탄탄히 굳혔다.

이 집안이 일본에서 얼마나 대단한지, 진켄민과 그 가족의 스토리를 엮은 소설《마파두부의 부인》이 출간되었으며, NHK는 이를 원작으로 2003년 동명의 드라마를 5부작으로 제작해 방송하기도 했다. 현재의 시센한텐은 아들인 진켄이치와 손자인 진켄타로陳建太郎가 운영하고 있으며 도쿄 아카사카의 본점을 비롯해 일본 전국에 총 16개의 점포를 운영하고 있다.

일본 사천요리의 아버지, 진켄민

2011년 3월 후쿠오카와 가고시마를 잇는 규슈 신칸센의 완전 개통에 맞춰 후쿠오카의 중앙역인 JR하카타역 역시 5년간의 리모델링 공사 끝에 완공됐다. 역사 9층과 10층에는 규슈는 물론이고 전국의 유명 레스토랑 46개를 모은 일본 최대 규모의 푸드코트가 만들어졌다. 46개나 되는 레스토랑 가운데서 화제의 중심이 된 곳은 단연 시센한텐이었다. 일본에서의 위상이나 규슈 최초 진출이라는 상징성을 대변하듯 시센한텐은 JR하카타역 10층 정중앙, 가장 전망 좋은 곳에 가장 넓은 평수를 차지하고 있다.

레스토랑 입구에는 진씨 집안의 2대째인 진켄이치와 3대째인 진켄타로 부자의 사진과 함께 대표 메뉴가 소개된 큼지막한 광고판이 손님을 맞는다. 광고판에는 "사천요리의 일곱 가지 맛을 모쪼록 즐겨 주십시오"라는 카피와 함께 일곱 개의 한자가 적혀 있다.

일본에서 '사천요리의 아버지'로 불리는 진켄민에 이어 시센한텐을 이끌고 있는 2대째 진켄이치와 3대째 진켄타로 부자.

각각의 한자는 마麻, 첨甛, 고苦, 산酸, 랄辣, 함鹹, 향香이다. 즉 '사천요리의 일곱 가지 맛'이란 얼얼한 맛, 단맛, 쓴맛, 신맛, 매운맛, 짠맛, 향기를 말한다. 인간이 혀로 느끼는 다섯 가지 맛에 얼얼한 맛과 향기까지 더해졌다. 살면서 산전수전 다 겪은 경우를 두고 '세상살이 쓴맛 단맛 다 보았다'라는 표현을 쓴다. 같은 의미로 중국에서는 '쏸티엔쿠라酸甛苦辣'라는 표현을 쓴다. 시고 달고 쓰고 매운맛을 보면 인생의 맛을 안다는 소리다. 이처럼 우리가 흔히 '맵다' 정도로만 알고 있는 사천요리는 의외로 섬세할 뿐만 아니라 '인생의 맛'까지 녹아 있다. 특히 얼얼한 맛과 신맛은 사천요리의 진정한 매력으로, 묘한 중독성까지 있다.

기억을 한번 더듬어 보시라, 이런 맛이 오롯이 녹아 있는 사천요리를 드셔 본 적이 있는지. 그렇다고 너무 깊이 생각하지는 말자. 있건 없건 상관없이 지금부터 먹게 될 터이니.

시센한텐의 단탄멘은 일본 식문화가 집대성된 만화라 해도 과언이 아닌 《맛의 달인》에서 실명까지 거론하며 자세하게 다루고 있다. 그만큼 시센한텐과 단탄멘이 가진 의미가 각별하다는 방증이다. 《맛의 달인》 85권 '단탄멘의 기원과 원조'라는 에피소드에 소개된 내용을 요약하면 이렇다.

중국 쓰촨 지방에서 유래한 단탄면에서 '탄탄'은 '짊어지다'라는 뜻으로, 면장수가 들것을 짊어지고 돌아다니며 팔았던 일종의 패스트푸드였다. 사람이 음식 재료를 짊어지고 다니면서 파는 음식이다 보니 무거운 국물까지 함께 들고 다닐 수 없어 초기의 단탄멘은 국물이 없는 비빔면의 형태였다. 이런 단탄멘을 도쿄 아카사카에 있는 시센한텐의 창업자인 진켄민 씨가 일본인의 입맛에 맞도록 지금처럼 국물이 있는 형태의 단탄멘을 최초로 만들었고 이후 수많은 진켄민 씨의 제자들이 전파함으로써 대중화되었다.

내용을 보면 대충 짐작이 가겠지만, 단탄멘은 국물 없이 비벼 먹던 쓰촨식 단탄멘에 당시 유행하던 라멘의 조리법이 더해져 탄생한 음식이다. 이처럼 진켄민은 무에서 유를 창조했다기보다는 당시 일본인의 기호를 적극 반영한 대중적인 음식을 통해 사천요리를 일본 사회에 전파했다.

현재 시센한텐에서 나오는 단탄멘은 50년 전 처음 만들어졌던 원형과 그 모양과 맛이 거의 흡사하다. 닭 국물을 베이스로 일본 간장, 참깨가 들어간 지마장芝麻醬, 고추기름인 라유, 파기름인 네기유에 식초 등을 섞어 국물을 만들고 라멘과 동일한 면을 말았다. 고명으로는 첨면장과 간장에 볶은 돼지고기, 청경채를 올린다. 담백한 닭 국물에 고소한 맛, 매운맛, 알싸한 맛, 단맛, 시큼한 맛, 짠맛이 어우러져 굉장히 오묘한 맛을 내는데, 이게 먹으면 먹을수록 은근히 입맛이 당긴다.

라멘의 아류작 정도로 여길 수도 있지만, 실은 전혀 다른 음식이다. 도대체 몇 가지 재료가 들어갔는지 가늠이 안 될 정도로 다양한 맛이 느껴지지만, 어느 것 하나 튀는 법 없이 조화를 이룬다. 여러 가지 재료의 절묘한 배합 비율을 찾아낸 요리사의 내공이 절로 느껴진다. 그러니

후쿠오카 하카타역사 10층에 위치한 시센한텐에서는 고소한 맛, 매운맛, 알싸한 맛, 단맛, 시큼한 맛, 짠맛이 두루 어우러진 단탄멘의 원형을 만날 수 있다.

정신을 차릴 때쯤이면 예외 없이 바닥이 훤히 드러난 사발을 보게 된다.

요즘 일본에서 단탄멘은 라멘만큼이나 다양한 형태로 발전하고 있다. 닭 국물 대신 돼지사골을 우린 돈코쓰 국물을 베이스로 하는가 하면, 캐슈너트, 말린 새우, 땅콩기름, 미소 등의 조미료가 첨가되기도 한다. 기호에 따라서는 시센한텐보다 맛있는 단탄멘도 얼마든지 있다. 하지만 '원조'의 저력은 그리 만만히 볼 것이 아니다. 사실 원조라 해서 가장 완성도가 높거나 맛있는 것은 아니다. 오히려 이를 발전시킨 후발 주자들의 음식이 더 나은 경우도 허다하다. 그렇지만 원조를 경험하지 않고는 '기준'을 세울 수가 없다. 시센한텐의 단탄멘을 먹지 않고는 단탄멘의 진정한 매력을 짐작하기 어렵다. 특히 땅콩버터 따위로 맛을 낸 얄퍅한 단탄멘을 먹고 '겨우 이 정도 음식이었어?'라고 생각하면, 그건 장님 코끼리 만지기와 다를 바 없다.

청출어람, 시센한텐

단탄멘과 더불어 시센한텐에서 절대로 놓쳐서는 안 되는 또 하나의 음식은 마파두부다. 도박 좋아하던 샌드위치 백작이 포커를 치면서도 먹을 수 있는 음식으로 만들었다는 샌드위치처럼, 마파두부 역시 그 이름에 꽤나 구체적인 스토리가 담겨 있다.

청나라 말기인 1800년대 중반, 중국 쓰촨성의 중심도시 청두成都에 진춘부陳春富라는 기름 장수가 있었다. 그의 아내는 어려서 천연두를 앓아 얼굴이 곰보여서 사람들은 그녀를 '진씨 곰보 아줌마'라는 뜻으로 '진마파'라 불렀다. 마파두부는 진마파가 남편의 친구들에게 두부와 양고기에 고추, 후추, 고추기름 등을 섞어 만들어 주던 두부요리에서 유래됐다. 남편이 사고로 먼저 세상을 떠나자 진마파는 호구지책으로 '진흥성'이라는 밥집을 차리고 이때부터 본격적으로 마파두부를 팔기 시작했다.

　한번 생각해 보자. '곰보 아줌마의 두부'라는 촌스러운 이름을 그대로 사용하고, 남편의 친구를 대접하기 위해 만든 음식이 결국엔 쓰촨 지방을 넘어 중국을 대표하는 음식이 된 것은 마파두부가 그만큼 맛있기 때

향신료의 농축된 향과 두부의 부드러움이 환상의 궁합을 이루는 '마파두부'는
시센한텐에서 놓쳐서는 안 될 시그니처 메뉴다. 한번 맛보면
수시로 생각날 정도로 중독성이 강하다.

문일 것이다. 그러나 지금까지 마파두부를 먹고 단 한 번도 맛있다고 느낀 적이 없었다. 더러는 직접 만들어 보기도 했지만 그때 역시 크게 맛있다고 생각하지는 않았다. 적어도 진켄민이 만든 마파두부를 먹기 전까지는 그랬다.

시센한텐의 마파두부는 몇 가지 특징이 있다. 우선 양고기 대신 돼지고기를 쓰고 맛을 내는 기본 조미료로 간장을 사용한다. 산초를 듬뿍 사용하면서도 부드러운 풍미를 내기 위해 잎마늘을 넣는다. 두반장과 함께 춘장의 원형인 첨면장을 섞었기 때문에 색도 붉기보다는 갈색에 가깝다.

이렇게 만들어진 마파두부는 입안에서 카레 못지않을 정도로 강렬한 향을 발산한다. 뒤이어 산초의 알싸하면서도 얼얼한 맛이 입천장과 혀를 마구 자극한다. 한바탕 소동이 진정되면 짭조름한 감칠맛이 두부의 부드럽고 고소한 맛과 어우러져 기분 좋은 식감이 지속된다. 대미를 장식하는 것은 깔끔한 매운맛이다. 단지 한 입에 이만큼 드라마틱한 변화를 보이는 음식도 드물다. 입안은 얼얼하고 은근히 매워 땀도 살짝 난다. 그런데 계속 당긴다. 그냥 먹어도 맛있고 밥과도 잘 어울린다. 곰보 아줌마의 손맛으로 시작해 진켄민에 의해 재탄생한 마파두부의 진정한 매력을 비로소 발견했다 생각하니 사뭇 감동적일 정도다.

조미료와 향신료의 배합과 조리법 외에 또 하나의 비결은 두부에 있다. 비록 두부 만드는 기술이 임진왜란을 전후해 한반도에서 전해지기는 했지만, 지금의 두부는 일본이 한 수 위에 있다. 일본의 두부는 그저 부드럽기만 한 것이 아니고 콩 본연의 향과 맛이 진하게 남아 있다. 보통 일본인은 연두부를 많이 먹지만 마파두부에는 모멘도후木棉豆腐라고 해서 우리나라 모두부와 비슷한 두부를 사용한다. 모양을 유지하기 위해서다. 그렇다고 우리나라 두부처럼 아주 딱딱하지는 않다. 연두부와 모두부의 중간 정도 질감이다. 시센한텐의 두부는 일본의 여느 두부와 비교해도 확실히 남다른 품질이다. 주재료가 좋으니 그 결과물 역시 좋을 수밖에 없다.

시센한텐에는 '사천요리의 아버지'로 평가받는 진켄민이 1960년대에 만든 일본식 사천요리의 원형이 고스란히 남아 있다. 뿐만 아니라 아들과 손자에 의해 3대째 변함없이, 아니 오히려 더 탄탄하게 계승되고 있다. 일본서 웬 중국음식이냐 싶겠지만 천만의 말씀이다. 쪽에서 나온 색이 쪽빛보다 더 푸른 것을 두고 청출어람이라 한다. 시센한텐의 단탄멘과 마파두부는 비록 중국요리에서 비롯되었지만 청출어람을 무색하게 하는 맛이다.

시센한텐(四川飯店)
福岡県 福岡市 博多区 博多駅 アミュプラザ博多 10F T.092-413-5098

교자

요리보다 술안주, 한입에 쏙 들어가는 후쿠오카의 교자

만두饅頭와 교자餃子는 중국에서 유래된 음식이다. 명칭의 유래를 거슬러 오르면 만두는 사람의 머리 모양과 닮았다 해서, 교자는 사람의 귀 모양과 닮았다 해서 붙여진 이름이다. 모양은 달랐지만 다진 채소와 고기를 밀반죽으로 빚은 피로 감싸는 구조는 비슷했다.

오늘날 한중일 3국에서 만두와 교자는 모양은 그대로 유지하되 명칭과 구조는 약간의 차이를 보인다. 한국의 경우 교자라는 말이 가끔 쓰이고는 있지만 구분 없이 만두라고 일컫는 것이 일반적이다. 원조인 중국에서 만터우(만두)는 속에 아무것도 넣지 않고 둥근 모양의 밀반죽을 찐 것을 일컫는다. 속에 채소나 고기를 채운 것은 바오즈包子라 부른다. 이를 좀 더 세분해서 크기가 작고 피가 얇고 투명한 것은 쟈오餃, 크고 껍질이 두툼한 것은 바오包라고 한다.

냄새에 민감한 일본인이 마늘을 듬뿍 넣게 된 사연

일본의 경우는 정착된 시대적 상황에 따라 만두와 교자ギョーザ가 전혀 다른 형태로 발달했다. 중국에서 만두가 전해진 것은 13~14세기. 당시 일본은 왕의 칙서에 따라 육식을 금지하고 있었고, 만둣속을 채울 것이 마땅찮아서 채소나 고기 대신 팥소를 사용했다. 덕분에 일본에서 만주まんじゅう(만두)는 과자 혹은 떡의 일종이다. 교자가 본격적으로 정착한 것은 제2차 세계대전 이후다. 중국에 이주해서 살던 일본인이 패

전과 함께 대거 본국으로 귀환했다. 이때 교자도 같이 들어왔고 대중화됐다.

물자가 부족한 상황이라 돼지고기나 쇠고기는 구하기가 어려워 대신 양고기를 썼다. 특유의 누린내를 잡자니 중국에서는 쓰지 않던 마늘을 갈아 넣고, 배추 대신 흔한 양배추를 사용했다. 지금은 돼지고기를 주로 쓰지만 마늘과 양배추는 여전히 필수 재료다. 일본의 대중음식에서 마늘을 이렇게 노골적으로 사용하는 경우는 아주 드물다. 그래서 마늘 냄새에 민감한 일본인 중에는 교자를 앞에 두고 머뭇거리는 사람도 있다. "내일은 출근하지 않으니 교자를 마음껏 즐겨도 되겠군!"이라고 말하는 경우도 심심찮게 볼 수 있다.

그럼에도 일본인은 교자를 즐겨 먹는데, 특히 후쿠오카 사람들이 아주 좋아한다. 히토구치ひとくち교자는 후쿠오카의 명물 음식이다. 말 그대로 한 입 크기의 작은 교자다. 얇은 만두피에 한 작은술(또는 한 큰술) 분량의 만두소를 넣은 4~6센티미터 길이로 한 번에 부담 없이 먹을 수 있다. 가끔 큰 만두를 먹다 보면 만두피가 터져 만둣속이 간장 종지에 떨어질 때가 있는데 '한 입' 교자는 그런 면에서 편리하다.

예로부터 동서양을 막론하고 곡물을 반죽해 빚은 피에 각종 채소나 고기 등을 다져 넣고 이를 굽거나 튀기거나 삶아 먹는 음식은 흔했다. 미국의 덤플링, 이탈리아의 라비올리, 인도의 사모스, 베트남의 짜조, 터키의 만티, 러시아의 피로시키와 팰메니, 남미의 타말리 등은 놀라울 정도로 닮은 구석이 많은 음식들이다. 비단 이 음식들뿐만 아니라 햄버거,

샌드위치, 김밥, 스시, 케밥, 타코스, 고이꾸온(월남쌈) 등도 따지고 보면 본질적으로 같은 경험 혹은 기호의 결과물이다. 즉 인간은 단백질과 지방을 섭취할 때 탄수화물을 곁들이면 더 맛있다는 것을 경험으로 터득했고, 이를 한 방에 해결하기 위해 앞서 소개한 음식들을 만들었다.

그래서 교자와 만두는 그 자체로 완전한 식품이다. 이것저것 챙겨 먹을 필요 없이 그것만으로도 끼니가 해결되며, 때에 따라서는 더할 나위 없이 훌륭한 안주다. 그런데 일본에서 교자는 반찬으로 더 각광을 받았다. 외국음식을 받아들일 때 밥과 어울리느냐 아니냐를 가장 중요하게 생각하는 특유의 기준이 교자에도 어김없이 적용됐다.

한국인의 입장에서는 이런 방식이 아무래도 어색하다. 그래서 후쿠오카의 히토구치교자가 끌린다. 후쿠오카에서는 교자를 반찬보다는 안주로 생각하는 경향이 강하다. 그래서 많은 교자 전문점은 밥집이라기보다 술집에 가깝다. 그것도 저녁에 영업을 시작해 새벽에 문을 닫는 경우가 많다. 어찌 보면 선주후면의 연장선이다. 1차부터 교자로 시작하기보다는 술을 적당히 마시고 속이 좀 출출할 때 선택하는 안주다.

히토구치교자와 최고의 궁합은 뭐니 뭐니 해도 맥주다. 바삭한 껍질을 깨물었을 때 터져 나오는 육즙의 열기가 채 가시기 전에 벌컥벌컥 들이키는 맥주의 청량감은 뒷골이 짜릿할 정도로 자극적이다. 맥주 외에도 싸구려 위스키에 탄산수를 섞은 하이볼이나 얼음에 희석한 중국 소흥주를 먹기도 한다. 맥주만큼 임팩트가 강하지는 않지만 이 또한 나쁘지 않은 궁합이다.

술을 팔다 보니 교자 외에도 집집마다 다양한 안주를 내는데, 어느 집을 가더라도 빠지지 않는 메뉴가 있으니 닭 날개를 튀긴 '데바사키手羽先'다. 이 데바사키의 완성도가 교자 못지않게 중요하다. 마일드하게 소금만 뿌려서 튀기는 경우도 있고, 간장소스에 숙성시켰다가 튀기거나 튀겨서 간장소스를 바르는 경우 등 스타일은 조금씩 다르다. 어떤 경우든 유명한 교자 전문점은 데바사키의 맛 역시 교자와 비례하는 것이 공식이다.

히토구치교자에서 교자만큼 중요하게 생각하는 것은 양념장이다. 단순히 간장에 식초를 희석하는 정도에서 그치지 않고, 집집마다 자기 교자에 가장 잘 어울리는 '특제' 양념을 별도로 제작해서 쓴다. 그와 더불어 규슈의 명물인 유즈코쇼를 반드시 섞어 먹는다. 유즈코쇼ゆずこしょう는 일명 유자후추로 불리는 향신양념으로, 유자 열매 껍질, 매운 풋고추, 소금을 섞어 발효시킨 조미료다. 국물요리나 면요리에 이 유즈코쇼를 사용하면 상큼한 향과 더불어 칼칼하면서도 개운한 맛을 즐길 수 있다. 보통은 푸른 고추로 만든 유즈코쇼가 일반적인데, 교자 전문점에서는 양념장의 색깔과 '깔맞춤'을 하느라 대부분 붉은 고추로 만든 유즈코쇼를 사용한다.

화혼양재, 일본음식이 된 서양음식들

히토구치교자 5대 노포

어쨌거나 교자는 후쿠오카 여행에서 놓치면 크게 섭섭한 음식이다. 시원한 나마비루(생맥주)를 곁들이면 밥과 술이 동시에 해결된다. 게다가 가격도 저렴하다. 다 같이 중국에서 건너와 일본서 대중화된 음식이라 라멘집에서도 사이드 메뉴로 교자가 빠지지 않는다. 그 수준도 전문점 못지않다. 하지만 술과 음식은 맛도 맛이지만 분위기가 받쳐 줘야 한다. 서민적인 술집 특유의 왁자지껄함과 해방감은 교자집에서만 느낄 수 있는 특권이다. 이걸 포기하면 무조건 손해다. 그런데 선택을 하자니 후쿠오카에는 교자집이 너무 많다. 고민하실 것 없다. 이러쿵저러쿵해도 역시 구관이 명관이다. 전통과 명성은 하루아침에 구축되지 않는다. 언론과 블로거가 아무리 설레발을 쳐도 없는 전통을 만들 수도 없거니와 시간이 검증하고 부여한 명성을 어쩌지는 못한다.

지금부터 소개하는 곳은 오랜 세월 후쿠오카 토박이들로부터 사랑받고 있는 이른바 '히토구치교자 5대 노포'다. 교자의 진정한 매력을 발견하게 될 뿐만 아니라, 어디 가서 "교자 좀 먹어 봤다"고 말하려면 이 정도는 거쳐 주는 것이 도리에 어긋남이 없다.

히토구치교자의 원조, 호우테이

1949년에 창업한 후쿠오카 히토구치교자의 원조집이다. 명성에 걸맞게 일본 전국은 물론이고 한국과 중국 관광객들에게도 이미 소문이 자자하다. 3대째 호운테이寶雲亭를 이어받은 풍채 좋은 사장이 여전히 가게를 지키며 맛을 이어 가고 있다.

'귀 모양을 닮은 부드러운 경단'이라는 교자의 어원과 가장 어울릴 정도로 모양이 반듯하고 피가 부드럽다. 맛 또한 이상적이라 할 만큼 교자스럽다. 쇠고기와 돼지고기를 3:7 비율로 섞어 양파와 부추를 곁들였다. 마늘이 들어가지 않아 자극적이지 않은 대신 재료 각각의 밸런스가 절묘하다. 교자를 찍어 먹는 양념장인 호운테이만의 '교자타레' 또한 일품이다. 후쿠오카 히토구치교자의 기준을 잡고 싶다면, 고민할 것 없이 호운테이부터 시작하는 것이 순서다.

노포가 생명력을 가지기 위해서는 전통을 유지함과 아울러 전통을 바탕으로 자기혁신을 이뤄야 한다. 2011년부터 선보이고 있는 구로부타(흑돼지)교자는 이러한 자기혁신의 결과물이다. 단지 돼지고기 하나 바꿨을 뿐인데 놀랄 만큼 차이가 난다. 호운테이스러우면서도 호운테이를 단번에 뛰어넘는 맛이다. 주의할 점은 반드시 오리지널을 먹은 다음에 구로부타교자를 먹어야 한다는 것이다. 순서가 바뀌면 오리지널은 자칫 싱겁게 느껴질 수 있다.

후쿠오카 토박이가 인정한 맛, 아사히켄

1954년 개업해 호운테이 다음으로 오래된 가게가 아사히켄旭軒이다.

화혼양재, 일본음식이 된 서양음식들

(위)호운테이의 구로부타교자
(아래)아사히켄의 히토구치교자

처음에는 포장마차로 시작해 한참 후에 현재의 위치인 하카타역 건너편에 본점을 열었다. 상대적으로 관광객에게 덜 알려져, 후쿠오카 토박이나 근처 직장인들이 주로 찾는 곳이다.

히토구치라는 말이 딱 어울릴 정도로 교자의 크기가 작다. 길이 4센티미터 정도에 피와 소를 합친 무게는 고작 7그램. 그래서 가격도 10개 340엔으로 가장 싸다. 하지만 속은 능구렁이마냥 복잡하다. 돼지고기, 양파, 양배추, 부추, 마늘을 비롯해 모두 열네 가지 재료가 사용된다는데, 이걸 일일이 알아낼 재간은 없다. 그래서 맛도 좀 복잡하다. 처음부터 "이 맛이야!"라며 감탄하게 만들지는 않지만 먹으면 먹을수록 묘하게 입맛을 끌어당긴다.

자체 제작한 1.5센티미터 두께의 철판에 굽기 때문에 바삭한 피와 옹골진 소가 마치 한 몸인 듯 일체감이 느껴진다. 간장양념에 숙성시킨 다음 튀겨 내는 데바사키가 교자만큼이나 유명한데, 워낙 인기가 좋아 늦게 가면 못 먹는 경우가 많다.

무쇠냄비가 내는 먹음직스러움, 데쓰나베 나카스 본점

1962년 포장마차로 시작해 노포들 가운데 어린 축에 속하지만 손님은 제일 많다. 어지간한 노포가 하루에 교자를 수천 개씩 팔지만 특히 데쓰나베 나카스 본점은 살벌할 정도로 장사가 잘된다.

데쓰나베鉄なべ의 가장 큰 특징은 굽는 방식에 있다. 무쇠냄비를 뜻하

데쓰나베 나카스 본점의 히토구치교자

는 '데쓰나베'라는 상호 자체가 곧 이 집 교자의 정체성을 대변한다. 손님이 주문하는 양만큼 따로따로 무쇠냄비에 담아 구워 낸다. 일단 보기에 굉장히 먹음직스럽고 바로 이 점이 중요한 마케팅 포인트로 작용한다.

돼지고기, 양배추, 부추, 파, 마늘 등을 사용하는데 특이하게도 양배추의 수분을 완전히 제거한다. 그러면 교자가 숙성되고 구워지는 과정에서 다른 재료의 맛과 육즙을 양배추가 흡수해 독특한 풍미를 낸다.

왕정치의 단골, 데무진 다이묘점

1963년에 창업한 데무진은 호운테이와 더불어 관광객에게 가장 널리 알려진 집이다. 후쿠오카에만 10개가 넘는 분점이 있어 시내 어디서나 어렵지 않게 만날 수 있지만, 그중에서 다이묘人名점이 본점이다.

데무진テムジン은 칭기즈칸의 아명인 테무친의 일본식 발음이다. 창업 당시 상호를 고민하던 사장에게 누군가 '칭기즈칸'이 어떠냐고 했단다. 그런데 당시 약관 28세였던 사장의 입장에서는 너무 거창한 이름이라는 생각이 들었다. 고민 끝에 칭기즈칸의 아명인 데무진으로 타협했다고 한다.

여느 교자와 달리 데무진은 소에 돼지고기가 전혀 들어가지 않는다. 대신 일본산과 호주산 쇠고기를 섞어 쓰고, 고기와 채소를 3:7의 비율로 넣고 있다. 그래서 담백해서 좋다는 의견이 있는가 하면 풍미가 약해서 별로라는 의견도 더러 있다.

데무진은 좀 특별한 이유로 유명세를 타고 있는 집이다. 후쿠오카 야구팬들의 정신적 지주쯤 되는 왕정치 감독의 단골집이었기 때문이다. 중국인이었던 왕정치 감독의 아버지는 '고주반五十番'이라는 중국집을 운영했고, 그런 내력 때문인지 왕정치 감독도 중화요리를 좋아했는데 특히 데무진의 교자를 좋아했다고 한다. 다양한 국적의 종업원들 덕분에 외국 손님들도 꽤 많은 편이다. 물론 한국인 종업원도 있다.

히토구치교자의 완성, 바조우소

유럽 여행을 처음하는 사람에게 로마를 먼저 보는 것은 가급적이면 삼가라고 한다. 로마를 보고 나면 다른 도시는 죄다 시큰둥해지기 때문이다. 바조우소馬上非를 제일 마지막에 소개하는 것도 같은 이유다. 앞서 소개한 집들을 두세 곳 섭

데무친 다이묘점의 히토구치교자

렵한 다음에 바조우소를 만나면 이 집 교자가 얼마나 대단한지 실감할 수 있다. 반면 바조우소가 첫 경험이 되어 버리면 그날로 후쿠오카 교자 기행은 끝나는 것이나 마찬가지다.

1957년 창업한 바조우소는 호운테이, 아사히켄 다음으로 오래된 노포다. 지금은 1987년부터 2대째 가게를 물려받은 사장 부부와 딸이 운영하고 있다. 다른 노포들이 분점을 늘리고 온라인 판매도 하며 하루에만 교자를 수천 개씩 파는 데 반해, 바조우소는 여전히 열 평 남짓한 창업 당시의 규모를 고수한다. 분위기 역시 1970~80년대에서 시간이 멈춰 버린 듯한 느낌이다. 손님도 동네 주민이 대부분이다. 관광객이 처음 문을 열고 들어가면 주인이나 손님이나 '넌 대체 여기까지 뭣하러 왔냐?'는 표정으로 쳐다본다. 사람을 반기는 기색이라고는 눈곱만큼도 찾아볼 수 없다.

그런 수모를 감수하고 자리에 앉아 교자를 주문하면 아버지와 딸이 그때부터 교자를 빚기 시작한다. 아버지나 딸이나 시큰둥하기가 가히 세계 챔피언급이다. 하지만 묵묵히 만두를 빚는 부녀 혹은 모녀의 모습을 보고 있노라면 그 충만한 내공에 살짝 숙연해진다. 손바닥만 한 교자집 하나 하면서 이래저래 손님을 주눅 들게 한다.

다 빚은 교자는 50년 이상 사용하고 있는 무쇠냄비에 굽는다. 찜과 구이가 결합된 일본식 야키교자는 원래 이런 냄비를 사용했다. 두꺼운 냄비가 달궈지는 데만 한참이 걸려 기다리는 사람의 애를 태운다. 무쇠가 달궈진 다음에는 기름을 두르고 만두를 올리고 물을 붓는다. 물과

바조우소를 구성하는 모든 것은 1980년대 어디쯤에서 시간이 멈춘 듯 느껴진다. 하지만 교자 값이 만만하다고 무턱대고 먹었다가는 낭패를 본다. 바조우소의 교자는 '정신줄'을 놓으면 끝도 없이 들어가기 때문이다.

기름이 결합하는 순간 '치이~' 하고 요란한 소리가 나는데 그때를 놓치지 않고 무거운 나무 뚜껑을 덮는다. 열은 가두고 수분은 흡수하기 위함이다. 이러면 바닥에 면한 부분은 바삭하고, 나머지 부분은 부드럽고, 속은 촉촉한 교자가 된다.

완성된 교자는 그 겉모습에서부터 맛이 느껴진다. 숙성이 잘된 만두피는 곳곳에 적당히 공기층이 만들어져 있다. 이러니 입안에서 녹는다는 표현이 무색할 정도로 부드럽다. 한 입 베어 물면 촉촉하고 담백한 가운데 기분 좋은 단맛이 느껴진다. 근데 이상하다. 왜 단 걸까? 육안으로 확인할 수 있는 내용물은 돼지고기와 양파가 전부다. 옅은 향으로 마늘이 섞였으리라 짐작할 따름이다. 단맛의 비밀은 양파다. 고기의 누린내는 완벽하게 잡혀 오히려 향긋할 정도다.

"이거라면 100개는 충분히 먹겠다!" 바조우소의 교자를 먹어 본 사람들이 이구동성으로 하는 말이다. 그래서 10개 1인분에 480엔밖에 안 하는데도, 계산서를 보면 어지간한 고급 이자카야 못지않은 금액이 찍혀 있기도 한다. 맛있다고 무턱대고 먹었다가는 낭패를 보는 수가 있다.

바조우소의 히토구치교자

호운테이(宝雲亭)
福岡県 福岡市 博多区 中洲 2-4-20 T.092-281-7452

아사히켄(旭軒)
福岡県 福岡市 博多区 博多駅前 2-15-22 T.092-451-7896

데쓰나베 나카스 본점(鉄なべ本店)
福岡県 福岡市 中央区 西中洲 1-5 T.092-725-4688

데무진 다이묘점(テムジン大名店)
福岡県 福岡市 中央区 大名 1-11-4 T.092-751-5870

바조우소(馬上荘)
福岡県 福岡市 早良区 西新 1-7-6 T.092-831-6152

잔폰

아직은 일본음식이 되지 못한 나가사키음식

규슈 서쪽 끝의 중심도시인 나가사키長崎는 매우 독특한 분위기를 가진 도시다. 그 독특함의 정체를 알기 위해서는 간략하게라도 나가사키의 역사를 살펴볼 필요가 있다.

16세기 중반 에스파냐와 포르투갈의 무역선을 타고 가톨릭 신부들이 일본 땅을 밟는다. 그들의 목적은 선교였지만, 일본의 지배자들은 이들이 가지고 온 망원경, 돋보기, 시계 등의 서양 문물에 관심을 쏟았다. 특히 조총은 당시로서는 상상도 못했던 신무기였다.

하지만 서양의 문물이 탐난다 해서 그들의 종교와 문화가 퍼지는 것까지 달가운 것은 아니었다. 조총 덕분에 혼란스러운 전국시대를 통일하고 임진왜란까지 일으킨 도요토미 히데요시豊臣秀吉는 1570년부터 서양인의 활동 범위를 나가사키로 제한한다. 나가사키는 이때부터 포르투갈 상인과의 활발한 무역으로 일본 속 유럽의 모습을 갖추게 된다.

1603년 에도막부를 세운 도쿠가와 이에야스德川家康는 강력한 쇄국정책을 실시하지만 나가사키만큼은 예외로 두었다. 대신 가톨릭교회와 관계가 깊은 포르투갈을 쫓아내고 오로지 돈벌이에만 관심을 보이는 네덜란드 상인에게 나가사키의 무역권을 준다. 이렇게 해서 네덜란드 상인의 집단 거주지이자 무역의 거점인 '데지마出島'라는 인공 섬이 만들어지고, 서유럽의 문물이 본격적으로 들어온다.

이어서 비단 장수 왕 서방까지 가세했다. 명나라 상인들이 비단을 가져와 일본의 은을 구입해 갔다. 초기에는 데지마를 거래 장소로 이용했지만 규모가 점점 커지자 이들 역시 거점이 필요했다. 1689년에는 중국인들의 집단 거주지인 '당인촌'이 완공된다.

1859년에 자유무역항이 된 나가사키에는 미국, 영국, 독일의 무역상이 대거 몰려온다. 이들은 항구가 내려다보이는 언덕에 터를 잡았다. 다양한 근대식 건물을 짓고 자신들의 문화와 생활방식을 전파했다. 이 시절의 나가사키를 배경으로 만들어진 것이 그 유명한 푸치니의 오페라 〈나비 부인〉이다.

한편 제2차 세계대전 당시에는 일본 최대의 군함 제조 공장인 미쓰비시중

공업 나가사키조선소가 있는 대표적인 군수도시였다. 때문에 1945년 8월 9일 히로시마広島에 이어 두 번째로 원자폭탄의 공습을 받았다.

온갖 재료처럼 역사도 섞인 음식

이상이 500년 가까운 세월 동안 나가사키가 거쳐 온 역사다. 덕분에 나가사키에는 수백 년 된 사찰과 가톨릭교회, 다양한 서구식 근대 건축과 중국의 공자를 모신 사당, 지금도 군함을 건조하고 있는 조선소와 원

폭 희생자를 추모하는 평화공원이 공존한다. 게다가 근대식 교통수단인 노면전차가 아직도 도심을 활보하고 있다. 전 세계 어디를 가더라도 이처럼 다양한 경관을 가진 도시는 드물다.

　나가사키에 밤이 찾아오면 이 모든 것은 어둠 속에 잦아든다. 이질적인 모든 요소를 어둠에 묻는 대신 화려한 조명이 불을 밝힌다. 이렇게 만들어진 것이 '일본의 3대 야경'이라는 나가사키의 야경이다. 나는 '1000만 불짜리'라는 나가사키의 야경을 보면서 뜬금없이 '잔폰'을 떠올렸다.

비록 중국 화교들에 의해 만들어진 음식이기는 해도, 각종 채소와 해산물 그리고 돼지고기 등 원칙도 맥락도 없는 다양한 재료를 지지고 볶아 그럴듯한 면요리로 탄생하는 잔폰은 나가사키가 지나온 역사와 닮아도 너무 닮았다. 일본어로 '잔폰ちゃんぽん'은 음식 명칭이기 이전에 '서로 다른 것을 뒤섞는다'라는 의미를 가진 말이다. 흔히들 여러 종류의 술을 섞어 마신 것을 두고 '짬뽕했다'고 말하는 것은 사실 일본식 표현이다.

나가사키에서 잔폰이 처음 만들어지고 판매된 곳은 중국음식점과 여관을 겸하고 있던 '시카이로四海樓'였다. 1899년 푸젠福建성 출신의 천핑순陳平順이라는 사람이 문을 연 시카이로는 종업원만 30명에 달할 정도로 큰 규모였다. 19세 때부터 옷감 행상을 해 돈을 번 천핑순은 고국에서 온 동포들의 힘든 처지를 누구보다 잘 헤아렸다. 화교와 유학생의 신원보증인을 자처하던 천핑순은 한창 먹성 좋은 나이의 유학생과 부두 노동자들이 제대로 먹지 못하는 현실이 안타까웠다. 그래서 갖가지 재료를 사용해 싸고 양 많은 음식을 만들었으니 그것이 잔폰이다.

스토리라는 게 원래 시간이 한참 흐른 후에 정리되거나 혹은 만들어지는 까닭에, 사실보다 과장되거나 미담으로 흐르는 경향이 많다. 시카이로의 창업주인 천핑순이 동포를 위해 잔폰을 개발한 것은 사실이겠지만, 이는 발명이라기보다는 현지화로 보는 것이 타당하다.

잔폰의 원형은 돼지고기, 표고버섯, 죽순, 파 등을 넣고 끓인 국물에 국수를 말아 먹는 중국 푸젠성의 음식인 '탕러우쓰멘湯肉細麵'과 고기와 채소를 볶아 닭이나 돼지뼈를 우린 육수를 붓고 면을 말아 먹는 '차오마멘炒碼麵(초마면)이다. 실제로 지금 나가사키의 많은 식당에서 판매되고 있는 잔폰은 탕러우쓰멘과 차오마멘의 특징을 모두 갖고 있다.

발명이건 현지화건 간에 나가사키에서 처음 시작되고 나가사키와 닮은 구석이 많은 음식이다 보니 나가사키에는 잔폰을 파는 식당이 무지하게 많다. 우선 100여 곳에 이르는 중화요리 전문점은 물론이거니와 어지간한 음식점에서는 빠짐없이 향토음식으로 잔폰을 팔고 있는데, 그 수만 1,000곳이 넘는다. 이렇게 많으면 관광객의 입장에서 음식점의 선택이 굉장히 어려울 것 같지만, 그렇지도 않다. 대부분의 관광객은 잔폰의 원조인 시카이로와 차이나타운에 있는 10곳의 중화요리 전문점으로만 몰린다. 정보와 시간이 제한적인 관광객의 패턴은 이렇게 한정될 수밖에 없다.

그런데 이들 유명 음식점에서 먹는 잔폰은 하나같이 치명적인 문제를 갖고 있다. 한마디로 맛이 없다. 그것도 시간이 지날수록 맛이 없어진다! 특히 짬뽕에 익숙하고 그 완성도에 유난히 집착하는 한국인의 입맛에는 더 맛이 없다. 10년 전 처음 먹었을 때는 그나마 먹을 만했는데, 지금은 '나가사키까지 와서 굳이 이걸 먹을 필요가 있을까?' 의문이 들 정도다.

이유는 두 가지를 꼽을 수 있는데, 이게 좀 구조적이고 근본적인 문제다. 첫째, 시카이로를 비롯해 차이나타운 내에 있는 음식점들의 규모가 너무 크다. 화교 특유의 생활력과 부동산에 대한 집착 때문인지 몰라

나가사키의 차이나타운인 '신치주카가이(新地中華街)'. 에도시대 말기 중국 무역선의 창고가 있던 이곳이, 이제는 중국음식점과 잡화점이 몰려 나가사키를 대표하는 관광지가 되었다.

도, 잔폰이 유명해지고 나가사키에 관광객이 몰리는 만큼 경쟁적으로 건물의 규모를 키워 왔다.

규모가 비대해지고 손님이 몰리니 잔폰 맛이 점점 얌전하고 심심해진다. 잔폰은 삶거나 끓여 만드는 음식이 아니라 볶아서 만드는 음식이다. 주문과 동시에 커다란 중국식 프라이팬인 웍wok을 달구고 기름을 가열한 다음 향신료와 각종 재료를 넣고 재빨리 볶아야 한다. 건더기가 적당히 볶아졌다 싶으면 곧바로 육수를 더한다. 이때도 육수를 뭉근히 끓이는 것이 아니라 이미 달궈진 팬에 순식간에 데워야 한다. 그래야 볶이면서 향이 배고 맛이 활성화된 건더기의 풍미가 육수에 녹아든다. 이렇게 만들어지는 맛을 두고 한국인은 '불 맛'이라 하는데, 불 맛이 살아야 짬뽕 맛이 산다. 이는 잔폰이라고 다르지 않다.

하지만 요즘 나가사키 차이나타운에서 먹는 잔폰에는 볶음요리 특유의 강렬함이 없다. 주방을 들여다볼 수 없으니 어떻게 만드는지 자세히 알 수는 없지만, 속사정을 짐작할 수 있는 한 가지 단서가 있다. 유명 업소들 중에 "우리는 한 번에 다섯 그릇 이상 만들지 않는다"고 강조하는 곳이 더러 있는데, 그 이상을 만드는 곳이 흔하다는 의미로 해석될 수도 있다. 이러니 맛이 예전만 못한 것이다. 몰려드는 손님을 치르느라 한 번에 많은 양을 만드니 잔폰 특유의 맛이 살 턱이 없다. 이럴 바에야 굳이 나가사키까지 갈 것 없이, 주방이 훤히 보이는 작지만 실속 있는 동네 중국집에서 먹는 잔폰이 훨씬 낫다.

두 번째 이유는 잔폰이라는 음식이 가지는 한계 때문이다. 사실 이

점을 설명하기 위해 앞서 라멘과 단탄멘을 다뤘음에도 굳이 잔폰을 따로 다루는 것인데, 결론부터 말씀드리면 이렇다. 라멘, 단탄멘, 잔폰은 모두 중국의 면요리가 원조다. 이 중 라멘과 단탄멘은 온전히 일본음식으로 귀화한 반면, 잔폰은 여전히 일본식 중화요리라는 인식이 강하다. 즉 라멘과 단탄멘이 온전한 국적(혹은 시민권)을 획득했다면 잔폰은 영주권을 얻은 수준에 그치고 있다.

이는 라멘과 잔폰의 시작과 현재를 비교하면 아주 극명하게 드러난다. 라멘과 잔폰은 1910년을 전후해 일본 땅에 등장했다. 엄밀히 따지자면 잔폰이 라멘보다 몇 년 앞선다. 처음 등장했을 때는 중국식 면요리라는 의미로 각각 '시나우동', '시나소바'로 불렸다. 일본이 중국을 지칭하는 단어에는 '주카中華'와 '시나支那'가 있다. 제국주의 시절에 주로 쓰였던 시나는 '조센징'처럼 그 뜻과 상관없이 중국을 멸시하는 뉘앙스를 담고 있었고, 이를 알고 있는 중국인들 역시 상당히 불쾌하게 받아들였다. 그래서 시나우동은 잔폰으로, 시나소바는 주카소바를 거쳐 라멘으로 명칭이 바뀐다.

나가사키 차이나타운에 갇힌 탓

일본인은 소바와 우동의 뒤를 이을 근대식 면요리로 잔폰 대신 라멘을 선택했다. 이후 라멘은 일본 특유의 집념과 장인정신이 발휘되면서 전문성과 대중성을 동시에 갖게 되었다. 시오, 쇼유, 미소, 돈코쓰 등으로 세분화되면서 순식간에 우동과 소바를 뛰어넘는 '국민 면요리'의 반열에 올랐다. 지역마다 독특한 라멘의 개발이 이어졌고, 방송에서는 수시로 일본 최고의 라멘과 라멘 요리왕을 뽑는 행사를 개최하고 있다. 1958년 닛신식품의 치킨라멘을 시작으로 인스턴트라멘의 개발 또한 활발해, 지금은 수백 가지가 넘는 상품이 판매되고 있다. 단탄멘은 라멘을 이을 현대식 면요리로 선택되었고, 지금 한창 라멘이 걸어왔던 길을 답습하는 중이다.

이 대목에서 일본인이 왜 잔폰 대신 라멘을 선택했는지 그 배경에 주목할 필요가 있다. 차이는 '어디에서, 누구에 의해 현지화되었느냐'에서 비롯된다. 잔폰이 나가사키에서 시작된 반면 라멘은 도쿄에서 시작되었고, 잔폰은 현지화의 주체가 중국인인 데 반해 라멘은 일본인이기 때문이다.

우선, 지역색이 아무리 강하다 할지라도 일본 역시 수도인 도쿄를 중심으로 움직이는 나라다. 따라서 도쿄에서 유행한 음식이 전국으로 퍼져 나가는 것은 어렵지 않지만, 지방의 향토음식이 도쿄를 거쳐 전국으로 퍼지는 것은 한국만큼이나 어렵다. 요코하마, 고베神戶, 나가사키, 하코다테函館 등 주요 항구에서 시작된 중국식 면요리가 라멘이라는 음식으로 현지화된 것은 1910년 도쿄 아사쿠사에 문을 연 '라이라이켄'에서부터다. 이곳의 성공에 힘입어 라멘은 서민적인 음식으로 도쿄 전역으로 퍼졌다. 그리고 태평양전쟁 패전 이후 중국에서 돌아온 '히키아게샤'(귀환자)들이 각자의 고향에서 라멘집을 열면서 라멘은 두 번째 현지화,

즉 지역화와 다양화의 과정을 거친다.

바로 이 지점에 외래음식을 받아들이는 일본인의 무섭도록 냉정한 태도가 숨어 있다. 일단 외래음식을 받아들이는 자세는 더없이 개방적이다. 하지만 그 음식을 일본의 것으로 만들 것이냐 말 것이냐는 철저히 계산적이고 자기중심적이다. 이를 가족에 비유해 보자. 대문을 활짝 열어 놓고 손님(외래음식)은 언제나 환영한다. 대신 그 손님을 장기적인 관점에서 '가족'(일본음식)으로 받아들일지 말지에 대해서는 쉽게 결정하지 않는다. 가풍을 이어받을 자질이 있는지, 대다수 가족 구성원이 동의하는지 꼼꼼히 따진다. 그래서 자격이 되는 손님은 가족으로 대접받고, 그렇지 못하면 시간이 아무리 흘러도 객의 신세를 면하지 못한다. 일단 가족이 되고 나면 무한한 애정을 쏟는 것은 물론이고, 피 한 방울 섞이지 않았어도 뼛속까지 가족으로 대한다.

100년의 시간이 흐르는 동안 라멘과 단탄멘은 가족이 된 반면, 잔폰은 아직도 객에 머물러 있다. 그래서 잔폰은 여전히 나가사키를 대표하는 향토음식의 한계를 벗어나지 못했고, 예나 지금이나 별다른 변형과 발전이 없다. 나가사키 차이나타운의 잔폰이 시간이 갈수록 맛이 없어지고 고만고만한 관광지 음식으로 머무는 것은 바로 이런 이유 때문이다. 나가사키 시민들에게는 대단히 죄송한 말씀이지만 그들 스스로의 특단의 노력이나 자구책이 없다면, 잔폰의 앞으로 100년 역시 지나온 100년과 크게 다르지 않을 것이다.

잔폰가도의 이데찬폰

나가사키의 500년 역사와 잔폰에 대해 이처럼 장황하게 설명하고 맛있는 잔폰집 하나 소개하지 않고 끝낸다면, 이 또한 결례다. 아무리 잔폰이 객의 신세를 면하지 못했다 해도, 그래도 역사가 100년이 된 음식인데 소개할 만한 잔폰집이 없을 턱이 없다. 그런데 나가사키가 아닌 뜻밖의 동네에서 발견했다.

규슈는 지난 2012년 (사)제주올레와 공동으로 '규슈올레'를 개장했다. 2012년에 4개 코스를 개장한데 이어, 2013년 4개 코스를 추가로 개장했다. 올레라는 명칭은 물론이고 제주올레의 상징인 간세와 리본 등을 그대로 사용하기 때문에 한국인에게도 매우 반가운 길이자 관광지가 되었다. 이 가운데 사가현 다케오武雄시에 있는 '다케오 코스'는 한국 관광객에게 특히 인기가 많다. 후쿠오카와 가까워 접근성이 좋기 때문이다.

코스의 출발점인 다케오온센역에서 34번 국도를 따라 10여 분쯤 달리면, 약 3킬로미터에 걸쳐 도로변에 아홉 개의 잔폰집이 모여 있다. 다케오시는 이 구간을 '잔폰가도ちゃんぽん街道'라 이름 붙이고 지역의 명물로 적극 홍보하고 있다. 그럼, 대체 무슨 연유로 이렇게 한적한 동네에 잔폰집이 아홉 개나 몰리게 됐을까?

이 지역은 18세기부터 석탄을 캐는 광산이 많았다. 그 역사는 1970년대까지 이어졌다. 먹성 좋은 학생과 부두 노동자를 위해 만들어진 나가사키짬뽕의 전통을 이어받아, 1950년대부터 다케오에도 짬뽕집이 하나둘 생겨나기 시작했다. 항구를 낀 나가사키가 해산물을 다양하게 활용했다면, 다케오는 채소를 듬뿍 사용했다. 대신 노동 강도가 센 광부들을 위해 면도 채소도 넉넉히 담았다. 이렇게 해서 '다케오식 짬뽕'이라는 독특한 스타일이 만들어졌다. 광산은 벌써 수십 년 전에 문을 닫았지만, 짬뽕집은 여전히 남아 오히려 이전보다 더 큰 호황을 누리고 있다.

이런 '다케오식 짬뽕'의 원조이자 규슈의 대표적인 짬뽕집으로 꼽히는 곳이 1949년에 창업한 '이데짬뽕井手ちゃんぽん'이다. 짬뽕이든 잔폰이든 좀 먹어 본 사람이라면 이데짬뽕의 문을 여는 순간 '그래, 이 집이구나!' 하고 생각하게 된다. 일단 짬뽕집의 주방은 시끄러워야 한다. 중국식 화로에서 강한 불이 치솟는 소리, 웍이 화로에 부딪치는 소리, 국자로 웍을 두드리는 소리, 뜨거운 기름에서 갖은 재료가 볶이면서 나는 소리가 입체적으로 들려야 짬뽕집답다.

그릇에 담긴 모양새 역시 '이것저것 섞어서 푸짐하게 만든' 짬뽕답다. 사발의 바닥에 면을 깔고 육수를 부은 다음, 방금 볶아 낸 재료들을 고봉으로 쌓아 올렸다. 맛도 모양을 배신하지 않는다. 채소, 돼지고기, 어묵에는 '불 맛'이 제대로 돌고, 아삭한 것은 아삭한 대로 쫄깃한 것은 쫄깃한 대로 식감이 고스란히 살아 있다. 면은 탱글탱글하니 탄력이 넘친다. 돼지머리와 사골을 하룻동안 우려낸 육수는 맛이 깊으면서도 깔끔하다. 이 삼박자가 주거니 받거니 어우러지니 비로소 짬뽕다운 짬뽕을 만났다는 기쁨에 "유레카!"를 외칠 수밖에 없다.

한국이건 일본이건 일단 짬뽕집의 주방은 번잡스러워야 한다. 소리도 요란하고, 냄새도 강렬하고, 사람들의 움직임도 활기찬 것이 정답이다. 그래야 짬뽕집답고, 그래야 짬뽕 맛도 산다.

500년 역사 동안 동서양의 문화가 만나고 융합된 나가사키에는 굳이 잔폰이 아니라도 맛있는 음식들이 사방에 있다. 그러니 굳이 잔폰을 먹겠다고 기를 쓰고 덤빌 필요는 없다. 하지만 다케오시 '잔폰가도'의 이데찬폰은 일부러라도 찾아가 먹어 볼 만한 음식이다.

행여 그렇게 잔폰을 드시게 된다면, 완전히 일본으로 귀화한 라멘에 비해 여전히 손님 신세를 벗어나지 못하는 잔폰의 서글픈 처지를 생각하며 잠시나마 측은지심을 가져 주시면 대단히 감사하겠다.

이데찬폰(井手ちゃんぽん)
佐賀県 武雄市 北方町 大字志久 高野 1928 T 0954-36-2047

오코노미야키

패전의 상실감을 달래 준 풍성함

20년도 훨씬 전이었던 것으로 기억한다. 서울 신촌에 굉장히 유명한 오코노미야키집이 하나 있었다. 오코노미야키라는 음식을 그때 처음 알았는데, 보는 순간부터 마음에 쏙 들었다.

왜 마음에 들었는지는 한참 후에 알았다. 오코노미야키お好み焼き라는 음식이 가진 정체성과 그 정체성이 고스란히 녹아든 이름 때문이었다. 일본어로 고노미好み는 좋아하는 것, 취향, 기호 등을 의미하고, 야키焼き는 구운 음식이다. 오お는 겸양을 나타내는 접두어라 대세에 큰 지장이 없으니 패스. 결국 오코노미야키는 '자기 취향에 따라 이것저것 선택해서 구워 먹는 그 무엇'이 된다. 따라서 오코노미야키는 규격화되고 획일화된 음식이 아니다. 개인의 취향과 지역과 시대의 형편에 따라 얼마든지 변형이 가능하다. 일단은 이 자유로움이 마음에 들었다.

인간의 욕망은 그냥 내버려 두면 절제라는 걸 모른다. 그래서 끊임없이 이성이 관여하도록 교육받는다. 식욕 또한 마찬가지다. 어지간해서는 만족하지 않는다. 이를 통제하기 위한 대표적인 수단이 '1인분' 혹은 '한 그릇'이라는 규격화다. 하지만 오코노미야키는 욕망을 통제할 필요가 없는 음식이다. 좋아하는 것을 원하는 만큼 층층이 쌓아서 먹을 수 있다. 한 판을 놓고 혼자 다 먹든 둘이서 나눠 먹든 상관 없다. 이러한 일탈의 기쁨 혹은 특유의 포만감이 오코노미야키를 좋아할 수밖에 없는 두 번째 이유다.

   그런데 한 가지 명확히 해야겠다. 여기서 오코노미야키라 함은 '히로시마 스타일 오코노미야키'를 말한다. 오코노미야키는 크게 오사카 스타일과 히로시마 스타일로 나뉜다. 같은 이름을 가졌을 뿐 둘은 그 시작도 다르고 지금의 형태로 정착된 과정도 다르다. 성격 급한 오사카 사람들이 들으면 발끈하겠지만, 내 취향에 오사카 스타일은 아무리 봐도 매력 없다. 이것저것 섞어서 곤죽이 된 '지짐'을 먹느니 차라리 파전이나 부추전을 먹는 게 낫다. 거기다 마요네즈 따위를 뿌리는 만행은 도무지

용서가 안 된다. 그러니 지금부터 설명하는 것은 무조건 히로시마 스타일의 오코노미야키임을 기억해 주시면 감사하겠다.

오코노미야키의 기원을 밝히기 위해 시간을 거슬러 오르면 당나라의 밀전병과 연결되고, 공간을 확장하면 유럽의 크레이프와 연결된다. 하지만 이렇게 대책 없이 판을 벌이면 너무 복잡하고 개념도 모호해진다. 내 성격을 파악하겠다고 족보를 뒤지는 것보다는 차라리 아버지와 어머니를 분석하는 것이 훨씬 구체적이다. 그러니 너무 멀리 가지 말고 오코노미야키 탄생의 직접적인 배경이 된 음식부터 살펴보기로 하자.

오코노미야키의 원조는 히로시마에

후쿠오카현 기타큐슈시 고쿠라小倉역 구내에 '쓰다야TSUDA屋'라는 식당이 있다. 이 식당에 가면 '일전양식一錢洋食'이라는 낯선 음식을 만날 수 있다. 그것도 대표 메뉴란다. 묽은 밀반죽을 얇게 펴서 굽고, 그 위에 파, 양배추, 어묵, 새우 따위를 올리고 소스를 뿌린 다음 반으로 접었다. 모양만 보면 영락없는 밀전병 혹은 크레이프다. 맛? 이렇게 만든 음식이 뭐 대단한 맛이 있을까마는, 그냥 심심하니 먹을 만하고 맥주 안주로 적당한 편이다.

의외인 것은 이런 조잡한 음식이 당당히 대표 메뉴가 될 만큼 인기가 있고, 일부러 찾아와 먹는 관광객도 더러 있다는 사실이다. 왜 그러느냐? 일전양식이 일본의 중장년층에게는 추억의 음식일 뿐만 아니라 오코노미야키의 원조이기 때문이다.

애초 일전양식은 식당에서 파는 식사나 술안주용이 아니라 동네 구멍가게 앞에서 연탄 화덕이나 풍로こんろ를 놓고 구워 팔던 군것질거리였다. 그래서 싸다는 의미로 '일전'이라는 말이 붙었다. 그럼 왜 양식이냐? 이 음식은 19세기 말부터 유행하기 시작했는데, 서양 문물이 마구 들어오던 1900년대 초반 어느 순간부터 여기에 우스터 소스를 뿌리기 시작했다. 서구식 근대화에 전념하던 당시의 일본은 서양의 것이라면 무조건 좋은 것이라 여겼다. 멀쩡한 일본음식도 소스만 바르면 '양식'으로 둔갑하던 시절이다. 기왕에 싼값에 서양음식 흉내를 내기로 한 거, 아예 이름까지 그렇게 붙이자고 해서 만들어진 것이 일전양식이다. 일전양식은 주로 오사카와 교토를 중심으로 한 간사이와 히로시마 등에서 유행했고, 그 전통이 태평양전쟁을 거치면서 히로시마 스타일의 오코노미야키로 발전했다.

패전 후 일본은 나라 전체가 가난과 굶주림에 허덕였다. 특히 원자폭탄으로 쑥대밭이 된 히로시마의 사정은 훨씬 더 끔찍했다. 살자니 먹어야 했고, 상실감과 허탈함을 채워 줄 무언가가 필요했다. 그러니 맛과 영양은 둘째치고 일단 보는 것만으로도 풍성한 음식을 찾았다.

1950년을 전후해 반으로 접혔던 일전양식이 펴졌다. 배급으로 나눠주던 밀가루가 있었기에 가능했다. 그리고 구하기 쉽고 값싼 것은 죄다 올렸다. 올리다 보니 요령도 쌓였다. 계절의 영향을 받는 파보다는 연중 쉽게 구할 수 있는 양배추를 듬뿍 올렸다. 바다가 가까이 있어 해산물

묽은 밀반죽을 얇게 펴서 구운 다음 파, 양배추, 어묵, 새우 등을 올려 반으로 접은 '일전양식'은 오코노미야키의 원조다. 고쿠라역의 '쓰다야'에서는 지금은 거의 사라진 일전양식의 원형을 만날 수 있다.

은 흔했다. 새우, 오징어, 조개, 굴 등이 올라갔다. 라멘의 대중화로 중국식 면이 유행하자 이것도 삶아서 올렸다. 나중에 숙주가 흔해지자 숙주도 올렸고, 파도 올렸고, 돼지고기도 올렸고, 튀김가루인 덴카쓰도 올렸고, 달걀도 올렸고, 소스도 바르고, 파랫가루도 뿌렸다. 시간이 갈수록 더 풍성해지고 더 높아졌다. 그렇게 오코노미야키는 발전돼 왔고, 그렇게 히로시마 사람들은 폐허를 극복해 왔다.

당시 히로시마의 거리 곳곳에는 오코노미야키를 파는 포장마차가 즐비했다. 특히 전쟁 통에 가장을 잃은 여인들이 생계형으로 시작한 점포가 많았다. 그 전통이 남아 현재도 오코노미야키집이 우글우글 모여 있다. 히로시마 시내 유흥가인 신텐지新天地를 가 보면 식당의 절반 정도는 오코노미야키집이 아닐까 착각할 정도로 많다. 건물의 몇 개 층 전체가 오코노미야키 코너로 만들어진 경우도 더러 있다.

히로시마 사람들의 오코노미야키에 대한 애정은 통계로도 확인할 수 있다. 일본 전국에 걸쳐 오코노미야키(야키소바, 다코야키 포함) 전문점은 모두 1만 9480개로 추산된다. 오사카시를 포함한 오사카부가 3,449개로 가장 많고, 인접한 효고兵庫현이 그다음이고, 히로시마현은 1,767개로 3위를 차지하고 있다. 하지만 인구 대비로 보면 상황은 달라진다. 인구 1,000명당 오코노미야키집 수는 히로시마현이 0.62개로 가장 많고 다음으로 효고현(0.43개), 오사카부(0.39개) 순이다. 오코노미야키 좀 먹는다는 동네에서도 히로시마는 단연 독보적이다.

현란한 퍼포먼스 대신 조신한 비주얼

무슨 까닭인지는 몰라도 최근 들어 후쿠오카에도 오코노미야키 전문점이 부쩍 늘고 있다. 눈에 띄게 많은 것은 아니지만, 히로시마에 못지않은 정통 오코노미야키를 먹자고 덤비면 어렵지 않게 찾을 수 있다. 저마다 개성 넘치는 조합과 화려한 퍼포먼스로 고객의 입과 눈을 즐겁게 한다. 적당히 배도 채우고 가볍게 맥주 한잔하기에 이만큼 제격인 음식도 없다.

그러고 보니 오코노미야키에는 꽤 재미있는 특징이 하나 있다. 일본인이 대중적으로 즐기는 모든 음식은 어떻게든 밥과 연결되어 있다. 어떤 음식이든 밥을 맛있게 먹기 위해 개량되고 존재한다. 스시나 덴푸라는 물론이고 돈카쓰, 고로케, 카레 등 서양에서 들어온 음식 또한 마찬가지다. 라멘집에 가도 공깃밥이 나오고 우동집에 가도 주먹밥이 있게 마련이다. 그런데 오코노미야키만큼은 예외다. 이것만큼은 밥과 무관하게 발전해 왔다. 아마도 쌀이 귀하던 시절 밥을 대체할 만한 '배부른 그 무언가'를 갈구하면서 만들어진 전통과 무관하지 않을 것이다. 대신 오코노미야키는 철저히 맥주 친화적이다. 맥주 안주로 더할 나위 없을 뿐만 아니라, 오코노미야키를 먹을 때 맥주가 빠지는 것은 그야말로 김빠진 맥주를 마시는 것과 다름없다.

후쿠오카에서 꽤 여러 곳을 전전하다 전혀 뜻밖의 오코노미야키 전문점에 정착했다. 지하철 하코자키선 마이다시규다이보인마에馬出九大

病院前역 주변은 후쿠오카 현청, 규슈 대학병원, 히가시공원 등이 있는 조용한 동네다. 관광객이 흔히 보아 온 후쿠오카와는 전혀 다른 분위기가 느껴진다. 지하철역과 멀지 않은 곳에 '아미あ味'라는 오코노미야키 전문점이 있다. 눈에 잘 띄지도 않는 작은 간판과 수수한 미닫이로 된 입구는 어지간해서는 식당이라 생각되지 않을 정도다. 한국이나 일본이나 이렇게 숨은 식당 중에 의외의 고수가 많다.

미닫이문을 열면 우선 두 가지가 눈에 띈다. 길이가 족히 2미터는 되어 보이는 철판과 광채가 날 정도로 빛이 나는 관리 상태, 그리고 그 철판 앞에 떡하니 버티고 서 있는 풍채 좋은 사장의 위풍당당한 모습이다. 오코노미야키 요리사에게 철판의 넓이와 관리 상태는 자부심과 경력의 상징이다. 모노드라마 배우에게 무대와 비슷한 의미다. 내공 있는 요리사일수록 철판을 넓게 사용하는데, 온도 차를 활용하는 것이다. 그래서 눈치 빠른 고객은 아미의 문을 여는 순간 이런 생각을 하게 마련이다. '그래, 이 아저씨라면 지짐 좀 제대로 뒤집겠구나!'

보통의 요리사는 주걱 두 개를 빠르게 움직이면서 철판을 탁탁 쳐 가며 현란한 퍼포먼스를 보여 주려 애를 쓴다. 또한 이런 모습을 보는 것이 오코노미야키 전문점을 찾는 즐거움 중의 하나다. 그러나 아미의 사장이 오코노미야키를 만드는 모습은 고요하기 이를 데 없다. 현란함 따위는 애초에 안중에도 없다는 식이다. 불필요한 동작으로 고객의 환심을 사려 하지도 않는다. 그저 신중하고 절도 있는 동작으로 묵묵히 지짐을 뒤집을 따름이다. '이거 제대로 걸렸구나!' 예상은 점점 확신으로

'아미'에서는 고집스런 오코노미야키 장인의 솜씨를 맛볼 수 있다. 절제된 동작으로 천천히 구워 내는 아미의 오코노미야키는 맛도 맛이거니와 그 정갈한 모양새가 일품이다.

굳어진다.

　오코노미야키가 완성될 즈음 소스가 나오고 접시가 깔린다. 어라, 그런데 소스병에도, 접시에도 낯익은 로고가 보인다. 아마도 일본 음식에 조금이라도 관심 있는 분이라면 한 번쯤은 봤을 '오타후쿠お多福'의 로고다. 이 브랜드는 오코노미야키, 특히 히로시마 스타일의 오코노미야키와는 떼려야 뗄 수 없는 관계다. 1922년 히로시마에서 술과 간장 소매상으로 시작한 오타후쿠는 식초 제조를 거쳐, 현재는 2,500여 종류의 조미료와 소스를 생산하는 일본 소스업계 1위 기업이다. 한국의 짜장면이 중국의 첨면장을 개량한 '사자표 춘장'의 등장과 더불어 국민음식이 됐듯이, 오코노미야키 또한 영국의 우스터 소스를 베이스로 한 '오타후쿠 오코노미야키 소스'의 등장으로 인해 히로시마의 소울푸드가 되고 일본의 국민음식 반열에 오를 수 있었다.

　자고로 음식은 저를 만든 사람을 닮게 마련이다. 아미의 오코노미야키는 화려하지 않고 조신하다. 대신 비주얼이 완벽하다. 절제된 균형감에 끌려 한참을 바라보게 된다. 철판에서 목격했던 윤기가 오코노미야키에 바른 소스에서도 그대로 재현된다. 푸른 아오노리靑海苔(사전에서는 녹조류의 총칭이지만, 여기서는 오코노미야키 위에 뿌리는 파랫가루를 가리킨다)는 화룡점정이다.

　각각의 재료는 충분히 익었지만 그 낱낱이 가진 식감과 풍미는 살아 있다. 오코노미야키는 그 낱낱이 가진 식감과 풍미가 충돌하고 대립하는 재미로 먹는 음식이다. 소바가 퍼지거나, 양배추와 숙주가 너무 숨이

죽어 아삭한 식감을 잃어버리거나, 해산물이 신선하지 않으면 조화가 깨진다. 슬쩍 묻어가도 될 것 같지만 천만의 말씀이다. 하나라도 부실하면 대번에 표가 난다. 그래서 오코노미야키는 아무나 만들 수 있지만 잘 만들긴 어려운 음식이다. 특히 살짝 꼬들꼬들하고 짭조름한 소바는 언제 먹어도 질리지 않는 맛이다. "호우 호우(풍부 풍부)", "우마이 우마이(맛있다 맛있다)"를 되풀이하며 맥주와 함께 게걸스럽게 먹는 것이 또한 오코노미야키의 매력이다.

언젠가 오코노미야키 한 접시씩을 놓고 묵묵히 식사를 하는 노부부의 모습을 본 적이 있다. 맥주도 대화도 없이, 뜨거운 김을 후후 불어 가며 먹는 모습이 사뭇 인상적이었다. 그들은 아마도 전쟁을 겪었을 것이고, 힘겨웠던 패전의 시련 또한 극복했을 것이다. 아울러 경제대국 일본 건설을 위해 헌신했을 것이다. 오코노미야키는 그 파란만장한 역사와 함께한 음식이다. 노부부의 저녁식사 모습이 예사롭지 않아 보였던 것은 아마도 그런 이유들 때문일 것이다.

무릇 음식은 역사 속에서 발전해 왔다. 때문에 음식에는 시대 상황과 그 시대를 살았던 인간의 흔적이 반영되게 마련이다. 이는 한국이나 일본이나 마찬가지다. 하여, 그것이 어떤 음식이건 사소하게 보아 넘길 것은 아무것도 없다. 하물며 오코노미야키 하나조차도 말이다. 슬픈 운명을 타고나긴 했어도 정말 흥미롭고 맛있는 음식임에 분명하다.

쓰다야(TSUDA屋)
福岡県 北九州市 小倉北区 浅野 1-1-1 2F T.093-513-5786

아미(あ味)
福岡県 福岡市 東区 馬出 1-10-13 T.092-651-3770

구시아게

장르가 없는 음식의 즐거움

보면 볼수록 재미있고, 먹을 때마다 웃게 되는 음식이다. 돈카쓰, 카레, 라멘 등은 그 원형 혹은 출발점이 분명한 데 비해, 이건 대체 어디서부터 시작해야 할지 살짝 당혹스럽다. 조리법에서부터 소스에 이르기까지 이질적인 것들이 마구 섞여 있다. 문학이나 영화에 비유하자면 딱히 장르가 없는 음식이다.

그럼에도, 만드는 사람들은 굉장히 진지하다. 거기다 고도의 전문성과 남다른 창의력까지 요구된다. 그렇다고 먹는 사람까지 심각해질 필요는 없다. 스시는 만드는 사람과 먹는 사람 사이에 팽팽한 긴장감 같은 것이 있다. 요리사뿐만 아니라 고객도 그에 걸맞은 예의와 격식을 갖춰야 한다. 하지만 이 음식을 받는 고객은 그저 즐기면 그만이다. 결정적으로 맛있고, 특히 맥주와 잘 어울린다. 잘 어울려도 너무 잘 어울린다.

자유분방함! 구시아게串揚げ라는 음식이 가진, 규정할 수 없는 모든

요소를 단 한마디로 표현할 수 있는 단어는 이것밖에 없다. 아울러 이 음식에는 '요리유신'이라 불렸던 메이지유신 이후 일본음식이 걸어온 흔적들이 고스란히 남아 있다. 이 모든 이유 때문에 나는 구시아게를 좋아한다. 언제부턴가 일본을 가면 이것만큼은 꼭 한번 먹어야 직성이 풀릴 정도다.

구시카쓰냐 구시아게냐, 간토와 간사이의 기싸움

구시아게는 구시카쓰串カツ라고도 한다. 구시串란 '꼬치에 끼우다'라는 뜻을 가지고 있다. 상형문자의 흔적이 남아 있어 한자의 모양만 봐도 그 뜻이 대충 짐작된다. 중국에서는 '촨'이라 읽는데 역시 비슷한 의미로 쓰여, 양꼬치를 '양러우촨羊肉串'이라 한다. 대신 한국에서는 '산적'처럼 꼬치에 끼워서 구운 음식에 적炙 자를 쓰는 걸 더 선호한다.

구시카쓰의 '카쓰カツ'는 짐작처럼 돈카쓰豚カツ에서 비롯되어 '꼬치에 끼운 돈카쓰'라는 의미다. 구시아게의 아게揚げ는 '튀기다'라는 뜻으로 '꼬치에 끼운 튀김'이 된다. 단어의 유래에서 짐작되듯 굳이 따지면 두 음식 사이에는 약간의 차이가 있다. 구시카쓰는 도쿄에서 시작된 음식으로, 돼지고기에 양파나 대파를 번갈아 끼운 다음 튀김옷과 빵가루를 입혀 튀겨 낸 것만을 가리켰다. 이에 반해 오사카에서 시작된 구시아게는 쇠고기, 돼지고기, 해산물, 채소 등 다양한 재료를 사용해 같은 방식으로 튀겨 낸 것을 가리켰다. 여기서 포인트는 '가리켰다'는 말이다. 이

는 어디까지나 도쿄나 오사카에서 처음 만들어질 때 사용한 용어일 뿐, 지금은 지역과 스타일에 상관없이 구시카쓰나 구시아게를 혼용해서 사용한다. 따라서 굳이 둘의 차이를 구분할 필요가 없다는 말씀이다. 다만 구시카쓰보다는 구시아게가 좀 더 일반적으로 사용되고 있다.

단어의 구분은 모호해졌지만 자존심 강한 도쿄(간토 지방) 사람들과 오사카(간사이 지방) 사람들은 먹는 스타일만큼은 고집스레 고수한다. 도쿄 스타일은 접시에 채 썬 양배추와 꼬치튀김을 같이 올리고 소스를 뿌려서 먹는다. 이에 반해 오사카 스타일은 꼬치튀김을 소스에 듬뿍 찍어서 먹는다. 단, 소스는 여럿이 같이 쓰고 따라서 한 번만 찍는 것이 예의다. 한국 사람이 보기에 뿌려 먹든 찍어 먹든 뭔 상관이냐 싶겠지만, 지역색을 넘어 자존심 대결 양상을 보이는 도쿄와 오사카 사람들은 서로 자기 스타일이 옳다고 주장한다. 하지만 명칭이 그렇듯 이 또한 도쿄와 오사카를 제외하고는 다양한 방식이 혼용되고 있다. 재료의 특성에 따라 어떤 건 소스를 뿌려 먹고, 어떤 건 소스를 찍어 먹는다. 사용되는 소스만 해도 소금, 폰스, 레몬즙, 라임즙, 유자즙, 스타치즙, 우스터 소스, 머스터드 소스, 타르타르 소스 등으로 다양하다.

구시아게를 대충 보면 야키토리(꼬치구이)라는 일본의 고유한 음식에 돈카쓰가 결합된 것처럼 보인다. 야키토리는 11세기 중반 헤이안시대부터 기록에 등장할 정도로 역사가 오래됐다. 하지만 꼬챙이에 각종 재료를 끼워 불에 굽는 방식은 특정 민족의 고유한 음식이라기보다는 고대로부터 인간이 선택할 수 있는 가장 본능적인 요리다. 이미 수세기 이상의 역사를 가진 중국의 양러우촨, 터키의 시시케밥, 그리스의 수블라키, 브라질의 슈라스코 등은 마치 약속이나 한 듯 그 형태와 조리법이 유사하다.

 이처럼 문화라기보다는 본능에 가까운 야키토리가 일본의 가장 서민적인 술안주로 정착한 것은 제2차 세계대전 이후다. 패전 이후 부족한 물자와 배고픔 그리고 상실감 등은 인간으로 하여금 원초적인 음식을

구시아게는 원재료의 맛을 가장 잘 살려 주는 소스를 골라 먹는 재미가 있다. 주로 소금, 폰스, 레몬즙, 라임즙, 유자즙, 스타치즙, 우스터 소스, 머스터드 소스, 타르타르 소스 등이 사용된다.

선택할 수밖에 없도록 했다. 어디가 먼저랄 것도 없이 도심의 뒷골목 여기저기서 숯불을 피웠고 자욱한 연기와 기름진 냄새가 술꾼들을 유혹했다. 한때는 생김새 그대로 '구시야키'라 불리기도 했다.

하고많은 재료 중에 하필이면 '도리鳥'(새 혹은 닭)가 대표 명칭이 된 것은 1,200년 육식 금지의 역사 속에서 가끔 사냥으로 잡은 조류를 구워 먹던 흔적에서 비롯된 것일 수도 있고, 일본인이 닭고기를 유난히 좋아하고 구시야키의 재료로 닭이 더할 나위 없는 탓이기도 하다. 지금도 일본의 야키토리 전문점에서는 닭고기를 20가지 이상의 부위로 구분해서 구울 정도로 다양하게 즐긴다.

갖가지 재료를 꼬치에 끼워 불에 굽던 야키토리에 튀김옷과 빵가루를 묻혀 기름에 튀겨 버린 것이 구시아게다. 똑같은 재료와 형태를 가진 음식이 조리법을 달리함으로써 전혀 다른 음식으로 탄생했다. 먹을 때마다 '대체 이렇게 기발한 아이디어는 누구 머리에서 나왔을까?' 그저 신기할 따름이다. 《돈가스의 탄생》의 저자 오카다 데쓰 역시 "세계에서 하나뿐인 요리"라 자부할 정도로 독특한 음식이다.

일본음식의 모든 특성이 녹아든 재미

그런데 구시아게를 단순히 야키토리와 돈카쓰의 결합으로만 보면 이 흥미로운 음식의 진정한 재미를 발견할 수 없다. 구시아게는 겉보기에 야키토리와 돈카쓰의 결합이라는 형태로 보일 뿐 그 저변에는 재료의 조화를 중시하는 일본 전통요리의 특징과 16세기부터 정착된 덴푸라의 조리법이 고스란히 녹아 있다. 아울러 요리사가 만들어 고객에게 직접 제공하고, 이를 건네받아 먹는 방식에 있어서는 스시의 전통까지 차용하고 있다. 그래서 나는 자유분방함 속에 자기네들이 가진 전통을 차곡차곡 쟁여 넣은 구시아게를 두고 '일본음식의 화석'이라 표현하고, 이것이야말로 구시아게가 가진 진정한 '재미'라 생각한다.

그 첫 번째 근거는 재료의 선택 때문이다. 구시아게 전문점들이 재료를 선택함에 있어 가장 중요하게 생각하는 것은 창작능력과 계절감이다. 덴푸라가 단일 재료를 특성에 맞게 튀겨 내는 데 반해 구시아게는 둘 이상의 재료를 꼬치에 번갈아 끼워 그 조화를 즐기는 음식이다. 그리고 재료 선택의 첫 번째 포인트는 계절감이다. 새우와 오크라, 닭고기와 연근, 문어와 마늘, 돼지고기와 유채 순 등이 만나 전혀 뜻밖의 맛과 계절감을 느낄 수 있다. 그래서 구시아게의 종류는 계절에 따라서도 다르고 요리사의 개성에 따라서도 다르다.

두 번째 재미는 튀김옷과 기름이다. 제대로 된 구시아게 전문점은 자기만의 튀김옷과 기름을 블렌딩해서 사용한다. 튀김옷의 경우 밀가루, 달걀, 빵가루가 기본이지만 밀가루 이외의 가루를 배합하거나 빵가루의 종류와 굵기 등을 달리함으로써 저마다의 개성을 추구한다. 기름 역시 콩기름, 참기름 등은 물론이고 유채기름, 쌀겨기름(미강유) 등을 섞어서 사용한다. 얼핏 단순한 음식처럼 보이는 구시아게의 맛이 음식점마다 다른 이유는 튀김가루와 기름의 차이에서 기인한다. 어떤 튀김가루

맛있는 구시야게를 먹기 위해서는 요리사와 손님의 거리가 가까울수록 좋다. 적절한 타이밍에 기름에서 건져 올린 그 순간이 가장 맛있기 때문이다. 먹고 남은 꼬챙이를 담는 그릇 또한 구시야게 전문점의 개성을 보여 준다.

와 기름을 사용하느냐에 따라 한 입 베어 물었을 때의 풍미가 확연히 다르다.

세 번째 재미는 시간이다. 재료의 성질에 따라 튀기는 시간은 다를 수밖에 없다. 새우를 튀기는 시간과 돼지고기를 튀기는 시간이 같다는 건 말이 안 된다. 기름의 종류는 물론이고 심지어는 빵가루의 특징에 따라서도 시간은 달라진다. 이것은 정해진 레시피의 문제라기보다는 찰나의 문제다. 오로지 요리사의 경험과 감각에 의지할 수밖에 없다. 똑같은 밥과 생선회를 사용해도 그것을 쥐는 요리사의 실력과 경험에 따라 스시 맛이 달라지듯 구시아게도 마찬가지다. 그래서 맛있는 구시아게는 식탁보다는 요리사와 마주할 수 있는 카운터에 앉아 먹는 것이 좋다. 요리사가 최적의 타이밍이라 생각하는 그 순간에 냉큼 받아먹어야 정점에 오른 맛을 경험할 수 있다.

끝으로, 네 번째 재미는 서민적인 음식이라는 점이다. 사실 일본에서 식재료의 조화가 훌륭한 가이세키 요리나 노련한 요리사가 쥐어 주거나 튀겨 주는 스시와 덴푸라는 고급음식에 속한다. 카운터에 앉아 이런 음식들을 먹자면 만만찮은 비용을 각오해야 한다. 하지만 구시아게는 이 모든 특징을 두루 갖추고 있으면서도 서민적인 가격을 추구한다. 우선 분위기가 그렇다. 일본음식점 특유의 깔끔함은 유지하면서 고객을 부담스럽게 할 정도로 고급스럽지는 않다. 아주 규모가 큰 몇몇 음식점을 제외하고는 부부가 운영할 정도로 작은 곳이 대부분이다. 식재료 역시 최고를 선택하기보다는 시장에서 흔히 구할 수 있는 보편적인 재료가 주를 이룬다. 그래서 구시아게는 그 정성과 양에 비해 상대적으로 저렴한 값으로 즐길 수 있다. 아울러 구시아게는 함께 마실 술을 고민하지 않아도 된다. 와인이나 사케 등의 술을 억지로 맞추거나 비싼 돈을 지불할 필요가 없다. 그저 시원한 생맥주 몇 잔이면 충분하다. 구시아게에는 맥주 이상 좋은 궁합이 없기 때문이다.

점심도 좋지만 맥주와 함께해야

이런 이유들 때문에 일본 여행을 하면 점심이건 저녁이건 구시아게를 자주 찾는다. 점심에는 800~1,000엔 정도면 구시아게 예닐곱 개에 밥과 된장국 그리고 두어 가지 반찬이 딸린 '구시아게 정식'을 즐길 수 있고, 저녁에는 2,000~4,000엔 정도의 예산으로 구시아게 코스와 맥주를 즐길 수 있다.

정말로 멍청하거나 굶어 죽겠다고 각오하지 않는 이상, 일본 어디를 가건 구시아게 전문점은 대개 적당히 만족스럽다. 그렇다고 최고의 재료로 수십 년 된 장인이 튀겨 낸 덴푸라 한 점처럼 사람을 화들짝 놀라게 할 만큼 대단하지도 않다. 음식에 주눅 들거나 긴장하지 않고, 가격 부담 없이, 좋은 사람들과 가벼운 대화를 나누며 먹기 좋은 음식이라는 얘기다. 그래서 굳이 어디를 가야 한다는 강박관념 따위는 떨쳐 버리고 어느 곳이든 부담 없이 찾아가시면 된다.

세 가지 코스 중 하나, 가쓰혼텐

그럼에도 굳이 한 곳을 추천하자면, 후쿠오카에서 나름 이름 난 구시아게 전문점을 얼추 한 바퀴 돌고 최근에 정착한 '가쓰혼텐喝本店'을 들 수 있겠다. 상호에 '교토풍 구시아게'라는 수식어가 있긴 하지만 이건 어디까지나 레토릭(수사)일 뿐 특별한 의미는 없다. 그저 후쿠오카 시내 어디서나 만날 수 있는 보통의 수준이다.

후쿠오카 시청과 가까이 있는 가쓰혼텐은 근처 직장인들에게 점심식사 장소로 제법 알려진 곳이다. 주변에서 직장 생활을 하고 있는 지인 역시 점심식사 하기 좋은 곳으로 추천했고, 특히 밥 짓는 솜씨가 뛰어나다고 힘주어 강조했다. 아닌 게 아니라 850엔 하는 구시아게 정식은 꽤 만족스러운 수준이 분명했다. 구시아게도, 된장국도, 반찬도 훌륭했다. 특히 지인의 말처럼 밥맛이 확실히 남달랐다. 이 정도 수준이라면 점심만 후다닥 먹고 말 곳이 아니라는 생각에 이후로는 저녁에만 찾았다.

저녁에는 '오마카세', '오코노미', '가쓰' 등 세 가지 코스 중 하나를 선택할 수 있는데 각각의 코스 구성이 재미있다. 오마카세 코스는 고객이 "스톱"할 때까지 구시아게를 튀겨 주고, 오코노미 코스는 고객이 좋아하는 것만 튀겨 준다. 둘 다 가격은 정해져 있지 않고, 먹은 만큼만 계산하면 된다. 이에 반해 가쓰 코스는 2,500엔으로 가격이 정해져 있다. 구시아게 10개를 선택하면 밥과 된장국 등 식사가 따라 나오고, 구시아게 15개를 선택하면 식사는 따로 제공되지 않는다. 코스는 몇 개 없지만 고객의 사정과 목적에 따라 의외로 선택의 폭이 넓은 편이다.

열 명 남짓 앉을 수 있는 ㄱ자 식탁이 전부인 가쓰혼텐은 우선 깔끔하고 차분한 분위기가 인상적이다. 관광객이나 뜨내기 손님은 거의 없고 단골이 대부분인 까닭에 저녁에도 소란스러움은 찾아볼 수 없다. 세 팀 정도만 앉아도 가게가 꽉 찬 느낌이 드는데, 요리사는 음식과 고객에, 고객은 음식과 일행에 집중하기 좋은 규모다.

코스를 선택하면 우선 드레싱을 뿌린 양배추, 몇 가지 채소스틱 그리고 폰스, 타르타르 소스, 소금, 우스터 소스, 레몬즙 등이 담긴 접시가 놓인다. 그러고 나면 고민할 것도 없이 "도리아에즈 비루(우선 맥주부터)"를 외친다. 일본의 어느 음식점엘 가건 이 말부터 하는 것이 거의 불문율에 가깝지만 특히나 구시아게 전문점에서는 반드시 그래야 한다.

시원한 삿포로 생맥주 한 잔씩으로 가볍게 건배를 하고 나면 잠시 요리사에게 집중할 차례다. 가쓰혼텐의 요리사는 요리사로서도, 인간적으로도 좋은 얼굴을 가졌다. 이목구비가 뚜렷하면서도 선한 인상을 풍긴다. 그러면서 눈빛은 또 예사롭지 않을 정도로 살아 있다. 표정은 거짓말을 못한다. 경험으로 볼 때 이런 표정을 가진 요리사는 절대로 허술한 음식을 내는 법이 없다.

요리사는 먼저 기름의 온도를 올린다. 그러고는 냉장고에서 그날 준비한 구시아게 재료를 조리대에 올려놓는다. 기름이 적당한 온도에 이르면 그때부터 요리사의 손길은 분주해진다. 갖가지 재료가 끼워진 꼬치는 튀김 반죽과 빵가루를 차례로 거쳐 기름솥으로 낙하한다. 크고 강

구시아게는 재료의 특성에 따라 튀김옷의 두께, 부재료, 소스 등을 달리함으로써 다양한 맛을 연출한다. 같은 재료라도 어떻게 연출하느냐에 따라 전혀 다른 느낌으로 다가온다.

해 보이는 요리사의 손은 섬세하면서도 거침이 없다. 몸이 기억하고 있는 동작은 물 흐르듯이 유려하지만 요리사의 표정에서는 고도의 집중력이 엿보인다. 손님은 그 과정과 표정을 지켜보는 것만으로도 즐겁고, 과연 어떤 맛이 나올지 궁금하다.

완성된 구시아게는 꼬챙이의 손잡이 부분이 고객을 향하도록 놓인다. 그리고 꼬챙이가 향하는 방향을 따라가면, 바로 그 꼬치에 어울리는

대중적인 식재료를 사용하되 계절감을 살리고 요리사의 창의력이 빛을 발하는 것은 구시아게의 숨은 매력이다. 그래서 언제나 '골라 먹는 재미'가 있다.

양념이 놓여 있다. 구시아게를 한 입 깨물면 바삭 하는 소리와 함께 튀김옷이 가두고 있던 열기와 육즙이 입안으로 빨려들 듯 돌진한다. 뜨거운 김을 뱉으며 씹으면 바삭함과 부드러움이 교차하고 기름으로 활성화된 빵가루의 고소한 풍미와 재료 본연의 맛이 절묘한 조화를 이룬다. 열기가 가시기 전에 차가운 생맥주를 벌컥벌컥 마시면, 그때 느껴지는 짜릿함은 이루 말할 수 없을 정도로 격정적이다.

하나를 먹고 나면 그다음 것은 과연 어떤 맛과 조화를 선사할지 궁금해진다. 만족과 호기심이 그네를 타듯 반복된다. 구시아게의 코스 구성은 스시와 마찬가지로 일정한 리듬이 있다. 가벼운 재료에서 점차 무거운 재료로 향한다. 중간중간 아스파라거스, 버섯, 은행 등으로 쉬어가기도 한다. 이 또한 구시아게를 먹을 때 놓칠 수 없는 재미다.

그 형태만 보면 참으로 유치하고 별 것 아닌 음식으로 보이지만, 그 내면을 찬찬히 들여다보면 의외의 것들이 숨어 있다. 좋은 요리사는 경험과 섬세함으로 숨은 맛과 재미를 끌어낼 줄 안다. 언제든 기회가 닿으면 구시아게의 숨은 맛과 재미를 꼭 한번 경험해 보실 것을 추천한다. 그 매력에 한번 빠져들고 나면 갓 튀겨 낸 구시아게와 시원한 생맥주의 조합이 수시로 생각나게 되어 있다.

가쓰혼텐(喝本店)
福岡県 福岡市 中央区 天神 1-9-17 B1F T.092-731-2618

2 ファースト フード

소울푸드가 된 에도의 패스트푸드

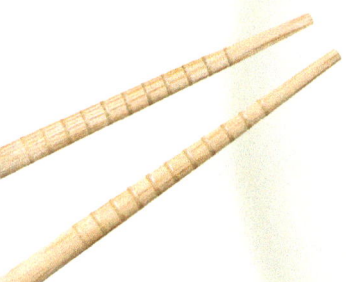

스시

세계 어디에서도 먹을 수 있는,
일본에서만 먹을 수 있는

뉴욕 맨해튼에만 스시すし 레스토랑이 300곳이 넘는다고 한다. 스시는 뉴요커가 가장 선호하는 외식 메뉴가 되었고 젓가락질 잘하는 것은 교양 있는 뉴요커가 갖춰야 될 필수 '아이템'쯤으로 인식되고 있다. 비단 뉴욕뿐만 아니다. 이제 세계 주요 도시에서 정통 스시야寿司屋(스시집)를 만나는 것은 일본 브랜드의 편의점을 만나는 것만큼이나 흔한 일이 되었다.

  그러나 서양인이 젓가락질을 아무리 능숙하게 한들 한국인이 보기에는 어딘지 모르게 어색해 보이게 마련이다. 물론 우리가 포크와 나이프를 사용하는 모습 역시 그들에게는 그렇게 보일 것이다. 젓가락질 같은 기능적인 것은 그렇다 쳐도 맛은 어떤가? 시큼한 밥에 물컹거리는 생선회를 올린 스시를 진지하게 먹는 서양인을 볼 때마다 '도대체 저들은 무슨 맛으로 스시를 먹을까?' 궁금하기 짝이 없다. 다들 맛있다며 칭찬 일

색이라 그러려니 하지만, 한편으로는 정말로 맛있어서 맛있다는 것인지, 행여 이미지를 소비하는 것은 아닌지 끝내 의구심을 떨칠 수 없었다. 맞다, 이 또한 문화적 편견이다. 그래서 깨졌다. 그것도 한 서양인 때문에.

스시 장인과 클래식의 만남

도쿄 긴자에 있는 '스키야바시 지로すきやばし次郎'. 일본 사람이라면 모르는 이가 없는, 한국 사람도 스시 좀 먹어 봤다면 모르는 이가 없는 전설적인 스시집이다. 이력을 간단히 말하자면, 2008년 《미슐랭가이드》 도쿄판이 처음 공개될 때 별 셋을 받았다. 더불어 주인장인 오노 지로小野次郎 씨는 당시 82세로 《미슐랭가이드》 108년 역사상 별 셋을 받은 최고령 셰프로 기네스북에까지 올랐다. 이후 2013까지 6년 연속 별 셋을 받고 있다.

밥(샤리)에 생선(네타)를 올린 단순한 조합이 스시의 전부다. 이 단순한 음식이 세계인의 입맛을 사로잡은 것은 그 속에 담긴 보편성 때문이다.

메뉴는 계절과 어시장의 상황에 따라 주인장이 선택한 20종의 스시로 구성된 '오마카세お任せ'('맡기다'라는 뜻의 まかす에서 나온 말로, 메뉴 구성을 요리사에게 일임하는 요리 형식이다)가 전부. 가격은 점심이든 저녁이든 상관없이 1인당 31,500엔. 좌석이 10개밖에 없는 이곳은 매월 1일부터 다음 달 예약을 받는다. 산술적으로는 최소 한 달을 기다려야 하지만, 예약을 받자마자 한 달치 예약이 마감되는 경우가 허다해 평균 3개월 정도 기다리는 것은 각오해야 한다.

곗돈 타서 돈을 손에 쥐고도 쉽게 갈 수 없는 이 대단한 스시집의 속살이 2011년 뉴욕 출신의 젊은 감독 데이비드 겔브David Gelb에 의해 대중에게 공개됐다. 〈스시 장인: 지로의 꿈Jiro Dreams of Sushi〉은 70년 넘게 한길을 걸어온 스시 장인 오노 지로의 일생과 스시에 대한 철학, 그리고 그의 뒤를 잇고 있는 두 아들의 이야기를 담은 다큐멘터리다.

미국인 감독이 직접 촬영까지 담당한 〈지로의 꿈〉은 최대한 객관적인 자세를 유지하려 애쓴다. 연출되지 않은, 있는 그대로의 모습을 보여 준다는 다큐멘터리의 본분에 충실하기 위해서다. 그래서 화면이 정갈하기는 해도 스시가 생각만큼 먹음직스러워 보이지는 않는다. 사실 이 부분에 있어서만큼은 일본이 최고다. 오락프로그램, 드라마, 광고를 통해 워낙 음식을 많이 다뤄 봤기 때문이다.

하지만 보이는 것이 전부는 아니다. 데이비드 겔브는 보여 주는 것으로 모두 전달되지 않는 스시의 본질과 오노 지로의 스시를 음악, 그것도 클래식으로 채운다. 〈지로의 꿈〉에서 음악은 배경에 머물지 않고 스시를 이해하는 중요한 도구로서 적극적으로 개입한다.

　오프닝 타이틀부터가 그렇다. 영화는 하얀 면장갑을 낀 오노 지로의 손이 '스키야바시 지로'의 문을 여는 것으로 시작된다. 그는 스시 요리사의 생명과도 같은 손을 보호하기 위해 늘 면장갑을 끼고 다닌다. 오노 지로의 독백이 흐른 다음, 귀에 익숙한 바이올린 독주(카덴차)와 함께 장인의 일생이 담긴 사진 몇 장이 소개된다. 이어서 웅장한 오케스트라의 연주를 배경으로 참치를 자르고, 김을 굽고, 밥을 식히는 장면을 보여 준다. 카메라가 스시를 쥐는 오노 지로를 향하는 것과 동시에 합주

일본 최고의 스시 장인인 오노 지로와 그의 제자들. 오노 지로는 지난 2012년 지병으로 타계했다. 이후 스키야바시지로는 그의 맏아들 오노 요시카즈(오른쪽에서 세 번째)가 이어 가고 있다.

는 다시 독주로 바뀐다. 그렇게 완성된 스시 한 점이 손님의 접시에 놓이는 순간에 맞춰 연주도 끝난다.

이때 사용된 음악은 차이코프스키의 바이올린 협주곡 D장조 op35 제1악장. 한 점의 스시에는 오케스트라를 구성하는 파트와 단원처럼 다양한 분야의 여러 사람이 관여한다. 이 모든 사람의 작업을 최종적으로 조율하는 스시 요리사는 오케스트라의 지휘자와 같다. 카덴차는 악곡이나 악장의 마지막에 연주되는 독주로 연주자의 화려한 기교가 유감없이 발휘되는 부분이다. 스시 요리사는 지휘자의 역할과 함께 카덴차도 담당한다. 스시는 요리사의 감각과 손끝에서 비로소 완성된다. 같은 재료라도 쥐는 사람의 내공과 손놀림에 따라 맛은 달라진다.

이것으로도 충분한데 더 놀라운 것은 바이올린 연주자다. '바이올린의 장인'으로 불리는 야사 하이페츠Jascha Heifetz는 바이올린이라는 악기가 가진 가능성을 극대화시킨 20세기의 명연주자였다. 바이올린 장인과 스시 장인의 만남. 하이페츠의 완벽한 템포와 화려한 보잉은 스시를 쥐는 지로의 손동작과 절묘한 대비를 이룬다. 보이는 것과 들리는 것의 팽팽한 긴장감 속에서 지로의 스시는 하나의 구체적인 이미지를 갖는다. 굳이 맛을 보지 않더라도 그 이미지만으로 충분히 감동적이다. 불과 2분 남짓한 이 절묘한 대비는 몇 번을 다시 봐도 질리지 않는다.

이와 비슷한 방식은 후반부에 다시 한 번 재현된다. 10석의 스시 카운터에는 고객이 앉아 있고 그들의 시선은 일제히 맞은편에 서 있는 오노 지로에게로 향한다. 고객은 청중이고 오노 지로는 지휘자다. 음악의

시작과 함께 요리가 시작된다. 이때 흐르는 곡은 모차르트의 피아노 협주곡 21번 제2악장. 칸타빌레의 선율과 함께 오노 지로의 스시가 차례차례 놓인다. 광어, 오징어, 전갱이, 아카미あかみ(참치의 붉은 살)…….

카메라의 시점은 고객의 그것과 일치한다. 수십 년 동안 몸에 밴 오노 지로의 동작은 물 흐르듯 유려하고, 끊어질듯 이어지는 피아노의 선율과 완벽한 듀엣을 이룬다. 피아노 연주자와 오노 지로는 마치 절제·반복·변주로 구성된 같은 악보를 보고 있는 듯한 착각이 든다.

카메라는 가끔 오노 지로의 시점으로 이동한다. 이때 그는 청중의 반응을 살피고 단원들을 독려하는 지휘자가 된다. 스시를 먹는 청중의 표정은 진지하고 행복하다. 보조 요리사들은 지휘자의 흐름이 끊어지지 않도록 각자의 파트에서 고도의 집중력을 발휘한다. 20개의 스시가 만들어지고 디저트가 나오는 순간, 연주는 마무리된다.

이로써 서양인은 스시 맛을 모를 것이라는 내 편견은 보기 좋게 깨졌다. 미각이 훈련된 감각인 것은, 그것을 표현할 때의 문제다. 좋은 음식을 즐기는 것은 보편적 정서다. 음악이든 미술이든 문학이든, 고전이 동서고금을 막론하고 그 가치를 인정받는 것은 인간이라면 누구나 가지는 보편성 때문이다. 오늘날 일본의 스시가 전 세계적으로 먹히는 것은 보편성을 획득했기 때문이다. 미국인 감독 데이비드 겔브는 오노 지로를 통해 이것을 확인했고, 클래식은 그것을 보여(들려) 주기 위한 도구로 사용됐다.

일본 곳곳의 오노 지로들

그간 한국에서는 다양한 다큐멘터리를 통해 스시를 다루었다. 이때 거의 모든 다큐멘터리가 약속이나 한 듯 '스시의 기원'을 심층적으로 조명했다. 라오스, 보르네오 섬, 중국 광둥廣東 지방 등의 염장 생선에서부터 우리나라의 식해에 이르기까지 현지 취재를 통해 꼼꼼하게 살폈다. 문화인류학적인 관점에서 음식의 기원을 밝히는 것은 물론 의미 있는 작업이다. 하지만 우리 음식도 아닌 스시를 두고 그 기원을 시시콜콜 따지는 것이 대중적으로 어떤 의미가 있을까? 스시의 성공을 거울 삼아 한식 세계화의 단서를 찾기 위해서라면, 아니 그렇게 거창하게 갈 것도 없이 스시를 보다 맛있게 즐기기 위해서라면, 데이비드 젤브처럼 누구나 공감할 수 있는 보편성을 분석하는 것이 훨씬 합리적인 접근이다.

우선 개념부터 명확히 하자. 이 장에서 말하는 스시는 손으로 쥔 초밥이라는 뜻을 가진 '니기리즈시にぎりずし'다. 쥔다는 것은 밥을 손으로 뭉치는 것을 의미하고, 이렇게 뭉친 밥 위에 각종 생선을 올린다. 밥은 보존성을 높이기 위해 식초와 설탕으로 간을 했으니 이를 '샤리しゃり'라 하고 밥 위에 얹는 생선은 '네타ねた'라 한다. 이러한 방식의 스시는 일본 에도시대 후기에 정착했고, 에도(지금의 도쿄) 앞바다에서 잡힌 생선을 주로 사용했다 하여 '에도마에江戸前스시'라 부르기도 한다. 당시에는 다랑어(마구로), 전어(고하다), 붕장어(아나고) 등이 주요 어종이었으나 지금은 100여 종이 넘는 어패류가 네타로 쓰이고 있다. 하지만 전통의 힘

한 점의 스시는 생선과 밥의 조화를 통해 완성된다. 스시 요리사는 밥과 생선이 가진 궁극의 맛을 끌어내고 조화시키기 위해 평생을 바친다.

이제 스시는 단순한 음식을 넘어 일본 식문화의 정점이자 일본의 문화 아이콘으로 여겨지고 있다. 스시가 이러한 반열에 오른 것은 오노 지로와 같은 수많은 장인의 노력 덕분이다.

은 만만찮아 지금도 다랑어, 전어, 붕장어의 완성도가 스시야를 평가하는 중요한 기준이 된다. 이는 비단 일본뿐만 아니라 한국에서도 마찬가지다.

니기리즈시가 오늘날 일본을 대표하는 요리가 되고 세계적인 보편성을 가지게 된 것은 요리사, 어시장, 소비자, 가격의 네 가지 요소가 맞물렸기 때문이다. 일본 전통요리는 식재료가 가진 본질을 끌어내 맛으로 승화시키는 데 사활을 건다. 근대 이후에 정착한 음식들 역시 이 원칙에 충실했다. 그래서 장인의 반열에 오른 일본의 요리사들은 한결같이 '마이니치마이니치毎日毎日'를 강조한다. 매일매일 같은 일을 반복하고 그렇게 수십 년이 흘렀을 때, 나무의 나이테가 늘어나듯 조금씩 요리의 깊이가 생긴다는 의미다. 표준 레시피로는 알 수 없는 경험과 감각의 영역이다.

특히 스시처럼 단순한 음식일수록 이는 진리로 통한다. 오노 지로와 같은 스시 장인들은 쌀과 생선의 특징을 헤아리는 데 평생을 바친다. 오노 지로는 그저 상징적인 인물일 뿐 일본 전국에는 수많은 오노 지로가 있다. 본질은 곧 보편성이다. 본질을 헤아린 요리사는 그가 어디에 있건 에도마에스시의 전통을 구현한다. 정답이 없을 때 어떻게든 대체재를 구한다. 이들이 있어 일본은 물론이고 뉴욕과 런던에서도 일본 못지않은 스시를 즐길 수 있게 되었다.

스시가 대중화된 것은 냉장 설비와 장거리 유통이 가능해지면서부터다. 특히 항공 운송의 발달은 세계화를 부추겼다. 이때 세계화란 스시

수십 년간 스시 하나만을 쥐어 온 장인은 그 표정에서부터 연륜과 요리의 깊이가 느껴진다. 그리고 기술을 머리가 아닌 몸으로 익힌 그들의 동작에는 일체의 군더더기가 없다.

'도쿄의 부엌'으로 불리는 쓰키지시장은 프로(중도매인)와 프로(요리사)의 격전장이자, 세계 최대 규모의 어시장으로 도쿄를 대표하는 관광지이기도 하다.

의 해외 진출 이전에 세계 각지의 수산물이 일본에 모이는 것을 말한다. 에도의 바다는 이제 전 세계로 확장됐다. 일본에서는 수산물이 가장 많이 모이는 항구가 나리타공항이라는 우스갯소리가 있을 정도다. 나리타공항에 도착한 수산물은 대부분 도쿄의 쓰키지시장으로 향한다.

세계 최대 규모의 어시장인 쓰키지시장에서는 총 480종의 수산물이 하루 평균 2,000톤 이상 거래된다. 이 과정에는 820여 명에 이르는 중도매인들이 관여한다. 중도매인들은 자신이 취급하는 수산물에 있어 최고의 전문가라는 자부심을 가지고 있다. 도쿄의 유명 스시야는 식재료의 대부분을 쓰키지시장에서 직접 구매한다. 아무리 경력 많은 요리사라 해도 자신의 경험 이전에 중도매인의 전문성을 전적으로 신뢰한다. 중도매인들은 프로의 자긍심을 가지고 최고의 식재료를 공급한다. 판매에만 그치지 않고 산지와 유통 과정까지 꼼꼼히 살핀다. 에도마에 스시의 전통은 쓰키지시장을 매개로 중도매인과 요리사의 끈끈한 신뢰 관계 속에서 유지되고 있다.

비단 쓰키지시장뿐만 아니다. 일본 전국에는 규모만 다를 뿐 쓰키지시장과 유사한 어시장이 산재해 있다. 특히 이들 어시장에서는 요리사가 원하는 부위를 필요한 양만큼 구입할 수 있다. 재고에 대한 부담을 요리사가 지지 않고 중도매인이 책임지는 시스템이다. 요리사는 불필요한 비용 부담을 덜고, 중도매인은 합당한 가격에 제품을 공급함으로써 결국에는 서로가 상생하는 구조다. 어시장과 요리사가 각자의 전문성을 신뢰하는 관계 속에서 스시는 발전을 거듭해 왔다.

가격만큼 정직한 맛

유명 스시 요리사가 전 세계로 진출하고, 수산물의 유통 시스템이 세계 시장을 대상으로 체계화되었음에도, '스키야바시 지로' 같은 최고의 스시야는 여전히 일본에 있다. 이유는 소비자의 수준 때문이다. 특정 국가나 지역의 식문화는 대중의 수준과 비례한다. 서울, 뉴욕, 런던 미식가들의 수준이 아무리 높다 한들, 스시에 있어서만큼은 일본인의 수준을 따르지 못한다. 평생을 먹어 왔기 때문이다. 감각은 경험을 통해 구체화되고 예민해지며, 까다로운 고객은 그보다 더 까다로운 요리사를 만들어 낸다. 이 과정에서 스시는 점점 고도화되었고, 자국에서 발전한 스시는 거의 실시간으로 세계 주요 도시로 전파되었다.

일본 외식시장의 주목할 만한 특징 가운데 하나는 예측 가능성이다. 음식의 질과 서비스의 수준이 가격에 정비례한다. 비싼 음식은 비싼 대로, 싼 음식은 싼 대로 이유가 명확하다. 가격 대비 만족도가 조금씩 차이가 나도, 그 오차범위 역시 예측 가능한 수준에서 정해진다. 이를 가장 정확하게 보여 주는 음식이 스시다.

일본에는 회전스시 전문점에서부터 수십 년 경력의 장인이 운영하는 정통 에도마에스시 전문점에 이르기까지 다양한 스시야가 있다. 가격 또한 스시 한 점에 50엔인 곳이 있는가 하면 '스키야바시 지로'처럼 1,500엔이 넘는 곳도 있다. 무려 서른 배에 이르는 가격 차이는 재료와 요리사의 수준에서 비롯된다. 고객들은 이를 존중하고 일정 수준의 사회적 합의에까지 이르렀다. 터무니없이 싼 곳도 없을뿐더러 터무니없이 비싼 곳도 없다. 대중성을 지향하는 곳은 철저하게 대중성을, 고급화를 지향하는 곳은 철저하게 고급화를 지향한다.

그래서 일본에서 맛있는 스시야가 어디냐고 묻는다면 답은 간단하다. "당신의 형편이 허락하는 한 최고로 비싼 스시야를 가시면 된다. 바로 그곳에 당신에게 가장 맛있는 스시가 있다."

규슈를 여행할 때도 마찬가지다. 가이드북이나 입소문 따위에 굳이 의존할 필요 없다. 소문난 곳은 손님이 몰려 오히려 불편할 따름이다. 가격 대비 만족도란 것도 스시에 있어서는 기호의 차이에 지나지 않는다. 타인의 기호가 내 기호와 반드시 일치하지도 않는다. 일본의 스시야는 당신이 지불하는 돈만큼 맛있고, 딱 그만큼 감동적이다.

불편하게 들리실지 몰라도 이것이 현실이다. 오늘날 스시가 세계적인 보편성을 가진 음식이 된 까닭은, 실은 그것이 가장 자본주의적인 음식이기 때문이다.

오니기리

단단함 속에 부드러움을 간직한 체온의 음식

일본 영화 〈카모메식당〉의 한 장면. 핀란드 헬싱키에 있는 작은 일본음식점의 주방에서 세 여인이 주먹밥을 만들고 있다. 맨손으로 주먹밥을 만들며 수다를 떠는 그녀들의 표정은 매우 행복하고 편안해 보인다. 이 장면을 보고 있노라면 일본인에게 주먹밥이라는 음식이 어떤 의미인지 헤아려 볼 수 있다. 세 여인이 고국을 떠나 헬싱키에 이르게 된 사연은 제각각이지만, 주먹밥을 만드는 순간만큼은 어쩔 수 없는 일본인이다.

일본인이라면 누구나 주먹밥을 만들 줄 안다. 전통적으로 주먹밥을 예쁘고 먹음직스럽게 만드는 여인은 살림 솜씨가 야무지다는 평가를 받아 왔다. 비록 제 나라를 떠난 처지지만 손이 기억하고 있는 감각은 무뎌질 턱이 없다. 주먹밥은 손으로 쥐어 마음을 전하는 음식이다. 그래서 주먹밥을 만드는 이들의 표정은 언제나 평온하고 때로는 숭고하기까지 하다. 그 마음이 먹는 이에게도 전달되리라는 믿음 때문이다.

일본어로 주먹밥을 '오니기리おにぎり'라 한다. 이와 비슷한 말로 '오무스비おむすび'가 있다. 오니기리와 오무스비의 유래와 차이에 관해서는 다양한 설이 있지만 근본적으로는 같은 음식이다. 다만 도쿄를 중심으로 한 간토 지방에서는 오니기리가, 오사카를 중심으로 한 간사이 지방에서는 오무스비가 주로 사용됐다. 에도시대 이후 도쿄가 일본의 수도이다 보니 오니기리가 마치 표준어처럼 정착했다.

주먹밥의 명칭을 건 간토와 간사이의 자존심 대결은 태평양 건너 하와이에서 재현된다. 다문화 사회인 하와이에는 '스팸무스비'라는 전통음식이 있다. 오바마 대통령이 당선자 시절, 고향인 하와이에서 휴가를 보낼 때 즐겨 먹음으로써 세계적인 주목을 받았다. 하와이의 길거리나 편의점 등 어느 곳에서나 쉽게 만날 수 있는 스팸무스비는, 주먹밥에 스팸을 올려 김으로 감싼 음식이다. 하와이 이주민 중에서 단일 국가로는 필리핀 출신이 가장 많고 그다음이 일본이다. 미국 제품인 스팸은 미군 주둔과 함께 필리핀에 널리 퍼졌다. 필리핀 사람들이 좋아하는 스팸과 일본 전통음식인 주먹밥이 만나 스팸무스비가 만들어졌다. 그런데 왜 '스팸니기리'가 아니고 스팸무스비일까? 하와이에 이주한 일본인 가운데 간토 지방보다 간사이 지방 출신이 더 많아서 그렇다고 한다. 이처럼 하나의 음식과 그 명칭의 유래는 지역적 특성뿐만 아니라 권력관계까지 내포하고 있다.

자포니카로만 만들 수 있는 주먹밥

주먹밥은 쌀밥을 주식으로 하는 아시아, 그중에서도 동북아시아에서만 발견할 수 있는 독특한 음식이다. 쌀은 크게 인디카indica와 자포니카japonica로 나뉜다. 한국과 일본 그리고 중국 북부 지역에서 먹는 쌀은 모양이 둥글고 길이가 짧은 자포니카다. 이에 반해 인디카는 모양이 가늘고 길이가 긴 쌀로 흔히 '안남미'라 부른다. 두 품종은 모양뿐만 아니라 찰기에서도 차이가 난다. 쌀의 전분에는 '아밀로스'라는 성분이 있는데 이 비율이 낮을수록 더 찰지다. 자포니카는 아밀로스가 17~20퍼센트인데 반해 인디카는 25퍼센트나 된다. 자포니카는 찰기가 많아 잘 뭉쳐지는 반면 인디카는 푸석거리고 잘 뭉쳐지지 않는다. 따라서 한국과 일본의 주먹밥문화는 자포니카라는 동일한 품종에서 비롯되었다.

주먹밥은 요리라기보다는 쌀을 섭취하는 형태의 하나이기 때문에 어느 나라가 원조냐를 따지는 것은 무의미하다. 다만 두 나라 주먹밥의 역사를 살펴보면 기능적인 공통점이 발견된다. 전쟁 시에는 전투식량으로, 재난 시에는 구호식량으로 주로 사용되었다. 일본의 경우 전국시대 무사들의 비상식량에서 출발해 제2차 세계대전을 전후해 광범위하게 확산되었다. 한국은 임진왜란 등의 전란과 한국전쟁 당시 전투식량으로 보급되었다. 5·18 광주 민주화 운동 때 계엄군에 맞선 시민군은 부녀자들이 만든 주먹밥을 먹으며 싸웠다. 일본 동북부에서 발생한 대지진 직후에는 자원봉사자들이 이재민들에게 주먹밥을 제공하며 구호활동을 벌였다. 이처럼 주먹밥은 '밥'이라는 가장 근원적인 음식을 나눔으로써 공동체의 결속력(아마도 전우애도 해당할 것이다)을 '단단하게' 다지는 음식이다.

'단단하게 다지는 것'. 이것은 오니기리라는 음식이 가진 정서의 본질이기도 하거니와 맛의 본질이기도 하다. 앞서 살펴본 스시 편에서 밥 위에 생선을 올린 것을 '니기리즈시'라 소개했다. 니기리즈시와 오니기리는 모두 '쥐다'라는 뜻의 니기루握る의 명사형인 니기리にぎり를 어원으로 한다. 오니기리는 여기에 '오お'라는 접두사가 붙었다. 그런데 밥을 쥔다는 행위는 같지만 둘은 전혀 다른 결과를 지향한다.

스시에서 밥을 쥘 때는 밥이

오니기리 전문점에서는 자신이 사용하는 쌀의 품종과 재배 지역 그리고 재배 농민에 대한 상세한 소개를 통해 소비자에게 신뢰를 준다.

잘 풀어지도록 뭉친다. 밥알은 서로 팽팽한 긴장관계를 유지하며 결합돼 있다. 입안에 들어가 침과 섞이는 순간 자연스럽게 흩어져야 생선회와 조화롭게 어울린다. 간장에 찍었을 때 밥알이 풀어지는 정도가 적당하다. 그래서 스시를 먹을 때는 밥보다는 생선회에 간장을 찍을 것을 권

잘 지은 밥을 단단하게 뭉친 오니기리는 소금간만으로도 충분히 맛있는 음식이다. 뭔가 허전하다 싶을 때는 단무지 몇 쪽을 곁들이면 충분하다.

장한다.

　이에 반해 오니기리는 밥이 잘 풀어지지 않도록 뭉친다. 밥알은 서로 적극적인 협력관계를 유지한다. 한 입 베어 물었을 때 형태가 허물어지거나 손에 밥알이 덕지덕지 묻어서는 안 된다. 때문에 오니기리를 만들 때는 양 손을 오목하게 해서 지루할 정도로 밥을 치댄다. 밥알 사이의 공기를 빼내기 위해서다. 그럴수록 오니기리는 맛있어지고 촉촉함은 오래 유지된다. 단, 밥알이 뭉개지거나 부서지지 않아야 한다. 오니기리에서 모양보다 더 중요한 것은 바로 이 점이다.

　오니기리는 일본이 고도성장기에 접어들어 가난이 잊힐 즈음 오히려 제2의 전성기를 맞았다. 바로 편의점 때문이다. 1978년 오니기리라는 이름 그대로 세븐일레븐이 최초로 출시했다. 하지만 집에서 만들어 먹는 음식이라는 인식이 강해 초기에는 큰 관심을 끌지 못했다. 김이 밥의 수분을 흡수해 상품성도 떨어졌다. 그러다 1980년대 중반 밥과 김을 분리하는 포장방식이 개발되면서부터 선풍적인 인기를 끌었다. 현재 일본의 오니기리 시장 규모는 연간 5000억 엔으로 추산되며 그 대부분을 편의점 매출이 차지한다. 일본 최대의 편의점인 세븐일레븐은 일 년에 13억 개의 오니기리를 판매하고 있다.

　이는 한국도 크게 다르지 않았다. 1991년 국내 편의점업계에서 주먹밥을 최초로 선보인 곳 역시 세븐일레븐이다. 일본어인 오니기리 대신 제품 모양을 본떠 '삼각김밥'이라는 이름을 사용했다. 처음에는 인지도도 낮고 가격 또한 만만치 않아 판매가 부진했다. 하지만 2001년 텔레

비전 광고를 시작하면서부터 순식간에 판매량이 100배 이상 증가했다. 이후 해마다 10퍼센트 이상 꾸준히 매출이 증가하고 있는 삼각김밥은, 편의점 '베스트10' 상품에 매년 선정될 정도로 효자상품으로 자리 잡았다.

편의점이, 일본에서는 오니기리의 제2의 전성기를, 한국에서는 대중화를 견인했지만, 따지고 보면 현대인은 편의점 때문에 오히려 오니기리의 고유한 '맛'을 잃어버린 것인지도 모른다. 최근 한국과 일본에서는, 편의점이 판매하는 오니기리에 다양한 종류의 식품 첨가물을 사용하고, 심지어는 오래 묵은 쌀을 쓴다는 등 안전성이 이슈로 대두되고 있다. 하지만 이에 관해서는 과장된 측면이 없잖아 있고, 편의점과 제조사 측에서도 개선의 노력을 보이고 있으므로 논외로 하자. 그럼에도 여전히 한계는 남는다.

편의점에서는 휴대가 용이하고 간편하게 먹을 수 있는 음식이라는 오니기리의 편의성에 가장 중점을 둔다. 이러면 아무리 좋은 쌀을 사용하고, 지역의 다양한 특산물을 부재료로 쓴다 해도 맛은 빌 수밖에 없다. 맛이 비는 원인은 '온도' 차이에 있다. 하나는 물리적인 온도요, 또 하나는 정서적인 온도다.

어머니가 쥐어 주던 오니기리는 1978년 세븐일레븐에서 최초로 상품이 출시되면서 대중적인 패스트푸드가 되었다. 세븐일레븐의 오니기리는 일 년에 13억 개나 팔릴 정도로 인기가 높다.

스시와 오니기리는 밥을 식혀서 만들지만 그렇다고 마냥 식히지는 않는다. 사람의 체온과 비슷한 온도를 유지해야 한다. 온기가 채 가시지 않은 정도가 씹을 때 편안하고, 부재료와도 잘 어울리기 때문이다. 편의점의 오니기리는 상온 혹은 그보다 낮은 온도에서 제조되고 유통된다. 이렇게 밥이 차면 특유의 찰기를 잃는다. 전자레인지에 데워 먹기도 하고 최근에는 오니기리를 따뜻하게 덥히는 아이디어 상품까지 등장했지만, 한 번 식어 버린 밥을 갓 지은 상태로 복원하는 것은 불가능하다.

이미 오래전에 스시를 자동으로 만드는 기계가 등장했다. 당장에라도 시장의 판도를 바꿀 것처럼 기세등등했지만 생각만큼 많이 보급되지는 않았다. 숙련된 기술자보다 빠른 속도로 스시를 '찍어' 냈지만, 모양만 그럴듯했을 뿐 맛은 기대에 미치지 못했던 것이다. 기계가 뭉치는 밥은 사람이 쥐는 것에 비해 섬세함도 따스함도 부족했다. 사람들의 입맛이 막무가내인 것처럼 보이지만 이 정도는 구분할 줄 안다. 소비자의 입맛을 사로잡지 못하니 시장에서 환영받을 턱이 없다. 편의점의 오니기리 역시 기계로 만든다. 밥을 단단하게 다지는 오니기리라 해서 스시와 사정이 다르지는 않다. 사람의 손으로 쥔 오니기리는 단단함 속에 부드러움을 갖고 있지만 기계로 찍어 낸 오니기리는 그저 딱딱할 뿐이다.

편의점엔 없는 따뜻함을 찾아

따라서 한 번쯤은 제대로 만든 오니기리를 먹어 봐야 한다. 어머니와 할머니 혹은 아내가 정성껏 쥐어 준 주먹밥은 구경도 못해 보고, 오로지 편의점 삼각김밥만 먹고 살아온 사람이라면 더욱 그래야 한다. 물론 일본 편의점에서 판매하는 오니기리가 한국 편의점의 삼각김밥보다 맛과 품질이 월등히 뛰어나지만, 이 또한 솜씨 좋은 요리사가 갓 만든 오니기리에 비하면 그저 복제품에 불과하다.

하지만 소매업의 '슈퍼갑'인 편의점의 공세 덕분에 일본에서도 오니기리 전문점을 만나기는 쉽지 않다. 드물게 발견되는 곳 역시 이미 만들어 놓은 것을 포장판매하는 테이크아웃 전문점이 대부분이다. 어지간히 잘 만들지 않고서는 집에서 먹는 것과 비교되기 일쑤니 창업 아이템으로도 그다지 환영받지 못하는 실정이다.

이런 분위기 속에서 새롭게 등장하는 일부 오니기리 전문점은 '모더니즘과 자연주의'라는 두 가지 차별화 전략을 선택했다. 우선 매장 인테리어와 직원들의 유니폼 그리고 서비스를 여느 카페나 유명 패스트푸드점 못지않게 세련되게 구사한다. 다음으로 쌀과 소금은 물론이고 각종 부재료의 생산지를 꼼꼼하게 밝힌다. 이것으로 충분치 않아 유기농으로 재배된 쌀을 사용하거나 도정시설을 갖추고 당일 도정한 쌀을 사용하는 곳이 있는가 하면, 쌀의 종류를 소비자가 직접 선택할 수 있는 곳까지 등장했다. 바람직한 변화일 뿐만 아니라 한국 외식업체에서도 한 번쯤 눈여겨볼 만한 사례이기도 하다. 하지만 지나치게 세련되고 깐깐한 오니기리는, 맛은 있을지언정 푸근함은 없다. '차도녀' 같은 쌀쌀맞은 맛이랄까. 아무튼 늘 뭔가 아쉬웠다. 그 갈증을 풀어 준 곳이 후쿠오카

나카스의 '오무스비무라'다.

나카스中洲는 후쿠오카 시내를 관통하는 나카강의 퇴적물이 쌓여 만들어진 작은 섬이다. 섬은 옛 후쿠오카 상업의 중심지였던 하카타와 지금의 중심지인 덴진天神 사이에 놓여 있다. 과거의 번영과 현대의 번영을 모두 목격한 섬은 환락가가 되었다. 나카스는 규슈 최대의 환락가일 뿐만 아니라 도쿄의 가부키초, 삿포로의 스스키노와 함께 '일본 3대 환락가'로 유명하다. 수백 곳이 넘는 '갸바쿠라'(여종업원이 접대하는 술집)를 중심으로 일본이 낳은 모든 종류의 유흥업소가 밀집해 있다.

모름지기 빛이 화려할수록 그림자 또한 짙게 드리우게 마련이다. 나카스의 환락가 사이사이에 있는 작은 골목과 건물은 믿기지 않을 정도로 어둡고 조용하다. 그 어둠을 밝히는 것은 작은 주점과 음식점에서 내건 간판이 전부다. 그 속에는 온갖 종류의 인간군상이 다 서식한다. 꾸미지 않은 일본인의 맨 얼굴을 볼 수 있는 흔치 않은 장소다. 때문에 가끔 이 동네를 어슬렁거리다가 아무 술집이고 불쑥 들어가 밤늦게까지 술을 마실 때가 있다.

그날도 그랬던 것 같다. 술은 충분히 마신 것 같은데 뭔가 허전했다. '선주후면'의 전통이 살아 있는 후쿠오카에서는 이럴 때면 당연히 진한 돈코쓰라멘을 찾는다. 라멘이나 한 그릇 먹을 요량으로 골목을 어슬렁거렸다. 문득 하얀 간판에 적힌 '오무스비무라おむすび村'라는 붓글씨가 유난히 선명하게 들어왔다. 주먹밥마을이라. 라멘 따위는 어느새 머릿속에서 지워졌다. 간판을 따라 빨려들 듯 주먹밥마을의 경계를 넘었다.

ㄱ 자 모양의 긴 카운터에는 제법 많은 손님이 앉아 있었다. 상태를 보아 하니 다들 적당히 취해 있었고 일상의 고단함이 묻어났다. 이방인의 어색함보다는 '저들이나 나나 다를 바 없다'는 동질감이 느껴졌다.

  자리를 잡고 앉았을 때, 가장 먼저 내 감각을 자극한 것은 소리였다. 착착착착 혹은 짝짝짝짝. 정확하게 표현할 수는 없지만 촉촉하고 찰기 있는 밥을 손으로 두드리는 소리가 그렇게 정겨울 수 없었다. 메마른 표정에 마스크를 써 더 무뚝뚝해 보이는 요리사는 일정한 리듬과 적당한 간격으로 밥을 뭉쳤다. 〈카모메식당〉의 여주인공들마냥 살갑지는 않지만 그래도 좋았다.

  요리사 앞에 설치된 유리 케이스에는 때깔 좋은 반찬들이 가지런히 놓여 있었다. 매실절임, 갓절임, 가지절임, 배추절임을 비롯한 각종 쓰케모노에 다시마무침, 쇠고기볶음, 멸치볶음, 연어, 고등어, 새우튀김 등 대충 봐도 20여 종 이상이다. 밥반찬으로 그냥 먹어도 더할 나위 없는 녀석들이 갓 지은 밥의 품에서 뭉쳐지고 다져지면 얼마나 맛있을까!

  종류가 너무 많아 이것저것 두서없이 닥치는 대로 시켰다. 제법 시간이 걸렸지만 전혀 지루하지 않았다. 요리사는 아마도 자기를 뚫어지게 쳐다보고 있는 나를 두고, 살짝 맛이 갔거나 술을 지나치게 많이 마신 인간으로 여겼을 것이다.

  주먹밥이 놓이고 함께 주문한 바지락된장국이 나란히 놓였다. 바지락이 듬뿍 든 된장국은 어지간한 해장국 못지않게 시원했다. 꼬였던 속이 순식간에 풀리니 허기가 몰려왔다. 오니기리를 들고 크게 한입 베어

단단하게 뭉쳐진 밥 속에 다양한 반찬이 듬뿍 든 '오무스비무라'의 오니기리는 술꾼들의 쓰린 속은 물론이고 마음의 허기까지 달래 준다. 이는 온기가 가시지 않은 오니기리가 가진 진정한 매력이다.

물었다. 순간, 나도 모르게 비명을 지를 뻔했다.

입속에 들어간 밥은, 무르익은 봄날 벚꽃이 휘날리듯 산산이 흩어졌다. 막무가내로 흩어진 밥알은 형태가 온전하고 자기주장도 강해 꼭꼭 씹을 수밖에 없었다. 꼭꼭 씹으니 밥맛이 선명하게 느껴졌다. 향기롭고 달았다. 옅은 소금간이 밥에 생기를 더했다. 밥맛이 절정에 이를 즈음, 이번에는 반찬이 가세했다. 밥과 반찬은 섞이면 섞일수록 맛이 깊어졌다. 그럴수록 턱을 더욱 부지런히 움직였다. 음식을 씹는다는 행위가 이토록 즐겁다는 사실을 대체 얼마 만에 느껴 보는 건가 싶었다. 오니기리 한 입, 바지락된장국 한 모금을 몇 번이고 반복했다. 허기나 달랠 요량이었으나 배가 부르도록 오니기리를 위장에 채워 넣었다.

다음 날, 행여 취중에 혼자만의 착각이었나 싶어 다시 찾았다. 그 후로도 야심한 밤 나카스 환락가의 뒷골목을 기웃거리는 버릇은 여전하다. 다만 이전에는 목적지 없이 어슬렁거렸다면, 지금은 거침없이 오무스비무라를 향한다. 이곳에 가면 육신의 허기는 물론이고 마음의 허전함까지 조금은 채워진다. 손으로 쥐어 마음을 전하는 오니기리는 원래 그런 음식이기 때문이다.

오무스비무라(おむすび村)
福岡県 福岡市 博多区 中洲 3-4-2 T.092-282-3983

규슈 최대의 환락가인 나카스 골목길에 자리 잡은 '오무스비무라'. 이제는 저 흰 간판을 보는 것만으로도 묘한 안도감이 들 정도다.

우동

한국인에게 맞는 우동은 후쿠오카에 있다

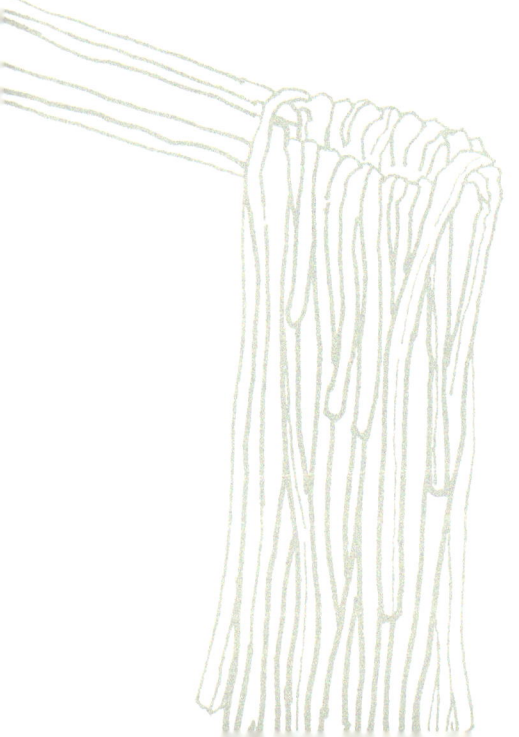

통상적으로 우동(면)은 밀가루, 소금, 물 세 가지 재료로 만든다. 우동うどん과 아주 비슷한 것으로 싱글몰트 위스키가 있다. 보리, 피트, 물 세 가지로만 만드는 싱글몰트 위스키가 양조장마다 맛과 향이 다른 것처럼, 우동 역시 지역마다 가게마다 천차만별이다. 어떤 밀가루를 사용하느냐, 어떤 물을 사용하느냐, 어떤 소금을 얼마만큼의 농도로 쓰느냐에 따라 우선 차이가 난다. 다음으로 숙성 시간과 제면 방식에 따라 또 차이가 난다. 이 조합들로 경우의 수를 만들어 보면 수만 가지가 넘는 면이 만들어진다. 보통의 음식은 색色, 향香, 미味를 평가의 기본적인 요소로 꼽는다. 하지만 면, 그 가운데서도 우동은 식감을 더 중요한 평가 항목으로 친다. 이 식감은 부드러움과 고시こし(탄력)로 나뉜다. 부드러움은 입술로 느끼고, 탄력은 이로 느낀다. 그래서 조용히 음식을 먹는 게 기본인 일본에서도 면을 먹을 때만큼은 예외다. '후루룩후루룩 쩝쩝' 소란스럽기 그지없다. 부드러움과 탄력을 제대로 느끼기 위해 정착된 일본 특유의 식습관이다.

그럼 한국인은 어떤 면을 좋아할까? 사실 어떤 면을 좋아하는지 고민하고 자시고 할 것도 없이 한국인은 일본인에 비해 면에 대한 기호가 약하다.

따뜻한 물에 담긴 면을 건져 쓰유에 찍어 먹는 '가마아게우동'은 면 자체의 질감과 맛을 가장 확실하게 느낄 수 있는 방식이다.

이는 면요리를 대하는 문화의 차이에서 비롯된다. 일본인은 면요리를 먹을 때 국물보다는 면에 집착하는 반면, 한국인은 면보다는 국물에 더 집착하는 경향이 있다. 면은 그저 배를 채우기 위한 도구 정도에 그치고 맛을 평가하는 주된 기준은 국물인 경우가 대부분이다. 이에 반해 일본인은 유난스러울 정도로 면에 집착한다. 면의 숙성 정도, 굵기, 부드러움, 탄력에 이르기까지 평가 항목 또한 꼼꼼하다. 면에 대한 일본인의 집착을 가장 상징적으로 보여 주는 것이 사누키우동이다.

사누키우동讚岐うどん은 가가와香川현의 특산물로, 우동으로 유명한 일본에서도 우동 하면 사누키우동을 떠올릴 정도로 유명세를 타고 있다 (사누키는 가가와현의 옛 지명이다). 이를 증명하듯 인구 100만 명 정도에 불과한 가가와현에는 우동 가게 및 제분소가 1,100여 곳에 이르고 일본 내 우동 생산과 소비량 모두 1위를 달리고 있다. 사누키우동이 시작된 가가와현은 물이 많지 않은 지역 특성상 주식인 쌀보다 밀농사를 많이 지었고 세토내해를 통해 소금과 간장을 얻기

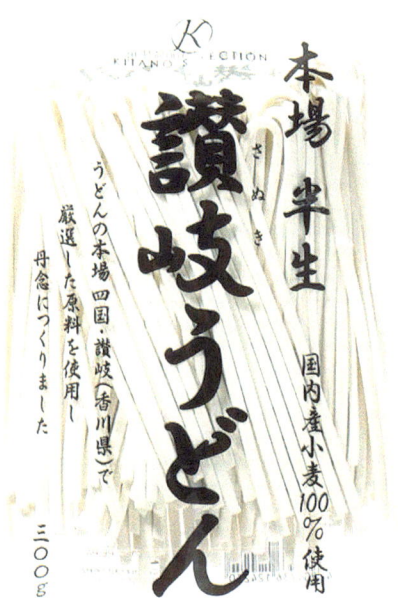

강한 탄력이 특징인 가가와현의 '사누키우동' 은 지역의 명물을 넘어 이제는 일본을 대표하는 우동이 되었다.

쉬워 일찍부터 우동이 발달할 수 있었다. 중력분 밀가루를 소금물로 반죽해 수타로 뽑는 사누키우동은 매끄럽고 부드러운 감촉과 특유의 강한 탄력을 특징으로 한다.

일본의 영향 때문인지 요즘은 한국인도 이 사누키우동을 꽤나 즐기는 편이다. 덕분에 사누키우동 전문점 또한 심심찮게 만날 수 있다. 그런데 한국인에게 강한 탄력을 지닌 사누키우동이 과연 입맛에 맞을까? 혹시 유행에 편승한 맹목적인 추종은 아닐까? 면 자체보다는 면과 국물의 조화를 즐기는 입맛에는 그에 걸맞은 면이 따로 있지 않을까? 규슈의 우동을 보면 이에 대한 실마리를 찾을 수 있다.

우동의 발상지 후쿠오카

일본의 전통적인 면요리로 흔히들 우동과 소바를 꼽는다. 그런데 이 음식의 발상지가 후쿠오카라는 사실을 아는 사람은 드물다. 확실한 증거까지 있다. 후쿠오카 하카타역 근처에 있는 쇼텐지承天寺라는 절에 세워진 비석이 그것이다.

비석에는 '饂飩蕎麦発祥之地'라고 새겨져 있다. 내용인즉슨 우동과 소바의 발상지라는 말이다. 사연을 더듬어 보면, 송나라 때 중국을 다녀온 쇼텐지의 승려가 1241년 귀국하면서 만두, 우동, 소바의 제조 기술을 가지고 들어왔다는 것이다. 고대로부터 대륙과의 교류에서 일본의 관문 역할을 했던 이 지역의 역사를 돌이켜 보면 충분히 일리가 있는 사

후쿠오카 쇼텐지에 있는 비석은 이곳이 일본 만두, 우동, 소바의 발상지임을 밝히고 있다. 쇼이치라는 승려가 중국 송나라에서 배워 온 제면 기술은 후쿠오카를 거쳐 일본 전국으로 퍼져 나갔다.

담백한 해물 육수에 부드러움과 탄력을 두루 갖춘 면이 어우러진 후쿠오카의 우동은 한국인의 입맛에도 안성맞춤이다.

실이다.

그럼 우동의 발상지인 후쿠오카의 우동에는 어떤 특징이 있을까? 크게 세 가지 정도를 꼽을 수 있다. 우선 면이다. 일반적인 우동의 단면이 둥글거나 정사각형인데 반해 후쿠오카우동은 직사각형이다. 우리 칼국수랑 비슷하다. 면의 식감 또한 사누키우동처럼 탄력이 강하지 않고 부드럽게 씹힌다. 둘째로 국물이다. 후쿠오카우동의 국물은 다시마와 말린 멸치를 중심으로 고등어, 날치 등의 해산물을 섞어서 낸다. 간은 간장보다는 소금으로 한다. 그래서 국물이 매우 담백하고 시원하다. 면 자체는 물론이거니와 면과 국물의 조화를 중요하게 생각하는 까닭에 한국인의 기호에도 잘 맞는다. 고명으로는 주로 고보텐ごぼ天이라는 우엉튀김과 마루텐丸天이라는 둥글고 납작한 어묵을 얹는다. 정리하자면 해산물을 우려낸 개운한 국물에 납작한 면을 말고 고보텐이나 마루텐을 얹은 것이 전형적인 후쿠오카우동이다.

국물부터 한 모금, 우동타이라

후쿠오카시에 있는 '우동타이라うどん平'는 후쿠오카우동의 원형에 가

장 가까울 뿐만 아니라 후쿠오카 토박이들이 가장 애용하는 우동집이다. 영업을 시작하는 오전 11시 30분부터 가게 앞에는 이미 긴 행렬이 이어진다. 손님 대부분이 정장을 차려입은 직장인이고 특히 중년 남성들이 유난히 눈에 띈다. 그중에는 기사까지 딸린 고급 세단을 타고 온 이들도 더러 있다. 한국에서는 좀처럼 볼 수 없는 광경이다. 나이도 지긋하고 사회적 지위도 있는 양반들이 우동 한 그릇 먹자고 줄을 서서 기다리고, 좁은 식탁에서 어깨를 맞대고 있는 광경을 보고 있노라면, 우동에 대한 일본인의 애정 혹은 집착의 정도를 어렵지 않게 짐작할 수 있다.

가게로 들어서면 가장 먼저 눈에 띄는 것이 이불을 개듯이 차곡차곡 쌓아 놓은 숙성된 반죽이다. 대체 몇 인분이나 나올까 싶을 정도로 만만찮은 양이지만 고작 하루치 분량이다. 영업시간은 오전 11시 30분부터 저녁 7시까지로 정해져 있지만, 이걸 믿고 갔다가는 낭패를 보기 일쑤다. 준비된 반죽이 떨어지면 그것으로 영업은 끝이다.

대부분의 유명 우동 전문점이 그렇듯 우동타이라 역시 가족경영을 고집한다. 주방장 격인 아들은 면을 뽑고 삶는 것을 담당한다. 숙성된 반죽을 롤러에 몇 번이고 돌려 길게 늘어뜨린다. 2미터가량 늘이는 이 작업 자체가 대단한 볼거리다. 허리가 쉽게 펴지지 않는 어머니는 찬물에 면을 빨아서 식히고 물기를 털어 낸다. 며느리를 비롯한 다른 가족과 종업원은 국물과 고명 등을 담당한다. 좁은 공간에서 여섯 명이 말 한 마디 없이 부대끼고 있지만, 일체의 군더더기도 머뭇거림도 없다. 대단한 팀워크다.

좁은 주방에서 면을 뽑고, 면을 삶고, 국물을 데우는 장면을 고스란히 지켜볼 수 있는 '우동타이라'. 그들이 일하는 모습 자체가 훌륭한 퍼포먼스다.

우동이 만들어지는 과정을 가만히 보고 있노라면 흥미로운 장면을 목격할 수 있다. 아주머니 한 분이 한 손엔 깔때기를, 다른 손엔 손잡이에 끼운 호리병을 들고 있다. 우동타이라에서는 손님에게 낼 국물을 솥에서 호리병으로 옮겨 담아 중탕을 해서 낸다. 굳이 왜 이렇게 번거로운 작업을 할까? 해답은 후쿠오카우동의 특징에 있다. 펄펄 끓는 육수를 그대로 손님에게 내면 너무 뜨거워서 처음부터 국물 맛을 보기가 어렵다. 하지만 중탕을 해서 적정 온도를 맞추면 우동이 나오자마자 '우선 국물부터 한 모금'이 가능해진다. 게다가 중탕을 하면 육수의 온도가 비교적 오래 유지된다.

'우동타이라'의 영업 시작과 동시에 근처 직장인들로 긴 행렬이 이어진다. 정장 차림의 중년 남성들이 이렇게 우두커니 기다리는 모습을 보면, 우동에 대한 일본인의 애정을 실감할 수 있다.

그런데 이게 왜 후쿠오카우동의 특징과 관계가 있느냐? 이걸 알기 위해서는 1장에서 얘기했던 하카타라멘의 특징을 다시 살펴볼 필요가 있다. 후쿠오카의 돈코쓰라멘은 매우 가는 면을 사용한다. 빨리 삶고 빨리 먹기 위해서다. 후쿠오카우동이 납작하고 부드러운 면을 사용하는 이유 또한 이와 비슷하다. 씹을 때 치감이 좋은 면보다는 후루룩 들이켰을 때 쉽게 넘어가는 면을 선호하기 때문이다. 어떤 냉면 고수는 면을 이로 끊어 먹는 게 아니라 목구멍으로 끊어 먹어야 진정한 맛을 느낄 수 있다고 한다. 면을 목구멍으로 끊어 먹는 재주가 없어 그 진위 여부를 확인키는 어렵다. 하지만 빨리 먹는 데는 확실히 탄력이 강한 면보다 부드러운 면이 낫다. 그렇다고 면만 부드러워서 되느냐? 육수 또한 그와 보조를 맞춰야 한다. 그러니 중탕을 해서 처음부터 손님이 들이켤 수 있는 적정 온도를 맞추는 것이다. 이게 사실은 성격 급한 후쿠오카 사람들 특유의 기질에서 비롯되었다. 음식이란 이래서 재밌다. 지역성이 음식의 개성을 만들고, 하나의 음식 속에 그 지역의 특성이 고스란히 반영되는 것이다.

해장의 진리, 면공방 나카

주인공은 항상 나중에 나타나는 법이다. 몇 년간 우동타이라가 후쿠오카우동의 갑이라 생각하며 뻔질나게 드나들었다. 그런데 어느 날 이 우동집이 혜성같이 나타났다. '면공방 나카麵工房なか'. 이름부터가 수공

업스러운 것이 뭔가 심상찮은 기운이 느껴졌다.

　나카는 오전 11시부터 오후 3시까지 하루 네 시간밖에 영업하지 않는다. 실내는 10명 남짓 앉을 수 있는 ㄱ자 형태의 긴 식탁이 전부다. 문을 열면 항상 밝은 인상의 중년 부부가 손님을 맞는다. 남편은 면과 국물을, 아내는 고명과 접객을 담당한다. 손님들은 누가 들어오든 말든 신경도 쓰지 않는다. 그저 묵묵히 사발에 고개를 떨구고 우동을 먹을 따름이다. 좁은 가게 내부에는 후루룩 꿀꺽 면과 국물을 흡입하는 소리만 메아리처럼 울린다. 이 모든 것이 면공방 나카를 나카답게 만드는 공감각적 분위기다. 오로지 우동에만 집중할 수밖에 없는, 때문에 어설픈 우동 따위는 애초부터 낼 생각이 없다는 결기가 느껴지는 구조다.

　우동을 맛보기 전에, 면을 삶는 주인 아저씨의 표정에서부터 이미 그 심상찮은 내공을 짐작할 수 있다. 같은 일을 수없이 반복하면서 다듬어진 장인의 모습이다. 족히 수십 년 동안 면을 삶아 왔음에도 단 한 순간도 흐트러짐이 없다. 음식의 타이밍은 정해진 시간이 아닌 켜켜이 쌓인 감각으로 가늠하는 것이다. 다 삶아진 면을 빨 때는 박력이 넘친다. 찬물에 살살 씻는 정도로는 면이 속에 품고 있는 열기를 온전히 뽑아낼 수 없다. 빨래를 빨듯이 박박 문질러야 한다. 이 정도 충격도 견디지 못하고 상처를 입거나 뚝뚝 끊어진다면 이미 맛있는 우동이 될 자격을 상실한 면이다.

　나카의 우동 역시 우동타이라의 것과 마찬가지로 후쿠오카우동의 특징을 충실히 재현하고 있다. 칼국수마냥 가늘고 납작한 형태의 면은

우동 면은 빨래를 빨듯이 박박 문질러야 특유의 탄력이 오래 유지된다. '면공방 나카'의 우동은 깔끔하고 개운한 국물에 부드러움과 탄력을 두루 갖춘 면이 어우러져 해장용으로 탁월하다.

부드러움과 탄력을 두루 갖추고 있다. 때문에 씹는 맛이나 목 넘김이 아주 좋다. 그렇게 거칠게 빨았지만 상처 하나 없이 매끈할 뿐 아니라 윤기마저 돈다. 가쓰오부시와 간장 대신, 날치와 멸치를 중심으로 육수를 내고 소금으로 간을 한 국물은 마지막 한 방울조차 아까울 정도다. 특히 은근히 치고 올라오는 산미가 사람을 홀린다. 성글게 빻은 건고추를 고명으로 올리면 국물 맛은 건드리지 않으면서도 특유의 매운맛이 혀에 적당한 자극을 준다.

그야말로 우동의 모범답안이고 해장의 진리다. 행여 후쿠오카 여행 중에 과음을 하셨다면, 이것저것 고민할 것 없이 덮어놓고 면공방 나카부터 가시라고 자신 있게 권하는 바이다.

쓰유에 찍어 먹는 우동을 찾아, 도카쿠시

맛있는 우동이 아니라 한국인의 기호에 딱 맞는 면을 찾아서, 이번에는 좀 멀리 가 보기로 하자. 일곱 개 현이 있는 규슈 최남단의 서쪽에는 가고시마현이, 동쪽에는 미야자키宮崎현이 있다. 천혜의 자연환경을 바탕으로 관광과 농수산업이 주요 산업인 두 개 현은 은근히 기싸움이 팽팽하다. 서로 최고의 고구마소주를 생산한다고 자존심을 굽히지 않는가 하면, 가고시마현은 최고의 돼지고기를 자랑하고, 미야자키현은 최고의 닭고기를 자랑한다.

한편 이들 지역에는 공통적으로 선주후면이라는 '아름다운' 전통이 남아 있다. 그런데 각자 자기 지역에서 생산된 고구마소주로 술판을 시작하는 것은 동일하지만 다음 순서로 먹는 면에서는 의견이 엇갈린다. 가고시마 사람들은 "해장에는 역시 묵직한 돈코쓰라멘이 제격"이라는 데 반해, 미야자키 사람들은 "무식하게 라멘이 뭐냐, 술 마신 다음에는 담백한 우동이 최고다!"라며 핏대를 세운다.

'도카쿠시隱'는 그런 미야자키 사람들이 가장 즐겨 찾는 우동집이다. 해장 음식점으로 각광받는 곳이다 보니 앞서 소개한 우동집들과 달리 새벽 2시까지 영업을 한다. 이곳에서 가장 인기 있는 메뉴는 가마아게釜揚げ우동. 육수 대신 면 삶은 물(면수)에 면을 말아 내고 이를 양념장인 '쓰유'에 찍어 먹는 우동이다. 면 자체를 즐기기에는 가장 전형적인 방법이라 할 수 있다.

사누키우동의 경우 면에 있어 부드러움과 탄력의 비율이 3:7 정도라면, 도카쿠시는 그 반대인 7:3 정도다. 그래서 씹는 느낌이나 목 넘김이 매우 부드럽다. 교조적인 입장을 가진 일본의 우동 마니아들은 도카쿠시에 그다지 높은 점수를 주지 않는다. 하지만 오히려 이런 특징 때문에 한국인의 취향과 딱 맞아떨어진다. 면 자체만 놓고 보면 규슈에서 으뜸이 아닐까 싶다.

가마아게우동을 먹을 때, 면을 무턱대고 쓰유에 풍덩 적셔 먹으면 면 특유의 맛을 충분히 즐길 수 없다. 처음에는 면만 맛보고, 그다음에 조금씩 심심할 정도로 살짝 찍어 먹는 것이 좋다. 담백하면서도 기분 좋은 식감 덕분에 신기할 정도로 젓가락이 분주해진다. 면을 다 건져 먹은 다음에는 남은 면수에 쓰유를 붓고 차를 마시듯 후루룩 마시는 것이 전통이다. 그런데 이렇게 급조된 국물이 의외로 개운하고 감칠맛이 넘친다. 이처럼 미야자키 스타일의 선주후면을 한 번 경험하고 나면 밑도 끝도 없는 친근감이 솟아난다. 음식이란 이질감보다 동질감을 발견하는 매개체인 경우가 많다.

술 마신 다음에는 반드시 우동으로 마무리하는 '선주후면'의 전통을 가진 미야자키 토박이들에게 '도카쿠시'의 가마아게우동은 각별한 사랑을 받고 있다.

한국에서 사누키우동이 유행처럼 번지거나, 이것만이 진정한 장인의 우동인 양 떠받드는 것을 보면서 고개를 갸우뚱할 때가 많다. 사누키우동이 물론 좋은 우동이고 일본 우동의 특징이 잘 반영된 것임에는 분명하다. 하지만 그래 봐야 이 역시 일본에 있는 수많은 지역 우동 가운데 하나일 뿐이다. 비록 사누키우동이 전국적인 인기를 끌고 그로 인해 엄청난 관광객을 불러들이고는 있지만, 일본인은 여전히 자기 지역의 우동이 최고라며 자부한다.

　남의 나라에서 유행한다고 무작정 따라만 해서는 언제까지나 아류에 머물 수밖에 없다. 과연 어떤 우동이 한국인의 취향에 가장 잘 맞는지 면밀히 분석하고 그 대안을 모색한다면, 종주국 못지않은 우리만의 우동을 만들 수 있을 것이다. 내 보기에 그 대안은 일본 어디도 아닌 규슈에 있다.

．．．．．．．．．．．．．．．．．．．．．．．．．．．．．．．．．．．．．

우동타이라(うどん平)
福岡県 福岡市 博多区 博多駅前 3-17-10 T.092-431-9703

면공방 나카(麺工房なか)
福岡県 福岡市 中央区 大名 2-11-10 T.092-714-0210

도카쿠시(戸隠)
宮崎県 宮崎市 中央通 7-10 T.0985-26-2872

소바

일본인의 풍습과 함께하는 음식

〈우동 한 그릇〉이라는 일본 단편소설이 있다. 섣달그믐밤 우동집을 찾은 가난한 세 모자는, 돈이 없어 우동을 한 그릇만 시킨다. 이들의 사정을 딱하게 여긴 주인은 몰래 2인분 분량의 우동을 제공한다. 세 모자는 해마다 섣달그믐이면 그 집을 찾았고, 그때마다 주인은 같은 방식으로 우동을 제공했다. 훗날 희망을 잃지 않고 훌륭하게 성장한 두 아들은 어머니를 모시고 수년 만에 우동집을 찾아 감사를 전한다.

대충 이런 내용의 소설이 일본인의 눈물샘을 자극하고 전국적인 붐을 일으키자 1989년 한국에도 소개됐다. 2002년까지 무려 57쇄를 찍어내는 스테디셀러가 됐으며, 영화와 연극으로까지 만들어졌다. 남을 배려하고, 가난을 극복하는 이야기에 유난히 감동받는 한일 양국 국민의 정서가 그만큼 비슷하다는 방증일 것이다.

그런데 소설의 원제인 〈잇파이노 가케소바一杯のかけそば〉를 직역하면

일본인에게 소바는 음식이기 이전에 생활이고 풍속이며 또한 전통이다. 때문에 스시와 더불어 장인이 만드는 음식으로 평가받고 있다.

'한 그릇의 메밀국수'가 된다. 번역 당시만 하더라도 메밀국수(가케소바)보다는 우동이 더 익숙한 일본음식이라 그랬을 것이다. 하지만 이러면 왜 세 모자가 없는 형편에 굳이 섣달그믐에 '외식'을 해야만 했는지, 그 배경이 모호해진다. 이게 빠지면 그저 우동 한 그릇으로 주린 배를 채우려는 세 모자의 가난만 남는다.

일본에는 섣달그믐밤에 메밀국수를 먹는 풍습이 있다. 이를 '도시코시소바年越しそば'라 한다. 에도시대에 정착된 풍습이 지금까지도 이어지고 있다. 덕분에 12월 31일이면 소바집들은 너 나 할 것 없이 한바탕 전쟁을 치른다. 동서고금을 막론하고 특별한 날에 먹는 음식에는 과도할 정도로 의미부여를 하게 마련이다. 이 또한 일종의 스토리텔링이다.

도시코시소바에는 크게 세 가지 의미가 있다. 우선, 가늘고 긴 국수 가락처럼 장수를 기원하는 마음이 담겨 있다. 둘째, 메밀 면은 잘 끊어지는 성질을 가지고 있기 때문에 묵은해의 불행을 완전히 끊어 버리고 새해를 맞는다는 액땜의 의미다. 셋째, 새해의 행운을 기원하기 위해서다. 옛날에 금은 세공사들이 흩어진 금가루를 모을 때 메밀 반죽을 이용한 풍습에서, 메밀국수는 행운과 재물을 상징하는 음식이 되었다. 그러니 세 모자가 없는 형편에도 메밀국수을 먹고자 했던 것은, 지긋지긋한 가난을 끊어 내고 새해에는 좀 더 나은 삶을 맞이하기를 바라는 간절한 소망 때문이었다.

한편, 한국인은 이사를 하면 이웃에게 떡을 돌리는 데 반해 일본인은 메밀국수를 돌린다. 이를 '힛코시소바引っ越しそば'라 한다. 소바そば에는 메밀 외에도 '곁, 옆'의 뜻도 있다. 그러니 새로 이사 온 동네에 메밀국수를 돌리는 것은 '당신 곁에 오래 머물고 싶으니 앞으로 잘 부탁드립니다'라는 일종의 신고식인 셈이다.

소바는 어떻게 장인의 음식이 되었나

이처럼 일본인의 생활과 밀접한 관련 있는 음식인 소바는 그 역사 또한 만만찮은데, 이를 인물을 중심으로 살펴보면 크게 세 명이 등장한다. 먼저 겐쇼元正 왕(680~748, 재위 715~724)이다. 메밀 재배를 처음으로 권장한 여왕으로, 일본인에게는 '메밀 시조신'으로 추앙받는다. 하지만 당시만 하더라도 낱알을 익혀 먹는 '입식粒食'의 단계로 메밀쌀로 밥을 짓거나 죽을 쑤어 먹는 정도였다.

다음으로 등장하는 인물이 1241년 중국 송나라에서 우동과 소바의 제분 기술을 도입한 쇼이치 국사다. 이때부터 일본은 메밀을 갈아서 가공하는 방식을 알게 된다. 때문에 쇼이치 국사를 '소바국사'로 부르기도 한다. '우동' 편에서 소개했던 후쿠오카 쇼텐지에 있는 비석은 쇼이치 국사의 이러한 업적을 기념하는 것이다.

밀과 달리 찰기가 없는 메밀은 제분 기술을 익혔다고 해서 곧장 면을 뽑는 제면 단계로 발달할 수 없었다. 그래서 메밀가루를 반죽해 덩어리를 만들어 찌거나 삶았으니 이를 '소바가키'라고 했다. 우리로 치면 쌀가루나 보릿가루를 반죽해 만든 '개떡'과 비슷하다. 이후 맷돌의 보급과 더불어 제면 기술이 발달하자 메밀가루만으로도 면을 만들 수 있게 되었는데 이를 '기소바'라 한다. 하지만 기소바 역시 물에 삶으면 끊어지거나 풀어지기 일쑤였다. 그래서 하는 수 없이 '세이로'라는 나무찜통에 올려 쪄야 했다. 오늘날 메밀로만 만든 고급 소바를 '세이로소바'라고 부르는 것이나, 찜통이나 대나무 소쿠리에 소바를 담고 이를 '모리소바' 혹은 '자루소바'라 부르는 것 역시 이러한 전통으로부터 비롯되었다.

마지막으로 등장하는 인물은 조선의 승려 원진元珍이다. 에도막부 초기 도쿠가와 이에미쓰德川家光가 집권(1623~1651)할 당시 나라의 도다이지東大寺를 방문한 원진 스님이 메밀 반죽에 밀가루를 섞는 기술을 전했다. 이후 일본의 소바는 일대 변혁을 맞이한다. 밀가루로 인해 끈기가 생겨 드디어 면을 삶기에 이르렀다. 칼국수처럼 메밀 반죽을 방망이로 밀어 칼로 써는 절면 방식 또한 이때부터 정착했다. 덕분에 메밀의 풍미를 다치지 않으면서 특유의 탄력까지 즐길 수 있게 됐다.

상황이 이렇게 되자 메밀가루와 밀가루의 황금비율이 궁금해졌다. 수많은 시행착오 끝에 밀가루 20퍼센트에 메밀가루 80퍼센트를 섞는 것이 최적의 조합이라는 결론을 내리게 된다. 이를 니하치二八소바라 한다. 17세기 중반에 탄생한 니하치소바는 현재까지도 소바의 표준으로 전해지고 있다. 겐쇼 왕이 메밀 재배를 권장한 이후 거의 천 년 만에, 송나라로부터 제분 기술을, 조선으로부터 제면 기술을 도입한 끝에 오늘날과 같은 일본의 소바가 완성됐다. 그리고 이미 이때부터 지배층과 서민이 두루 즐기는 대중음식의 반열에 올랐다.

규슈의 소바 장인을 찾아서

일본에서 소바로 유명한 지역은 도쿄와 나가노長野현이다. 무릇 특정 음식이 지역을 대표하기 위해서는 식재료를 구하기 쉽거나 오랜 전통이 있거나 둘 중 한 가지 조건을 갖춰야 한다. 혼슈 중앙부 산악지대를 차지하고 있는 나가노현은 일본 최고의 메밀 생산지다. 나가노현의 옛 지명은 '신슈信州'라 한다. 신슈소바는 한국의 봉평메밀처럼 최고의 소바임을 나타내는 일종의 브랜드로 굳어져 있다. 에도시대부터 대중음식으로 정착하다 보니 도쿄에 특히 소바 가게가 많았다. 1860년에 이미 3,763곳이 있었고 지금은 6,000여 곳을 헤아린다. 도쿄의 3대 소바 노포로 꼽는 '사라시나호리更科堀井', '야부소바藪そば', '무로마치스나바室町すなば' 등은 그 역사만 최소 130년이 넘는다.

예로부터 오사카와 교토를 중심으로 한 간사이 지방에서는 우동을, 도쿄를 중심으로 한 간토 지방에서는 소바를 즐겨 먹어, "간사이의 우

메밀가루 80퍼센트에 밀가루 20퍼센트를 섞어 만든 '니하치소바'는 수백 년의 전통과 수많은 시행착오 끝에 정착된 일본 소바의 표준이자 황금비율이다.

ファーストフード ✚

일본의 장인정신과 소바

메밀을 제분하고 제면하는 기술이 발달하는 동안 소바는 일본 특유의 장인 정신과 결합한다. 사실 소바는 메밀을 갈고, 반죽하고, 칼로 썰고, 뜨거운 물에 삶는 아주 간단한 과정을 거쳐 완성된다. 일본인은 이런 단순한 과정에 집착하는 경향이 있다. 고도의 숙련이야말로 그들이 생각하는 최고의 가치이기 때문이다. 전통적으로 일본은 사물의 본질을 헤아리거나 철학적인 물음의 답을 찾는 대신, 당장 눈에 보이는 본능의 세계에 충실했다. 이러다 보니 도덕적이고 윤리적 규제가 상대적으로 약했다.

대신 그들은 '고도의 숙련'을 도덕과 같은 반열에 올려놓는다. 숙련이 곧 도덕이다 보니 장인이 대접받는 분위기가 자연스레 형성되었다. 그래서 단순반복 작업에 집요하게 매달릴 뿐만 아니라 그것이 가져오는 미묘한 차이를 매우 호들갑스럽게 떠받드는 경향이 있다. 오늘날 일본음식의 중요한 특징으로 꼽히는 섬세함과 디테일은 이러한 역사적 혹은 사회적 배경과 무관하지 않다.

예를 들면 이런 거다. 100미터 달리기 세계 기록을 보자. 1999년 모리스 그린이 세운 9초 79를 우사인 볼트가 9초 69로 앞당기는 데 무려 9년이 걸렸다. 고작 0.1초를 위해 수없는 반복 훈련과 다양한 분야의 스포츠 과학이 총결집했다. 한계라고 생각되는 지점을 뛰어넘기 위해서다.

소바 같은 단순한 음식에 유난히 장인이 많은 것도 같은 이유다. 100미터 달리기에서 0.1초와 같은 한계를 극복하기 위해서다. 그래서 고도로 숙련된 장인의 손길에서 뽑아져 나오는 면의 미묘한 풍미와 식감을 중요하게 생각한다. 때문에 우동과 라멘은 완전한 대중음식이 된 반면, 소바는 아직도 전통음식 혹은 장인의 음식이라는 인식이 강하다. 해서 한국인에게 소바는 여간 어려운 음식이 아니다. 그런데 역설적이게도, 어렵기 때문에 그만큼 마니아도 많다. 마치 우리나라에 '냉면광'이 유난히 많은 것과 같은 이치다.

동, 간토의 소바"라는 말이 있을 정도였다. 하지만 지금은 그저 옛 이야기에 지나지 않는다. 교통과 제분 기술의 발달로 전국 어디서나 최고의 메밀을 손쉽게 구할 수 있다. 장인 반열에 오른 고수들 역시 경향 각지에 고루 분포하고 있다. 때문에 규슈에서도 얼마든지 나가노현이나 도쿄 못지않은 소바를 맛볼 수 있다.

소바의 역사를 맛보다, 아사고

비록 변방이긴 했지만 에도시대부터 번성했던 도시다 보니 후쿠오카에도 전통 있는 소바 전문점이 적지 않다. 그 수준 또한 도쿄의 유명 노포들에 견주어 결코 밀리지 않는다. 특히 '아사고ぁㅎㅍ'는 후쿠오카의 쟁쟁한 소바 전문점들 중에서 남다른 몇 가지 특징을 가지고 있다.

우선 한적한 주택가에 위치한 입지가 요란하지 않아서 좋다. 미닫이 문을 열고 들어가면 만만한 대중음식점이라 하기에는 어딘지 품격 있고, 그렇다고 사람을 기죽게 할 정도로 위압적이진 않은 실내를 볼 수 있다. 묘하게 편안하면서도 약간의 격식은 갖추게 만드는 그런 분위기다. 부부가 운영하는데, 요리를 담당하는 남편 역시 장인의 포스보다는 그저 수더분한 동네 아저씨 같은 느낌이다. 몸과 손이 잠시도 쉴 틈 없이 조리를 하면서도 카운터 맞은편에 앉은 손님에게 계속해서 말을 건넨다. 시시콜콜한 질문에서부터 요리에 대한 설명에까지 레퍼토리도 다양하다. 밉고 귀찮기는커녕 오히려 곰살맞다. 도쿄를 비롯해 소문난 소바 전문점을 제법 다녀 봤지만 이런 소바 장인은 또 처음이다.

소바 맛은 의심할 바 없이 뛰어나다. 일본 최대의 음식점 평가 사이트인 '다베로그食ベログ'(www.tabelog.com)에서 후쿠오카 소바 전문점 랭킹 1위를 제법 오래 꿰차고 있다. 그럼에도 소문 듣고 찾아온 뜨내기나 관광객보다는, 나름 소바 맛 좀 알 것처럼 생긴 점잖은 단골이 많다.

그렇다고 달랑 소바 한 그릇 잡숫고 나올 요량이라면 굳이 아사고를 추천하지 않는다. 이 집의 진가를 느끼기 위해서는 다양한 소바요리가

멥쌀과 메밀쌀을 섞어서 지은 밥에 참마를 갈아서 올린 아사고의 메밀밥(위)과 순동냄비에 우엉, 자고, 연근 등을 튀겨 낸 덴푸라(아래).

코스로 나오는 소바가이세키蕎麦懷石를 먹어 봐야 한다. 소바가이세키에는 메밀쌀을 섞어 지은 밥에서부터 소바가키, 제철 채소를 사용한 덴푸라, 메밀 100퍼센트로 만든 도와리(주와리)소바, 밀가루와 메밀가루를 2:8로 섞은 니하치소바, 차가운 쓰유에 찍어 먹는 자루소바, 뜨거운 국물에 말아 먹는 가케소바 등이 차례로 나온다. 한마디로, 천 년의 역사 속에 등장했던 모든 종류의 소바를 한자리에서 경험할 수 있다.

구색만 그럴듯하냐? 천만의 말씀이다. 일단 면의 완성도가 흠잡을 데

은은한 유자 향이 퍼지는 아사고의 가케소바(위)는 약간 짜긴 해도 국물 한 방울이 아까울 정도며, 섬세한 사라시나소바(아래)에서는 장인의 솜씨가 느껴진다.

없이 훌륭하다. 아사고의 경우 순메밀로 만든 도와리소바도 뛰어나지만, 정작 놀라운 것은 니하치소바다. 원진 스님이 제조법을 알려 준 이후 일본인이 왜 니하치소바를 황금비율로 선택했는지 이해가 된다. 참마를 갈아서 올려 먹는 메밀밥도 별미다. 우엉, 대파, 연근, 자고 등의 제철 채소를 순동냄비에 튀겨 낸 덴푸라는 여느 전문점 못지않은 솜씨다.

일반적으로 자루소바는 간장과 가쓰오부시 등을 끓여서 숙성시킨 소바쓰유에 찍어서 먹는다. 메밀의 풍미와 식감은 다치지 않으면서 숨은 단맛을 끌어내기 때문에 소바 못지않게 중요한 게 소바쓰유다. 그런데 한국과 일본은 이를 활용하는 방식이 좀 다르다. 한국은 면을 쓰유에 충분히 적셔 먹는 데 반해 일본은 살짝만 찍어서 먹는다. 그래서 한국의 쓰유보다 일본의 쓰유가 훨씬 짜고 농후하다. 대신 일본에서는 쓰유를 희석해 만든 국물에 아예 면을 말아서 먹는 가케소바가 따로 있다. 면과 쓰유의 완성도가 모두 뛰어난 아사고의 가케소바는 한 번 맛보면 중독될 정도로 매력적이다. 유자 향이 은근히 풍기는 국물은 단 한 방울도 아까울 정도다.

공간과 맛의 조화, 무라타 후쇼안

소바를 만드는 데 있어 양질의 메밀과 이를 다루는 솜씨만큼이나 중요한 것이 물이다. 그래서 물 좋기로 소문난 동네에서는 예외 없이 괜찮은 소바 전문점을 만날 수 있다. 창조적인 관광지 개발의 대표적인 사례이자 일본 여성들이 가장 가고 싶어 하는 온천마을로 꼽히는 오이타大分현의 유후인 역시 마찬가지다. '무라타 후쇼안Murata 不生庵'은 유후인을 대표하는, 유후인과 가장 잘 어울리는 소바 전문점이다.

대체 뭐가 나오기는 할까 싶은 꼬불꼬불 산길을 네비게이션이 시키는 대로 따라가다 보면, 무명천에 '소바蕎麥'라고 적힌 족자 하나가 생뚱맞게 걸려 있다. 기와를 얹은 단층 건물은 유후인 시내가 내려다보이는 언덕에 참으로 절묘하게도 들어앉았다. 풍경을 자신의 것으로 만들지 않고, 자신을 풍경의 일부로 투신함으로써 풍경 전부를 내 것으로 만들어 버리는 영악함. 이건 겸손함을 가장한 자신감임이 틀림없다.

실내로 들어가니 창 밖으로 유후인의 전경이 한눈에 펼쳐진다. 조금 어두운 실내조명은 바깥 풍경을 극대화하기 위한 의도된 연출로 보인다. 회벽과 원목, 노출 콘크리트. 이건 단순히 미니멀리즘이나 젠 스타일을 구현했다기보다는 '무기교의 기교'라는 소바의 본질과 닿아 있다. 식탁에 놓인 소품 하나까지도 그런 일관성을 유지한다. 좀 더 나가 볼까? 인테리어를 자세히 보면 따뜻하다기보다는 사시사철 살짝 차가운 느낌이다. 이는 식재료로서 메밀이 가진 찬 성질과 연결된다. 음식점의 인테리어란 단순히 세련되고 멋진 걸로는 부족하다. 음식과 식재료의 특성이 반영되지 않으면 그저 멋부리기에 그칠 따름이다. 안팎으로 치밀하게 계산된 공간임이 분명하다. 소바를 맛보기에 앞서, 공간만으로도 본전 생각을 잊기에 충분하다.

후쇼안까지 갔다면 다른 건 몰라도 두 가지 소바는 꼭 잡숴 봐야 한

유후인 시내가 한눈에 내려다보이는 산 중턱에 자리 잡은 '무라타 후쇼안'은 우선 그 입지와 건물의 모양새부터 소바 맛을 돋워 준다.

흑돼지를 우려낸 국물에 간장으로 간을 하고 메밀국수를 말아 낸 후쇼안의 구로부타소바(위)와 도쿄 3대 소바인 '사라시나호리'에 결코 뒤지지 않는 사라시나소바(아래).

다. 우선 사라시나소바. 순백색의 면은 그간 익숙했던 소바 색과는 달라도 너무 다르다. 이게 소면이지 어딜 봐서 소바냐 싶다. 메밀의 겉껍질을 벗기면 종피, 배유, 배아로 구분된다. 표면에 해당되는 종피는 옅은 녹색과 갈색을 띤다. 반면 속살인 배유는 흰색이다. 이 부분만 갈면 밀가루와 다름없는 순백의 메밀가루를 얻을 수 있는데, 이를 1번분 혹은 사라시나さらしな분이라 한다. 1789년 도쿄에서 문을 연 '사라시나호리'에서 처음 만들었다 해서 붙여진 이름이다. 사라시나소바의 원조인 사라시나호리는 지금까지도 9대째 220년 넘게 원조의 계보를 잇고 있다.

사라시나소바는 일본 왕실에서 배달시켜 먹었을 정도로 섬세하고 사치스런 소바다. 재료비도 비싸고 숙련된 솜씨도 요구된다. 종피가 섞인 일반적인 소바에 비해 향이 풍부하지는 않지만 그 은근함이 오히려 매력이다. 오밀조밀한 밀도와 탄력 그리고 단맛은 메밀의 색다른 발견임에 분명하다. 후쇼안의 사라시나소바는 전통이라는 계급장만 떼고 붙으면 도쿄의 사라시나호리에 결코 꿀리지 않는 수준이다.

사라시나소바가 원조 못지않은 아류라면, 구로부타소바黑豚そば는 후쇼안이 원조인 음식이다. 고급 료칸의 격전장인 유후인에서도 시설과 음식에 있어 최고의 료칸으로 꼽히는 곳이 '산소무라타山莊 無量塔'다. 객실이 12개밖에 없는 이 료칸은 1박 2식에 1인당 숙박료가 최소 50만 원(48,000엔) 이상일 정도로 후덜덜한 가격을 자랑한다. 후쇼안은 그렇게 대단한 산소무라타가 직영하는 곳이다. 그러니 공간 연출과 서비스 등이 남다를 수밖에 없다. 하지만 그것만으로는 부족했다. 촌구석에 틀어

박힌 소바집까지 손님을 유인하자면 후쇼안에서만 만날 수 있는 '유일한 그 무엇'이 필요했다.

이를 위해 소바 장인과 산소무라타의 주방장이 머리를 맞댔다. 산소무라타의 주방장은 국물을 맡았고 소바 장인은 면을 맡았다. 그렇게 해서 흑돼지고기를 우려낸 국물에 순메밀로 반죽한 소바를 만 구로부타 소바가 완성됐다. 이게 대체 돼지고기로 만든 게 맞나 싶을 정도로 기름기 한 점 없이 맑고 담백한 육수는 소바와 절묘할 정도로 궁합이 좋다. 차게 식히고 간장의 양만 좀 줄이면 영락없는 평양냉면이다. 딱 세 점 올려진 차슈는 농축된 맛과 부드러운 육질 덕분에 눈 깜짝할 새 사라진다. 0.1초를 앞당기겠다는 각오로 한계에 도전해 온 결과가 이 한 사발에 오롯이 녹아 있다. 덕분에 오늘도 일본 전국에서 몰려온 관광객들이 아무도 오를 것 같지 않은 꼬불꼬불 산길을 열심히 오르고 있다.

....

아사고(あ三五)
福岡県 福岡市 中央区 白金 1-4-14 T.092-526-4582

무라타 후쇼안(Murata 不生庵)
大分県 由布市 湯布院町 川上 1266-18 T.0977-85-2210

오뎅

한국에선 재료, 일본에선 음식

우리는 '오뎅おでん'이 일본말이기 때문에 어묵으로 순화해서 써야 한다고 배웠다. 여기서 조금 더 나가면, 어묵은 으깬 생선살을 익혀서 만든 가공식품이고 오뎅은 이를 이용해 만든 탕 또는 전골로 알고 있다. 뭐, 한국에서 살자면 이 정도 지식으로도 충분하다. 하지만 일본의 오뎅집을 가면 십중팔구 다음과 같은 상황을 연출하게 된다.

첫 번째 경우. 점원이 주문을 받는다. 오뎅을 달라고 한다. 점원은 "당신이 오뎅을 먹겠다는 것은 알겠는데 그래서 뭘 먹겠다는 소리냐?"라고 묻는다. "뭐긴 뭐냐니 오뎅이지"라며 다시 답한다. 도돌이표 같은 대화가 몇 번 이어진다. 점원도 갑갑하고 손님도 갑갑하다. 결국 다른 음식을 주문하거나 자리를 박차고 일어난다. 두 번째 경우. 큼지막한 오뎅 냄비에 담긴 재료가 제각각 이름을 가졌다는 정도는 안다. 여기까지는 좋은데 정작 이름을 모른다. 아는 일본어를 더듬어 보니 다마고, 다이콘, 다코, 곤약 정도. 결국 그가 받은 오뎅 접시에는 달걀 하나, 무 한 조각, 문어 다리 한 쪽, 곤약 한 조각이 들어 있다. 세 번째 경우. 두 번째와 아는 건 비슷한데 좀 과감한 경우다. 오뎅 냄비에 든 것들을 손가락으로 하나하나 가리키며 주문한다. 그가 받은 오뎅 접시에는 원했던 오뎅이 다양하게 담겨 있기는 한데 대체 뭘 먹었는지를 알 수 없다.

상황이 이러니 일본에서 오뎅 맛있게 먹었다는 사람을 좀처럼 만날 수 없고, 오히려 일본 오뎅은 우리 입맛에 맞지 않는다고 한다. 자신이 알고 있는 사실과 현실의 괴리에서 오는 인지부조화다. 나는 이를 본질과 과정은 무시한 채 단어 자체에만 집착한 결과라 생각한다. 오뎅 따위야 아무럼 어떻겠는가마는, 그렇게 넘기기에 이 음식은 한국의 근현대사는 물론 한국인의 삶과도 너무 밀접하다. 그러니 한번 따져 보자.

가마보코에서 어묵까지, 한국의 오뎅

1876년 강화도조약 체결과 함께 부산항은 우리나라 최초로 외국인에게 개방됐다. 이때부터 부산을 대륙 침략과 식민지배의 거점으로 활용하기 위해 많은 일본인이 몰려왔다. 사람의 이동은 생활방식의 전파를 수반하게 마련이고 특히 음식은 가장 우선적인 대상이다. 따라서 어묵은 일본인이 대거 부산항에 상륙하던 때와 거의 동시에 전해졌을 것이라는 추측이 가능하다.

물론 조선시대 궁중에서 주관하던 각종 잔치의 의식을 기록한 《진연의궤》에 등장하는 '생선숙편'이 어묵과 매우 유사한 음식이기는 하다. 아울러 당시 일본을 오가던 사신들에 의해 간혹 일본 어묵이 소개되기도 했다. 하지만 음식의 인과관계를 밝히기 위해서는 '존재했던 것'과 '존재하는 것' 사이에 구체적인 연결고리가 있어야 한다. 18세기 궁중에서 만들었던 생선숙편과 오늘날 우리가 먹는 어묵을 연결해 주는 고리는 아직 발견되지 않았다. 타당한 인과관계가 밝혀진다면 가설은 얼마든지 수정할 수 있다. 그러니 우선은 확인된 고리들만 엮어 보자.

어묵에 관한 구체적인 기록은 부산항이 개항되고 40년쯤 후에 등장한다. 부산시 중구 부평동의 '부평시장'은 1910년 우리나라에서 최초로 만들어진 공설시장이자 근대식 시장이다. 대지 1,176평 건평 311평의 목조건물에 실내 125개, 실외 137개의 점포가 있었다. 1915년 기록된 《부평시장월보》에 따르면, 쌀, 채소, 과일, 생선, 쇠고기, 두부, 건어물 등의 기본 식재료는 물론이고 가공식품, 과자, 차, 주류, 의류, 속옷을 취급하는 점포까지 망라돼 있다. 또한 어묵 가게도 세 곳이나 있었다. 비율로 봤을 때 이미 당시부터 상당히 대중적인 음식이었음이 분명하다.

그런데 《부평시장월보》에서는 어묵을 '가마보코蒲鉾'로 표기하고 있다. 가마보코는 으깬 생선살에 조미료를 더해 찌거나 구운 음식의 총칭이기도 하고, 나무판 위에 반달 모양으로 성형해 찌거나 구운 특정 어묵을 가리키는 단어이기도 하다. 일본에서는 우동, 라면, 잔폰의 고명으로 주로 사용되고, 특히 새해에 먹는 떡국에는 반드시 들어가는 재료다. 부산항 개항 직후는 물론 그 후로도 아주 오랜 기간 동안 어묵은 '가마보코'라는 일본어 그대로 한국에서 사용되었다.

오뎅이 가마보코를 대체하게 된 것은 시대적 상황과 언어적 특성에 기인한다. 1930~40년대 신문 기사나 소설

으깬 생선살을 나무판자 위에 올려 반달 모양으로 성형한 다음 찌거나 구운 '가마보코'는 일본의 대표적인 어묵이다.

에는 오뎅이라는 음식이 더러 등장한다. 당시만 해도 일본요릿집 혹은 요정에서나 먹을 수 있는 고급음식이었다. 서민들로서는 쉽게 접할 수 없는 음식임이 분명했다. 더군다나 오뎅은 가마보코보다 발음하기도, 기억하기도 쉬웠다. 이런 이유로 오뎅에 대중의 욕망과 편의성이 투영되었다. 고등어구이에 '고갈비'라는 명칭을 붙이듯 가마보코 대신 오뎅이라는 명칭이 사용되었다. 1970년대까지도 둘은 혼용되고 있었다.

이후 어묵이 본격적인 길거리음식으로 등장하기 시작하면서 가마보코는 점점 사라지고 오뎅이 확고한 지위를 확보했다. 또 한편에서는 가마보코도 오뎅도 아닌 우리식 명칭을 찾는 노력이 이어졌다. 식품위생법상의 표기 때문이다. 신성한 법률 용어에 일본어를 쓸 수는 없는 노릇이었다. 고기떡, 생선묵 등을 거쳐 1980년대부터 어묵이라는 명칭이 확정되었다. 이때부터 30년 가까이 대중의 언어습관 속에서 오뎅과 어묵의 치열한 싸움이 전개되고 있다.

그럼, 오뎅이라는 음식의 실체는 대체 뭘까? 지금부터는 무대를 12세기의 일본으로 옮겨 보자.

풍년을 기원하던 축제의 음식

일본어로 오뎅을 표기하면 존경과 공손의 뜻을 가진 접두사 '오お'에 밭 '전田' 자가 붙는다. 어원을 따져 보면, 밭 '전' 자에 음악 '악樂' 자가 붙은 '덴가쿠田樂'라는 단어가 나온다. 이를 우리식으로 풀이하면 농악

두부, 곤약, 민물생선, 토란 등을 꼬챙이에 꿰어 붉은 된장 양념을 발라 숯불에 구워 먹는 '덴가쿠'는 오뎅의 원형이었던 음식이다.

이다. 농경민족이었던 한국과 일본은 너 나 할 것 없이 논밭에서 풍년을 기원하고 수확의 기쁨을 나누는 축제를 즐겼다. 그것이 한국에서는 농악이고 일본에서는 덴가쿠다. 축제에 음식이 빠질 수 없는 법. 일본인은 두부를 나무 꼬챙이에 끼우고 된장을 발라 숯불에 구워 먹었으니, 이 음식의 이름 역시 덴가쿠라 했다. 농악 때 쓰이는 깃발의 모양과 비슷하다 보면 되겠다.

시간이 흘러 덴가쿠는 실내로 들어와 일상의 음식이 되었다. 구워 먹기만 하던 것을 국물을 자작하게 해서 조려 먹기에 이르렀다. 모양은 같아도 구워 먹는 것과 조려 먹는 것을 구분할 필요가 있었다. 구운 것은 그대로 덴가쿠라 하고, 조린 것은 오뎅이라 했다. 들판에서 먹던 덴가쿠

한국의 농악처럼 풍년을 기원하고 추수의 기쁨을 나누던 축제를 일본에서는 '덴가쿠'라고 한다. 그리고 이때 나눠 먹던 음식의 명칭 또한 '덴가쿠'라고 했다.

는 함께 만들어 함께 나누는 음식이었지만, 오뎅은 여성이 만들어 남성에게 바치는 음식이었다. 그래서 음악을 뜻하는 '악'이 빠지는 대신 존경과 공손의 뜻을 가진 '오'가 붙었다.

덴가쿠는 지금도 그 원형이 고스란히 남아 있지만 대중음식으로까지 발전하지는 못하고 일부 지역의 향토음식으로 그 명맥을 유지하고 있다. 특히 규슈 구마모토현의 향토음식으로 유명하다. '이로리いろり'라는 일본식 화로에 모래를 깔고 가운데 숯불을 피운 다음, 두부, 곤약, 가지, 산천어 등에 아카미소(붉은 된장)와 산초를 섞은 양념을 발라 꼬치에 끼워 구워 먹는다. 특별히 맛있는 음식이라기보다는 그 토속적인 느낌이 흥미로운 정도다.

이에 반해 덴가쿠에서 파생된 오뎅은 17세기 에도시대에 접어들면서 급속히 대중화되었다. 간장의 대중화와 가마보코의 유행 덕분이다. 에도시대 도쿄 주변 지역에서는 간장 양조업이 발달했다. 당시 간장은 서민들에게까지 널리 보급됐고 만능 조미료로 그 쓰임새가 다양했다. 오뎅에도 된장 대신 간장이 쓰였는데, 가쓰오부시와 다시마를 우린 국물에 간장으로 간을 맞췄다. 국물이 묽어지고 양도 많아지니 조림이 전골이 됐다. 두부 외에 무, 곤약, 유부 등 재료도 다양해졌다. 그리고 가마보코가 투입되기 시작했다.

에도시대 이전만 하더라도 가마보코는 지역의 영주들이 공을 세운 무사에게 상으로 주던 일종의 하사품이었다. 지배계급의 음식이었고 그만큼 귀한 음식이었던 셈이다. 혼란스러운 정국이 통일되고, 강력한 일본의 오뎅은 그 낱낱의 재료들이 저마다의 명칭을 가지고 있다. 그래서 일본의 오뎅집에서 이를 제대로 먹자면 최소한의 명칭은 알아 두는 것이 좋다.

봉건체제 도쿠가와 막부의 수도였던 에도에는 사람도 물자도 풍부했다. 지배계급이 향유하던 문화의 일부가 대중의 삶 속으로 유행처럼 퍼졌다. 가마보코 역시 그렇게 퍼졌고 오뎅과 만났다. 이때부터 오뎅은 어엿한 요리로, 술안주로 대중의 인기를 끌었다. 특히 큼지막한 냄비에 국물과 갖은 재료를 넣고 오래 끓일수록 깊어지는 맛은 오뎅의 큰 장점이었다. 주인은 주문받은 만큼 담아내기만 하면 되고, 손님은 기다릴 필요가 없었다. 말 그대로 '에도의 패스트푸드'였다.

그 전통을 이어받아 오뎅은 지금도 포장마차(야타이)나 편의점의 단골 메뉴다. 오니기리(1978년)에 이어 1979년 오뎅을 최초로 판매한 편의점 역시 세븐일레븐이었다. 이후 모든 편의점으로 확산되었고, 겨울 시즌에만 한시적으로 판매하던 것을 지금은 연중 취급하는 곳이 늘고 있다.

어묵만으론 오뎅이 되지 않는다

에도시대에 이미 그 형태가 완성된 오뎅은 몇몇 재료가 추가되거나 지역별로 국물을 내는 방식에 약간의 차이가 있을 뿐 지금까지 그 형태가 온전히 유지되고 있는 음식이다. 따라서 지금부터는 오뎅에 들어가는 그 낱낱의 재료를 한번 알아보자.

일단 주연 격인 어묵은 '가마보코'라고만 해도 어지간하면 주문이 가능하다. 가장 광범위하고 보편적인 명칭이기 때문이다. 대구, 명태, 메퉁이, 도미, 조기, 붕장어, 복어 등의 흰살 생선을 으깨고 조미해 찌거나, 굽거나, 튀긴 것은 모두 가마보코에 해당된다. 그렇다고 가마보코 하나만으로 '아는 척'하기에는 여러모로 무리가 있으므로 약간의 심화학습이 필요하다.

가마보코 외에 일본 어묵의 명칭은 크게 모양과 지역에 따라 나뉜다. 우선 모양에 따른 명칭으로는 지쿠와ちくわ, 마루텐丸天, 한펜はんぺん이 있다. 속이 비어 있고 길쭉하게 생긴 지쿠와는 그 생김새가 대나무 마디를 닮았다 해서 붙은 이름이다. 나무나 쇠로 된 꼬챙이에 생선 반죽을 발라 구워서 만든다. 마루텐은 생선 반죽을 둥글고 납작한 모양으로 성형해 튀긴 것을 말한다. 이에 반해 반달 모양이나 삼각형으로 생긴 것은 반쪽이라는 의미로 한펜이라 한다.

지역 특산물로 대표적인 것은 자코텐じゃこ天과 사쓰마아게さつま揚げ다. 시코쿠 에히메愛媛현의 특산물인 자코텐은 농어목에 속하는 '호타루자코'라는 생선을 뼈째 으깨 납작한 모양으로 성형해 튀긴 어묵이다. 특히 자코텐은 연근해에서 잡힌 잡어를 뼈째 갈아서 만들던 옛날 부산 어묵과 그 형태와 맛이 아주 유사해 한국인에게도 제법 친근하게 느껴지는 음식이다. 사쓰마아게는 가고시마 인근 바다에서 잡은 생선에 가고시마의 명물인 고구마소주와 설탕을 섞어 반죽해 튀긴 어묵이다. 가고시마뿐만 아니라 규슈의 어지간한 이자카야에서는 빠지지 않는 안주이기 때문에 기억에 두면 쓸모가 많다.

그런데 흥미로운 점은 일본 오뎅에서는 주연 못지않게 조연들의 활약이 두드러진다는 사실이다. 몸값 역시 주연 못지않다. 특히 무와 문어는 그 모양이 대나무 마디를 닮았다 해서 이름 붙여진 '지쿠와'(위), 생선을 뼈째 으깨 납작한 모양으로 성형해 튀겨 낸 에히메현의 '자코텐'(가운데), 반달 혹은 삼각형 모양으로 생긴 '한펜'(아래).

오뎅집의 수준을 결정짓는 명품 조연이다. 이외에도 양배추에 쇠고기를 넣은 롤캐비지, 스지, 곤약, 달걀, 유부, 토란, 은행, 버섯 등도 눈여겨볼 만하다. 한마디로 일본의 오뎅은 각자의 주머니 사정에 따라 마음에 드는 주연과 조연을 적절히 캐스팅해 골라 먹는 재미가 있는 음식이다.

오뎅 박물관, 하루야

오뎅의 맛과 더불어 '에도의 패스트푸드'였던 전통적인 분위기까지 함께 즐기기 위해서는 그럴듯한 오뎅집보다는 야타이가 제격이다. 야타이의 도시답게, 후쿠오카에 가면 오뎅을 파는 야타이를 어렵지 않게 만날 수 있다. 추운 겨울날 야타이의 천막을 들추었을 때 오뎅 냄비에서 올라오는 김에 안경이 뽀얗게 흐려지면, 그 순간 몸도 마음도 위로받는 느낌이 든다.

하지만 규슈에서 '오뎅 야타이'로 유명한 곳은 후쿠오카가 아닌 기타큐슈시 고쿠라다. 이곳에 있는 단가시장 맞은편 광장에는 1945년을 전후해 오뎅을 파는 야타이가 하나둘 생겨났다. 전성기 때는 10여 채를 헤아렸으나 지금은 달랑 3채만 남았다. 그나마도 하나는 라멘을 파는 곳이라 오뎅을 파는 야타이는 두 곳에 불과하다. 그런데도 고쿠라의 오뎅 야타이가 유명한 것은 2대째 57년 동안 이곳을 지키고 있는 '하루야 はる屋' 덕분이다.

오뎅 노포로서 하루야의 진가는 자리에 앉는 순간 확인할 수 있다.

'오뎅 박물관'이라 해도 과언이 아닐 정도인 '하루야'의 오뎅 냄비에는 50여 가지의 재료가 담겨 있다. 특히 재료 각각의 맛을 듬뿍 머금은 무와 문어는 그 부드러운 질감과 씹을수록 우러나는 깊은 맛이 일품이다.

오뎅 야타이 덕분에 고쿠라의 밤은 왠지 훈훈하다. 특히 '하루야'는 오뎅뿐만 아니라 다나카와 사장의 넉넉한 인심과 넉살 좋은 말솜씨 덕분에 더욱 정겹게 느껴진다.

둥글고 큼지막한 오뎅 냄비에는 계절에 따라 약간의 차이가 있지만 항상 50여 종의 재료가 익어 가고 있다. 가마보코, 자코텐, 한펜, 마루텐, 사쓰마아게, 쓰쿠네(생선살이나 닭고깃살에 달걀·녹말을 섞어 경단처럼 둥글게 반죽해 튀긴 것), 무, 곤약, 달걀, 롤캐비지, 버섯, 은행, 두부, 유부주머니, 깍지콩……. 냄비 자체가 작은 '오뎅 박물관'이라 해도 과언이 아니다. 때문에 '무엇을, 그리고 몇 개나 먹어야 할까?'가 이곳에서의 유일한 고민이자 치명적인 갈등이다.

우여곡절 끝에 갈등을 끝내고 결정을 하면, 한 입에 먹기 좋은 크기로 자른 오뎅이 담긴 접시와 국물을 담은 사발 하나를 내준다. 먼저 국물부터 한 모금 마신다. 가쓰오부시와 다시마에 닭껍질을 더해 하루 종일 끓여 낸 국물은 그 자체로는 그리 대단하지 않았을지도 모른다. 하지만 50여 가지 재료에서 우러나온 맛이 더해지면서 쉽사리 규정할 수 없는 깊은 맛이 창조되었다. 국물 인심은 더없이 후해 사발이 비기가 무섭게 채워 준다.

반세기가 넘게 이어 온 집이니 재료가 익어야 할 맞춤한 타이밍을 잡는 것 정도는 일도 아니다. 오뎅은 막무가내로 푹 익혀 먹는 음식이 아니다. 탄력이 있어야 할 것은 탄력이, 아삭해야 할 것은 아삭함이, 부드러워야 할 것은 부드러움이 살아 있어야 한다. 특히 부드럽고 야들야들하면서 씹을수록 맛이 우러나는 문어는 명불허전이다. 모든 재료가 1개에 120엔인 데 반해 문어만 500엔이다. 터무니없는 가격이지만 워낙 뜻밖의 맛이라 가격 따위는 안중에도 없다.

하루야의 오뎅 맛이 더욱 각별한 것은 2대째 포장마차를 운영하고 있는 다나카와 사장 때문이다. 넉넉한 풍채에 한없이 푸근해 보이는 표정의 다나카와 사장은 항상 깨끗하게 손질한 하얀 조리사복을 단정하게 차려 입고 손님을 맞는다. 고객에 대한 예의이자 요리사로서의 각오를 다지는 그만의 원칙일 것이다. 오뎅 재료를 일일이 살피고, 국물에 뜬 기름과 불순물을 걷어 내고, 행여 손님의 국 사발이 비어 있으면 재빨리 채워 주면서도 쉴 새 없이 대화를 하고 미소를 잃지 않는다. 대체 무슨 말을 그렇게 열심히 하는지 다 알아들을 수는 없지만, 그의 표정을 보는 것만으로도 술맛이 절로 당긴다.

어럽쇼? 그런데 술이 없다. 술안주의 최고봉이라 할 오뎅을 파는 야타이에서 술을 팔지 않는다. 하루야만 그런 게 아니고 주변 야타이가 모두 그렇다. 언뜻 이해되지 않는 이 원칙이 벌써 50년 넘게 지켜지는 전통이란다. 그러니까 시작은 1950년대 후반이다. 야타이에서 술을 마신 취객들이 여기저기 노상방뇨를 일삼는데다 폭행 사고도 잦았다. 급기야는 살인 사건까지 벌어졌다. 이러다 큰일 나겠다 싶어 업주들 스스로의 결의로 야타이에서 술을 치워 버렸다. 술이 사라지니 오히려 뜻밖의 변화가 생겼다. 취객으로 북적이던 야타이를 여성 고객과 가족 단위 고객들이 찾기 시작했다. 술 매상이 줄어든 대신 좌석 회전율이 높아졌다. 그렇게 고쿠라의 오뎅 야타이는 술을 팔지 않는 포장마차의 전통을 갖게 되었다.

세상이 평화로워지고 관광객이 고객의 큰 비중을 차지하다 보니 이제 그만 술을 팔아도 괜찮을 것 같지만, 기왕에 만들어진 전통을 고수하기로 했다. 대신 편법을 썼다. 술을 팔지는 않지만, 손님이 술을 가져오는 것은 언제나 환영이다. 주종에 따라 잔까지 맞춰서 내준다. 포장마차 건너편에는 대형 슈퍼마켓과 24시간 영업하는 편의점까지 있다.

오뎅 박물관을 방불케 하는 오뎅 냄비가 2대째 끓고 있고, 친절하고 인심 좋은 사장이 있으며, 다종다양한 술이 있으니 이곳이야말로 술꾼들의 안식처다. 때문에 하루야는 오뎅이라는 음식의 진정한 미덕을 발견할 수 있는 곳이다.

8년째 하루야의 단골인 입장에서 한 가지 힌트를 드리자면, 하루야는 저녁 8시에 시작해 새벽 3~4시쯤 영업을 종료한다. 따라서 가능하다면 초저녁에 한 번 가서 간단하게 맛만 보시고, 영업을 종료할 때쯤 다시 한 번 가 보시길 권한다. 수십 가지 재료의 맛이 밤새 우러난 그 국물 맛은 도대체 뭐라 표현할 수 없을 정도로 불가사의하면서도 매력적이다.

하루야(はる屋)
福岡県 北九州市 小倉北区 馬借 1 T.090-3663-1180

3

傳統
전통

만들어지거나 혹은 재해석되거나

가쿠우치

일본과 조선의 그늘이 만들어 낸 공간의 매력

경남 통영에 가면 '다찌집'이라는 독특한 방식의 술집이 있다. 소주나 맥주 몇 병을 주문하면 인근 바다에서 잡힌 해산물을 중심으로 푸짐한 술상이 차려진다. 폼나는 일품요리는 없지만 하나같이 신선하며, 경상도 해안가 특유의 카랑카랑한 손맛이 느껴지는 안주들이다. 술을 추가하면 안주도 덩달아 늘어나기 때문에 술꾼들의 술병은 하릴없이 비워지게 마련이다.

그런데 이 '다찌'라는 명칭이 좀 어색하다. 이는 서서 마시는 술집이라는 뜻을 가진 일본어 '다치노미立ち飲み'에서 비롯되었다. 일제강점기 통영은 남해안 수산업의 중심 도시로 일본인이 많이 살았다. 자연스레 일본 용어가 일반화됐을 것이고, 그 과정에 다치노미는 곧 '술집'을 뜻하는 단어로 정착되었다. 한때 일본의 흔적을 지우기 위해 '실비집'이라는 명칭이 유행하기도 했고, 다찌가 '다 있지'라는 우리말에서 비롯되었다는

기발한 해석이 등장하기도 했다. 마산에서는 이를 '통술집'이라 부른다. 하지만 '○○다찌'라는 상호를 가진 술집이 큰 성공을 거두면서 이제 '다찌집'은 통영만의 독특한 스타일의 술집을 일컫는 보통명사가 되었다.

그들도 우리처럼

일본의 다치노미는 조선시대의 주막처럼 에도시대부터 생겨난 간이 술집이다. 말 그대로 엽전 한두 푼을 내고 간단하게 목을 축일 수 있는 곳이었다. 근대까지 이어지던 다치노미는 태평양전쟁 막바지, 일본 정부가 술을 배급제로 전환하면서 잠시 주춤하다 1949년 이후 다시 등장했다. 특히 1960~70년대 고도성장기에 접어든 일본에서 다치노미는 노동자·서민들에게 더할 나위 없는 안식처였다.

선 채로 간단한 술과 안주를 즐기던 기타큐슈시의 가쿠우치는 노동자들의 고단한 일상을 달래 주던 공간을 넘어, 이제는 지역의 소중한 문화유산으로 정착해 가고 있다.

역사는 반복되게 마련이다. 장기불황에 빠진 일본에서 다치노미는 새롭게 주목받고 있다. 희망도 사그라지고 주머니도 얇아진 이들에게 직장이나 역 근처에서 만나는 다치노미는 40~50년 전 그때처럼 안식처 역할을 한다. 요즘은 맥주나 와인 등을 전문으로 하는 세련되고 특화된 다치노미까지 등장하고 있다.

후쿠오카현 기타큐슈시에는 술을 서서 마신다는 형태는 다치노미와 같지만, 근본적으로 차이가 있는 '가쿠우치角打ち'가 지역의 명물로 정착되어 있다. 다치노미는 술을 서서 마실 뿐 엄연히 주점 허가를 받아야 하는 업종인 데 반해, 가쿠우치는 주점이 아니다. 술을 판매하는 상점 구석에 선반이나 술 상자를 쌓은 간이 탁자를 만들어 잔술이나 병맥주 따위를 팔던 곳이다. 조리시설이 있었던 것도 아니니 안주라 해 봐야 땅콩, 어육소시지, 캔 등이 고작이었다. 일본은 우리네 구멍가게처럼 동네마다 청주, 소주, 맥주 등을 파는 주류 판매점이 있었고, 이런 주류 판매점은 거의 간단히 술을 마실 수 있는 공간을 따로 두고 있었다.

그런데 일본 어디에나 있던 이런 공간이 왜 유독 기타큐슈에서만 활성화되고 '가쿠우치'라는 독자적인 이름까지 갖게 되었을까? 이는 지역의 특성과 관련이 깊다. 일본의 4대 공업지대의 하나인 기타큐슈는 이미 1901년에 국영 제철소가 세워지면서 중화학공업지대로 개발됐다. 근대화, 전쟁, 산업화의 수순을 밟아 왔던 일본에게 '산업의 쌀'이라 일컬어지는 철은 무엇보다 중요했다. 기타큐슈에는 노동자가 몰려들었고, 공장은 24시간 3교대로 풀가동되었다. 고된 노동에 지친 노동자들에게는 술집에 느긋하게 앉아 술을 즐길 여유도 돈도 없었다. 그렇다고 그냥 잠을 청하자니 삶이 너무 각박했을 터. 집 근처 주류 판매점에 마련된 가쿠우치는 그들에게 소박하지만 유일한 삶의 활력소였을 것이다.

 한편, 제철과 중화학공업이 발달하기 위해서는 연료 공급이 관건이었다. 기타큐슈 인근에 있는 지쿠호筑豊 지역은 일본의 대표적인 탄전으로 19세기 후반부터 본격 개발되었다. 기타큐슈가 중화학공업지대로 발전한 배경에는 지쿠호의 석탄이 있었기 때문이다. 그런데 태평양전쟁이 한창이던 1939년에서 1944년까지 지쿠호 탄광에는 약 10만 명의 조선인이 강제 징용되었다. 열악하기 이를 데 없는 작업장에서 1만여 명이 넘는 조선인이 목숨을 잃었다. 살아남은 사람들 가운데 다행히 조국 땅을 밟은 이도 있었지만 많은 수가 그대로 일본에 정착했다. 그리고 그들 대부분은 기타큐슈 공업지대의 노동자가 되었다.

지금은 석탄 박물관으로 바뀐 지쿠호 탄광의 모습. 이곳에는 강제 징용되어 노동력을 착취당한 10만 조선인의 한과 고통이 서려 있다.

가쿠우치가 내 관심을 끈 것은 바로 이러한 역사적 사실 때문이다. 기타큐슈의 가쿠우치는 비단 일본인 노동자들뿐만 아니라, 강제 징용당해 이국땅에서 생을 보낸 조선인들이 고단한 삶과 조국에 대한 그리움을 달래던 곳이기도 했다.

세월이 흘러 생활의 여유가 생기고, 산업구조의 변화로 중화학공업이 쇠퇴함에 따라 기타큐슈의 위상 또한 예전 같지 않다. 가쿠우치의 숫자도 많이 줄어들었다. 그럼에도 기타큐슈에는 아직도 200여 곳의 가쿠우치가 남아 있다. 가쿠우치가 가진 지역적·역사적 가치에 주목한 시민들 가운데 몇몇은 이를 지역을 대표할 만한 문화 아이콘으로 키우기 위해 '기타큐슈 가쿠우치 문화 연구회'(가쿠분켄)를 만들었다.

가쿠분켄은 지역 내 가쿠우치의 현황과 특징 등을 조사하고, 가쿠우치의 가치를 알리기 위한 출판·홍보 활동을 벌이고 있다. 2005년 여덟 명이 의기투합해 시작한 것이 지금은 회원 수 250여 명을 헤아린다. 회비도 회칙도 없이 오로지 이메일로만 정보를 교류하는 자발적이고 느슨한 모임이지만, 회원들의 참여 열기는 의외로 뜨겁다. 이들의 활동 덕분에 이제 가쿠우치는 기타큐슈를 대표하는 브랜드로 정착했다.

술맛보다 인정에 취하는

흥미로운 사실은 가쿠분켄의 사무국장이 한국인 여성이라는 점이다. 대학 졸업 후 일본에서 20년 넘게 살고 있는 김성자 씨는 현재 기타큐슈의 로컬매거진을 발행하며 가쿠분켄의 사무국장으로도 활발한 활동을 벌이고 있다. 김 사무국장의 안내로 기타큐슈 시내에 있는 가쿠우치 몇 곳을 돌았다.

어디든 일단 술값이 저렴했다. 주점의 가격이 아닌 소매가격이기 때문이다. 안주 역시 몇 백 엔에 불과했다. 예전에는 캔에 든 안주가 대부분이었지만, 요즘은 조리사 면허를 획득해 간단한 안주를 조리해 주는 곳도 더러 생겼다. 정형화되고 그럴듯한 요리라기보다는 집에서 간단히 해 먹을 수 있는 것이 대부분이었다. 그런 소박함이 오히려 정겹게 느껴졌다. 500엔짜리 동전 하나면 어떻게든 술 한잔은 할 수 있다. 취할 때까지 마시는 공간이 아니기에 서서 마시는 것 자체는 아무런 문제가 되지 않았다. 가쿠우치는 주인장의 성격에 따라 혹은 동네 분위기에 따라 각양각색이었다. 이 또한 가쿠우치만의 매력이다.

가쿠분켄이 왜 가쿠우치를 지역을 대표하는 브랜드로 생각했는지 그제서 이해가 되었다. 이곳은 지역민의 생생한 삶의 모습을 들여다볼 수 있는 공간임에 분명했다. 때문에 가쿠우치는 일종의 사랑방과 같은 역할을 한다. 동네 소식과 주민들의 근황이 교류되고 전파되는 전통적 커뮤니티였다.

이방인의 방문에 처음에는 약간 신경을 쓰는 듯한 눈치였지만 이내 아무도 개의치 않았다. 경계심이 허물어지니 오히려 살가운 태도를 보였다. 스스럼없이 술 한잔을 권하다 기분이 내키면 부담 없이 한잔 내는 소소한 재미와 인정도 느낄 수 있다. 여기나 거기나 사람 사는 모습은

동전 몇 푼으로 술과 안주를 먹을 수 있는 가쿠우치는 모든 사람이 동등해지는 곳이다. 아울러 조선인 징용자와 일본인 노동자의 역사와 삶이 생생하게 녹아 있는 공간이기도 하다.

매한가지였다. 김 사무국장은 "모든 사람이 동등하다"는 점을 가쿠우치의 가장 큰 매력으로 꼽았다. 하긴 가쿠우치에서는 부자건 노동자건 동전 몇 푼이면 충분했다. 술 한잔하자는데 지위 고하나 연령, 출신 따위는 아무런 문제가 되지 않았다.

가쿠우치 순례의 마지막이었던 것으로 기억한다. 술기운도 적당히 돌고 어색함도 사라진 터라 대화가 꽤 활발히 진행되고 있었다. 옆 탁자에서 술을 마시던 노인이 다가오더니, 어눌한 한국어로 반갑다며 악수나 한 번 하자신다. 단골 술집에서 들려오는 모국어가 너무 반가워 청하는 것이라 했다. 얼떨결에 손을 내밀었다. 여든이 넘은 노인은 자신이 조총련계라고 했다. 1960년대 재일교포들의 북송 투쟁에 앞장섰던 과거를 자랑스럽게 회상하는 노인의 모습에서, 현실감각은 무뎌졌고 시대의 변화 따위는 무색해 보였다. 그의 이야기가 더 듣고 싶었지만 참을 수밖에 없었다. 과거에 머물러 있는 그의 시간과 현재를 지나고 있는 나의 시간 사이에 남과 북의 이념 대립은 여전히 존재했기 때문이다.

일본의 근대화와 전쟁의 아수라장, 패전의 혹독함, 고도성장의 그늘, 그 시절을 견뎌야 했던 일본인 노동자와 조선인 징용자 그리고 자이니치(재일교포)……. 가쿠우치의 작은 공간 속에는 그 모든 역사와 삶이 생생하게 녹아 있었다. 세상에 하고많은 술집이 있어도 스토리를 간직한 술집만큼 매력적인 곳은 없다. 바로 이 점이 가쿠우치의 진정한 매력이고 가치다.

소바가도

진짜 뺨치는 가짜가
시작하는 전통

　메밀은 개간지나 황무지에서도 잘 자라고, 저온에 강하며, 75일이라는 단기간에 수확이 가능하다. 때문에 아주 오래전부터 구황작물로 재배돼 왔다. 이러한 특성 때문에 지금도 메밀의 주요 산지는 일본 북부 지방이고, 소바 역시 그에 따라 발전해 왔다. 메밀을 주재료로 하는 냉면이나 막국수가 평양이나 강원도에서 발달해 온 한국과 비슷하다.

　그런데 메밀의 주요 산지도 아닐뿐더러 소바와 관련된 역사적 전통이 전혀 없는 남쪽 섬 규슈 한복판에 소바로 유명한 동네가 있다. 국도를 따라 주변에 소바 전문점이 하나둘 생겨나더니 어느덧 스무 곳이 넘어 '소바가도そば街道'라는 그럴듯한 명칭까지 붙었다. 덕분에 한적한 시골 마을에 해마다 수십만 명이 넘는 관광객이 일부러 찾아오는 상황까지 벌어진다. 대체 이 동네가 무슨 이유로 소바로 유명해졌는지, 지금부터 그 내력을 살펴보기로 하자.

좋은 물밖에 없는 곳의 변신

구마모토현 아소阿蘇군 미나미오쿠니초南小國町(초町는 우리나라 읍에 해당한다). 규슈의 명산인 아소산을 끼고 있는 이 지역은 물이 맑고 공기가 청정한 곳으로 유명하다. 하지만 산이 대부분이라 딱히 내세울 만한 산업이 없다. 벌목과 나물 채취가 고작이었다. 근처에 유명한 온천이 있기는 하지만 규모가 크지 않아 지역경제에 미치는 영향은 미미했다. 젊은이들이 고향을 떠나 급속한 노령화도 진행되고 있었다.

1980년대 후반, 이 지역 출신 네 명의 젊은이가 뜻을 모았다. 죽어 가는 고향을 부흥시키기 위한 일환으로 5월에 '산천어 잡기 축제'를 개최했다. 기대 이상의 성과를 거두었지만 축제 기간 동안의 반짝 효과에 불과했다. 일회성 이벤트로는 관광객 유치에 한계가 있다고 생각한 이들은 일 년 내내 관광객을 유치할 수 있는 콘텐츠를 고민하기 시작한다.

그러다 근처에 있는 구로카와 온천의 료칸조합장 출신인 오가사와라 가즈오小笠原和男 씨를 만난다. 소바 요리사 출신인 그는 고향에 소바 전문점을 한번 열어 보는 것이 어

미나미오쿠니초의 젊은이들은 지역의 전통과 전혀 상관없는 소바를 명물로 내세워 '소바가도'를 형성하고 말았다. 이렇듯 전통은 반드시 오래된 것만이 아니라 아주 사소한 것으로부터 새롭게 창조되기도 한다.

떻겠냐는 제안을 한다. 젊은이들은 "대체 우리 동네가 메밀이랑 무슨 상관이 있어서?"라는 반응을 보인다. 그러자 그는 "반죽하는 데 꼭 필요한 좋은 물이 있고, 때 묻지 않은 자연환경은 왠지 소바와 잘 어울릴 것 같지 않아? 그것으로 충분해!"라고 말한다. 결국 이들은 조금은 황당한 이 제안을 받아들이고, 1995년 11월 동업 형태로 첫 번째 소바 전문점을 열게 된다.

청년들은 소바와 관련한 그 어떤 전통도 없는 곳에서 전문점을 열면서 '전통'을 만들어 버리는 전략을 선택한다. 100년 된 전통가옥을 구입해 식당으로 개조했다. 아주 낡고 오래된 소바 전문점처럼 보이려는 의도였다. 그리고 장인의 기술을 전수받아, 일본산 메밀만을 사용한 수타면을 뽑았다.

분위기에 맛까지 완성됐으니 대도시 유명 전문점 못지않은 높은 가격을 책정했다. 이 또한 의도적이었다. 전략은 적중했다. 입소문을 타고 사람들이 몰려들었다. 때 묻지 않은 자연 속에 터를 잡은 전통가옥에서, 일본산 메밀을 사용해 장인의 솜씨로 만든 소바를 먹는다는 사실이 관광객의 욕구를 자극한 것이다. 주말에는 손님들이 줄을 서서 기다리기 시작했고 그에 따라 소바 전문점이 하나둘 늘어나기 시작했다. 불과 15년 만에 20여 곳이 생겼고, 연간 방문객은 20만 명 이상으로 늘어났다. 이것이 바로 규슈 구마모토현에 있는 '소바가도'의 탄생 스토리다.

이 대목에서 오가사와라 씨를 비롯한 네 명의 젊은이들이 팔고자 했던 게 과연 무엇이었는지를 눈여겨볼 필요가 있다. 이들이 판 것은 단순히 소바라는 음식이 아니다. 그들은 자연, 전통, 맛이라는 삼박자가 이뤄 내는 판타지를 팔았다. 관광객들은 그 판타지에 홀려 몇 시간씩 차를 타고 달려와 소바 한 그릇에 1,800엔이 넘는 돈을 기꺼이 지불했던 것이다.

물려받은 전통이 아니라 창조하는 전통

그 현장을 직접 확인하기 위해 '가쿠레안隠庵'이라는 제법 유명한 소바 전문점을 찾았다. 이곳 역시 지은 지 100년이 넘은 전통가옥을 해체·복원하는 방식으로 지어졌다. 그러다 보니 10년 남짓 된 곳이 마치 100년은 족히 된 음식점인 양 고풍스럽다. 세월의 때가 묻은 실내 역시 주변을 둘러싼 자연환경과 완벽한 일체감을 형성한다.

계곡을 끼고 터를 잡은 덕분에 시원한 물소리가 전해 오는 청량함 또한 기분을 들뜨게 한다. 옛 속담에 "물 좋고 정자 좋은 데가 있으랴" 했건만, 만들어진 전통 앞에서는 경험으로 굳어진 세상 이치마저 무색하다. 이 정도 분위기라면 얼마를 지불해도 좋을 것 같고, 무슨 음식을 먹어도 맛있을 듯싶다.

소바 맛 역시 그 분위기에 결코 지지 않았다. 일본에서는 에도시대부터 좋은 소바에 대한 기준이 명확하게 전해 내려온다. 색이 곱고, 길게 이어지고, 유연하되 부러지지 않고, 탄력이 있어야 하고, 단맛이 나며, 메밀 향이 은은하게 감돌아야 한다. 가쿠레안의 소바는 이러한 기준을

자연과 어우러진 '가쿠레안'의 고풍스런 분위기는 소바의 맛과 향을 한층 돋워 준다. 아울러 주변의 산과 들에서 채취한 각종 식재료를 적극 활용함으로써 지역성까지 살리고 있다.

충실하게 구현하고 있다.

　게다가 향토색까지 느낄 수 있다. 소바는 메밀로 만든 면을 소바쓰유에 찍어 먹는다. 소바쓰유에는 보통 와사비, 파, 무 등을 고명으로 곁들인다. 하지만 가쿠레안에서는 고명으로 지역의 특산물인 매운 무를 올린다. 이 무는 순무처럼 톡 쏘는 맛과 향이 강하지만 소바 특유의 풍미와 잘 어울린다. 구색을 맞춘다며 디저트까지 소바 아이스크림을 낸다.

　소바는 소화가 잘되는 음식이기 때문에 일본에서는 채소와 새우 등을 튀긴 덴푸라를 곁들이는 것이 일반적이다. 소바가도에 있는 소바 전

소바가도의 소바집들은 100년이 넘은 전통가옥을 해체·복원하는 방식을 통해 전통적인 분위기를 인위적으로 연출했다. 하지만 그 솜씨가 워낙에 꼼꼼해 전혀 어색하지 않다.

문점에서는 이 덴푸라의 주재료 역시 주변에서 채취한 각종 산나물을 사용한다. 사소하지만 의미 있는 변화 덕분에 향토색과 더불어 계절감까지 느낄 수 있다. 몇 년 전부터는 메밀을 직접 생산하기 시작해, 점점 재배 면적을 늘려 가는 추세라고 한다.

  고향을 살리겠다는 열정으로 시작된 일이 관광객을 유치하고, 고용을 창출하고, 지역 특산물의 소비를 촉진하고, 새로운 작물의 재배로까지 이어지니 그 파급 효과가 만만치 않다.

  물려받은 것만이 전통은 아니다. 지금부터 창조하는 것 역시 전통이 될 수 있다. 디즈니랜드 같은 테마파크만 판타지라 생각하면 진부하다. 내게 없는 것보다는 내가 가진 것에 집중하면 된다. 스토리는 그 속에서 잉태된다. 끈기와 노력 그리고 네트워크만 있으면 좋은 음식은 어떻게든 만들 수 있다. 제대로 된 음식에 그럴듯한 스토리가 결합되면 그게 곧 판타지다. 대신 치밀하고 정교해야 한다. 가짜인 줄 알면서도 진짜 뺨칠 정도로 그럴듯해야 지갑이 열린다. 누구나 다 아는 얘기지만 이를 구현하는 것은 결코 만만찮은 작업이다.

....

시로카와소바 가쿠레안(白川そば 隠庵)
熊本県 阿蘇郡 南小国町 白川温泉 T.0967-44-0579

아유야나바

기다림 끝에서만 만날 수 있는

후쿠오카시에서 자동차를 타고 남동쪽으로 한 시간쯤 달리면 오이타大分현 히타日田시에 닿는다. 행정구역상으로는 오이타현에 속해 있지만, 지리적으로나 생활권으로나 후쿠오카와 더 가까운 곳이다. 히타시는 후쿠오카와 가까울뿐더러 유명 온천 관광지인 유후인과 구로카와를 자동차로 갈 경우 반드시 거치는 곳이다. 볼거리와 먹거리가 의외로 다양해 한나절 여행 코스로도 안성맞춤이다.

교통의 요충지에 위치하고 있는 히타는 에도시대부터 상업적으로나 전략적으로 매우 중요한 지역이었다. 그래서 지역의 영주가 지배하지 않고 에도막부가 직접 관할하는 땅이었다. 특히 '물의 고장(水鄕)'으로 불릴 정도로 물이 맑고 수량이 풍부했다. 일본에서 물이 좋은 동네라면 빠지지 않고 등장하는 공장이 있으니, 바로 양조장이다. 지금도 보리소주의 대표 브랜드인 '이이치코いいちこ'를 비롯해 수많은 양조장이 성업

중이다.

 하지만 가장 상징적인 양조장은 규슈 지역 전체에서 소비되는 삿포로맥주를 생산하는 삿포로맥주 규슈 공장이다. 시내가 한눈에 내려다보이는 언덕에 위치한 삿포로맥주 공장의 규모는 한마디로 어마어마하다. 공장 관계자의 설명에 따르면 지하수의 수질이 워낙 좋아 맥주 맛 또한 탁월하다고 한다.

 삿포로맥주 규슈 공장은 사전 예약을 하면 공장 투어가 가능한데, 시설이나 투어 프로그램이 일본 내 여느 맥주공장과 비교해 상당히 훌륭한 편이다. 투어의 마지막 순서는 전망 좋은 홀에서 갓 생산된 에비스맥주를 마음껏 마시는 것이다. 1인당 두 잔으로 제한하고 있지만 실제로 규제하는 꼴은 한 번도 못 봤다.

 그렇다고 일부러 낯선 동네를 찾았는데 맥주 몇 잔 얻어먹고 그냥 떠

'물의 고향'으로 유명한 히타시에 위치한 삿포로맥주 규슈 공장. 물맛이 좋아 맥주 맛도 깔끔하고, 친환경적으로 조성된 공장 또한 인상적이라 공장 투어에 한 번쯤 도전해 볼 만하다.

나려니 섭섭하다. 히타에는 '물의 고장'라는 명성에 걸맞은 먹거리가 술 말고 하나 더 있다. 만약 당신이 여름과 초가을에 히타를 찾는다면 절대로 놓쳐서는 안 될 곳이다.

물의 고장 히타에서 나는 것

히타 시내에서 사방을 둘러보면 주변이 온통 산으로 에워싸인 분지임을 어렵지 않게 확인할 수 있다. 주변의 울창한 삼림에서 발원한 작은 하천들은 죄다 도시를 관통하는 미쿠마三隈강에서 합류한다. 이 강 어귀에는 해마다 6~7월 사이에 나무로 된 조립식 건물 한 채가 세워진다. 수량이 풍부한 강변에 자리 잡은 목조건물은 꽤 운치 있어 보인다. 강 건너 산등성이에는 삿포로맥주 공장도 보인다. 대체 이 건물의 정체는 뭘까?

간판에는 '아유야나바鮎やな場'라 적혀 있다. 일본어로 '아유鮎'는 은어, '야나やな'는 어살을 뜻하니까 '아유야나바'를 말 그대로 해석하면 '은어 잡는 곳'쯤 되겠다. 즉 이곳은 해마다 은어 시즌에만 한시적으로 운영하는 은어 전문점이다. 그렇다고 강변에서 흔히 볼 수 있는 관광지 식당 정도로 생각하면 오산이다. 그 배경과 스토리가 의외로 흥미로운 구석이 많다.

어살이란 하천이나 바다에 나무나 돌을 엮거나 쌓아 함정을 만들고 물의 흐름을 이용해 고기를 잡는 원시적인 조업 방식이다. 예로부터 우리나라의 하천과 바다에는 이러한 어살을 이용한 조업이 흔했다. 조선 시대에는 소금을 굽는 염부(鹽釜)와 더불어 어살 역시 국가에 등록하게 함으로써 직접 관리했다. 그만큼 중요한 식량 생산 기반이었다. 물론 지금은 무분별한 개발과 무관심으로 그 대부분이 사라지고 명맥만 겨우 유지하고 있는 실정이다.

야나는 강폭이 좁아지는 곳에 설치했던 히타의 전통 어살이다. 원리는 의외로 간단하면서도 지능적이다. 우선 강 한쪽에 돌무더기를 쌓아 물의 흐름을 돌리고 유속을 빠르게 한다. 그러고는 물길이 틀어진 곳에 대나무로 만든 발을 경사지게 펼쳐 놓는다. 장치는 이것으로 끝이다. 갑자기 빨라진 물살에 떠밀려 가던 물고기들은 저도 모르는 사이 대나무 발에서 팔딱거리는 신세가 된다. 사람은 그저 지켜보고 있다가 줍기만 하면 되는 것이다.

히타시를 관통하는 미쿠마 강변에 세워진 '아유야나바'는 전통의 복원과 관광 활성화라는 일석이조의 효과를 거두고 있다. 시원한 강바람을 맞으며 먹는 은어 맛이 일품이다.

미쿠마강의 야나에는 다양한 민물생선이 잡히지만 이를 설치한 주된 목적은 은어를 잡는 것이다. 일본인은 은어를 최고의 민물생선으로 꼽는데 그 집착이 좀 유별난 편이다. 가을에 태어난 은어는 바다로 나가 성장해 이듬해 봄이 되면 태어난 강으로 다시 돌아온다. 고향에 터를 잡고 살던 은어는 가을이면 산란을 한다. 알을 낳은 어미는 그것으로 생을 마감하고 알에서 부화한 새끼는 다시 바다로 나간다. 일 년이라는 짧은 생애와 고향에서 생을 마감하는 회귀본능. 우선은 은어의 이런 습성이 일본인의 감성을 자극한다.

은어는 바다에서 성장하는 동안은 동물성 먹이를 먹고 살지만 고향으로 돌아온 후에는 돌 표면에 붙은 이끼류 등의 식물성 먹이를 먹고 산다. 그래서 은어에서는 흔히들 수박 향이라고 하는 독특한 향이 나며 그 맛 또한 달고 담백하다. 이 또한 일본인의 미각에 잘 맞다.

예로부터 미쿠마강에는 이처럼 귀한 은어를 잡기 위한 두 개의 야나가 있었다. 하지만 1953년 홍수로 모두 소실됐다. 30여 년이 지난 1988년 히타시 어민조합은 전통의 복원과 지역관광 활성화를 목적으로 야나를 새로 설치했다. 단순한 복원만으로는 심심하니까 그 주변에 목조 건물을 짓고 은어 전문점도 열었다. 님만 보는 것으로는 부족하니 뽕도 따게 하자는, 전형적인 일본인다운 발상이다.

새로 설치된 야나에서는 은어, 붕어, 장어 등 민물고기가 더러 잡힌다. 그렇다고 이 정도 양으로 대형 은어 전문점을 유지하기란 불가능하다. 한국과 마산가시도 일본 역시 강이며 하천에 둑이다 보다 해서 인공

구조물을 쌓고 있어, 강에서 태어난 은어가 바다로 나가지도 못하고, 바다로 나간 은어는 다시 고향으로 돌아오지 못하는 실정이다. 그러니 자연산 은어는 씨가 말랐다.

매년 치어를 방류하지만 그 또한 수요를 감당할 정도는 못 된다. 따라서 아유야나바에서 소비되는 대부분의 은어는 히타시 어민조합에서 생산하는 양식 은어다. 그래도 히타의 자연환경 속에서 히타의 물로 키우는 은어이기에 자연산과 큰 차이는 없다고 주장하고, 관광객들 역시 이를 믿는 눈치다.

실제로 그럴 수밖에 없는 것이, 나무를 조립해서 만든 100여 석 규모의 넓은 실내는 사방이 트여 자연과 절로 동화가 된다. 강바람은 청량하고 물소리는 시원하다. 강 건너에는 마을이, 마을 뒤편으로는 산이 병풍처럼 버티고 있어 눈맛까지 시원하다. 이 모든 요소가 결합되어 아유야나바만의 독특한 풍경을 연출한다. 그 풍경의 핵심은 자연과 어우러지는 여유로움이다. 이런 분위기에서는 연어 아니라 붕어빵을 구워 먹어도 수박 향이 날 것 같다.

풍광과 어우러지는 은어의 향연

아유야나바의 대표 메뉴는 은어구이다. 은어를 키우고 잡은 어민이 직접 구워 주니 더욱 각별하다. 굽는 것 역시 전통 방식을 따른다. 일본에서는 생선을 꼬챙이(구시)에 끼워 직화로 구웠는데, 두 가지 방식이 있

은어구이, 은어조림, 은어회 등 '아유야나바'에서 맛보는 다양한 은어요리는 전통과 지역성이라는 두 가지 요소가 어우러져 한층 각별한 맛을 선사한다.

다. 생선을 통째로 끼워서 굽는 것은 '우네리구시うねりぐし', 토막 낸 생선에 꼬챙이를 끼워 굽는 것을 '오우기구시おうぎぐし'라고 한다. 우네리구시를 특히 선호하는 이유는 구웠어도 살아 있는 듯한 생동감을 느낄 수 있기 때문이다. 마치 강물을 거슬러 오르는 듯한 역동적인 모양이 포인트다. 아울러 꼬리와 등지느러미를 살리기 위해 소금을 잔뜩 바른다. 소금을 바르지 않으면 지느러미부터 시꺼멓게 타 부서질 수 있다.

   은어구이의 경우 크기에 따라 마리당 500~700엔 정도 한다. 낚시로 잡은 자연산 은어地あゆ는 300엔 정도가 추가로 붙는다. 일본인이 워낙 좋아하고 귀하게 여기는 생선이라 한국에 비해 가격은 좀 비싼 편이지만, 꼬챙이를 들고 몸통부터 한 입 베어 물면 바다와 강을 넘나들며 살아온 은어의 삶이 내 몸으로 전이되는 느낌이다. 민물생선의 제왕이라는 타이틀에 걸맞은 품격이다.

   은어구이로도 충분하지만 기왕에 먼 걸음을 했으니 한번 제대로 질러 볼 필요가 있다. 은어정식을 선택하면 은어회, 은어구이, 은어조림, 은어튀김, 은어밥에 잉어된장국을 곁들인 푸짐한 차림을 받을 수 있다. 은어로 만들 수 있는 모든 요리가 등장한다.

   은어회에서는 말로만 듣던 수박 향이 은은히 퍼지고, 은어조림은 왠지 모르게 푸근한 맛이고, 뼈째 오독오독 씹어 먹는 은어튀김은 맥주 안주로 그만이고, 비리기는커녕 향기로운 은어밥은 씹을수록 감칠맛이 돈다. 모름지기 뭘 잡수려면 한 번쯤은 끝장을 볼 필요가 있다. 이렇게 한 상을 먹어 치우고 나면, 나중에 누가 은어 좀 먹어 봤다며 자랑을 해도 콧방귀를 뀔 수준은 된다.

    바다로 먼 여행을 떠났던 은어가 다시 강으로 돌아오듯, 영영 사라질 뻔한 전통을 어민들의 손으로 직접 복원했다. 지방자치단체나 기업이 나서서 거창한 뭔가를 세우고 홍보하지도 않았다. 원래 있던 자리에 원래 있던 것을 세우고 거기에 전통적인 방식과 지역민의 손맛을 곁들였을 뿐이다. 어차피 양식으로 키우는 것 일 년 내내 영업해도 무방했을 것이다. 하지만 그렇게 해서는 복원의 진정한 묘미는 없다. 전통은 최대한 전통다워야 돈이 된다.

    은어 철에만 한시적으로 열리는 '아유야나바'는 그래서 절묘하다. 자연의 순리에 따라 먹는 것은, 기다림이 있어 더 간절하다. 히타의 어민들은 이를 간파하고 기다림을 인위적으로 조절한다. 때문에 미쿠마강의 은어 맛을 본 관광객은 이듬해를 기다릴 수밖에 없다. 대나무로 엮은 어살 위에서 퍼덕거리던 은어의 은빛 몸부림이 지금도 생생하다.

....

아유야나바(鮎やな場)
大分県 日田市 若宮町 1233-22 T.0973-24-0420

게이한

규슈를 대표하게 된
피지배자의 음식

2007년 일본 농림수산성에서는 일본의 '향토요리 백선'을 선정·발표했다. 랭킹 뽑는 걸 워낙 좋아하는 나라라 이전에도 비슷한 조사는 있었지만, 주체가 중앙정부라는 점에서 이 결과는 꽤 공신력을 가진다.

선정 과정은 3단계를 거쳤다. 우선 각 지자체로부터 1,644종의 향토음식을 추천받았다. 이를 각계 전문가 8명으로 구성된 선정위원회가 300개로 압축한 다음, 2차 심사를 통해 최종적으로 100개를 선정했다. 한편 선정위원회의 심사와는 별도로 인터넷 국민투표도 진행됐다. 약 40일 동안의 투표를 통해 100개의 향토요리 랭킹을 발표했다. 이 결과의 특징은 무작위성이다. 중앙정부가 주관하는 것이니 선정위원회의 심사는 아무래도 지역 안배를 고려할 수밖에 없다. 그러니 일본의 광역자치단체인 47개 도도부현都道府県마다 한두 개씩은 꼭 선정되게 마련이다. 하지만 국민투표는 인위적인 조정이 불가능하다. 한마디로 대중의 기호가 여과 없이 드러난다.

결국 꽤 흥미로운 결과가 나왔다. 100개의 향토요리 가운데 규슈의 음식이 31개나 포함됐다. 10위 안에는 무려 6개나 선정되며 기염을 토했다. 일본 인구의 10퍼센트에 불과한 규슈의 향토요리가 이렇게 선전한 것은 분명 이례적인 결과다. 사실 일본음식을 바라봄에 있어 규슈라는 지역을 선택한 것은 한국과 지리적으로 가깝고 역사적으로 교류가 많았던 사실과 더불어 이러한 배경 또한 무관하지 않다.

1위로 선정된 음식은 야마가타山形현의 이모니いも煮다. 토란국인 이모니는 비단 야마가타현의 향토요리일 뿐만 아니라 지금은 일본 전역에서 일상적으로 즐겨 먹는 음식이다. 따라서 이는 어쩌면 당연한 결과다. 그런데 2위로 선정된 가고시마현의 게이한鷄飯은 좀 뜻밖이다. 한자 그대로 풀이하면 '닭밥'이 되는데, 이는 한국은 물론이고 사실 일본에서조차 생소한 음식이다. 그런데 또 이 음식의 정체를 알고 나면 한국인에게는 무척 익숙한 음식이기도 하다. 대체 어떤 음식이기에 그런지 지금부터 살펴보자.

다디단 사탕수수에 서린 쓰디쓴 역사

게이한을 이해하기 위해서는 우선 일본 지도를 살펴볼 필요가 있다. 지도에는 의외로 많은 정보들이 있다. 지도를 뚫어지게 보고 있으면 역사적인 맥락이나 현실의 인과관계 등이 보이기도 한다. 규슈의 최남단

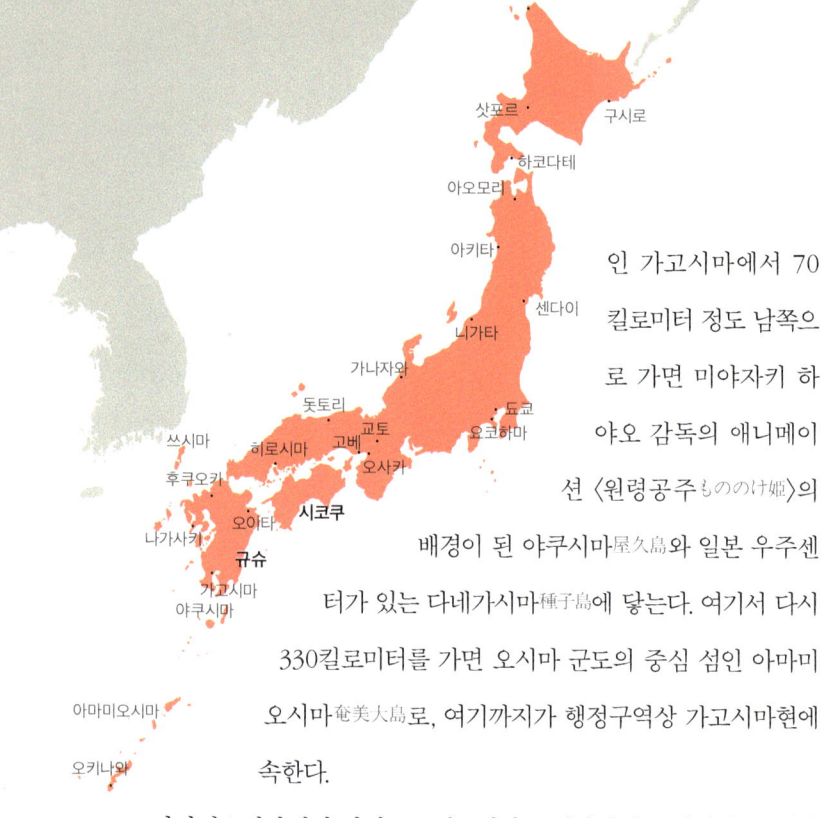

인 가고시마에서 70킬로미터 정도 남쪽으로 가면 미야자키 하야오 감독의 애니메이션 〈원령공주もののけ姫〉의 배경이 된 야쿠시마屋久島와 일본 우주센터가 있는 다네가시마種子島에 닿는다. 여기서 다시 330킬로미터를 가면 오시마 군도의 중심 섬인 아마미오시마奄美大島로, 여기까지가 행정구역상 가고시마현에 속한다.

아마미오시마에서 다시 200킬로미터를 내려가면 오키나와沖繩현의 중심도시 나하那覇에 닿는다. 나하에서 다시 500킬로미터 남서쪽으로 가면 일본 영토의 극서점인 요나쿠니與那國 섬이다. 중국과 일본 간의 영토분쟁의 불씨가 되고 있는 센카쿠 열도는 요나쿠니와 이시가키石垣 북쪽에 있는, 지도에서는 표시되지도 않을 정도로 작은 섬들이다.

일본은 17세기 초반부터 1895년 청일전쟁이 끝날 때까지 차례대로 이 섬들을 자기네 땅으로 만들었다. 한마디로 일본의 영토를 남서쪽으로 확장한 셈인데 이게 중국으로서는 미치고 환장할 노릇이다. 누가 봐도 중국과 대만에 가까운 센카쿠 열도와 요나쿠니, 이시가키 등을 차지하고 중국이 태평양으로 향하는 길목을 악착같이 에워싸고 있기 때문이다. 그래서 이 지역은 양국의 영토 문제를 넘어 미국의 태평양 방어 전략과 석유라는 자원 문제까지 얽혀 있다. 지정학적으로 엄청 복잡한 지역이라는 말씀이다.

이 섬들 가운데 게이한과 관련해 주목해야 할 곳은 가고시마현에서 400킬로미터 떨어진 아마미오시마다. 원래 아마미오시마를 비롯해 주변에 있던 모든 섬(아마미 군도)은 13세기부터 오키나와를 지배했던 류큐국의 영토였다. 그러다 1609년 가고시마의 다이묘인 사쓰마번의 침공으로 류큐국과 함께 일본의 지배하에 놓이게 된다.

사쓰마번은 거리가 멀다는 이유로 류큐국은 간접 지배하는 대신 아마미 군도는 직할지로서 직접 지배를 선택한다. 돛단배 타고 다니던 시절에 600킬로미터는 멀고 400킬로미터는 가깝다고 하면 지나가던 개가 웃을 일이다. 사쓰마번이 이렇게 멀리 떨어진 섬을 직할지로 삼은 것에는 나름의 속셈이 있었으니, 바로 사탕수수 때문이다.

당시 사쓰마번은 엄청난 부채로 파산 직전의 처지였다. 이를 해결하기 위해 선택한 것이 류큐국 침공이다. 우선은 류큐국을 발판 삼아 조선, 중국, 유럽 등과 밀무역을 하고, 다음으로 아마미 군도에서 생산되는 사탕수수를 독점했다. 당시 사탕수수 즙을 응고시켜 만든 흑당은 가장 비싼 식재료의 하나였다. 사쓰마번은 작물을 키울 수 있는 아마미 군도의 모든 땅에 사탕수수를 재배하도록 했다. 심지어 멀쩡한 논밭까지 갈아엎었다. 노동 착취에 식량을 재배할 땅까지 잃었으니 아마미 군도 사람들의 생활이야 안 봐도 짐작 가능하다. 이 동네 사람들은 당시의 상황을 두고 '흑당지옥'이라고 표현할 정도로 치를 떤다.

오늘날 가고시마에는 일본의 그 어느 지역보다 다양한 과자와 떡이 전통음식으로 전해 온다. 음식의 간도 달고 심지어는 간장과 된장도 달다. 가고시마의 이자카야나 초밥집을 가면 보통의 사시미 간장과 단맛이 강한 가고시마 간장을 함께 낼 정도다. 이러한 가고시마음식의 전통에는 최소한의 작물을 재배할 땅까지 빼앗긴 채 노동력을 착취당해야 했던 아마미 군도 사람들의 한이 서려 있다.

게이한은 그 슬픈 역사 속에서 만들어진 음식이다. 사쓰마번의 직할지다 보니 사탕수수의 생산을 감독하고 세금을 걷어 가기 위해 수시로 관리들이 드나들었다. 저 먹을 것도 없는 형편에 그네들 대접할 음식이라고 변변한 게 있었을까마는, 피지배자들의 입장에서는 그냥 넘어갈 수 없는 노릇이다.

그래서 만들어진 음식이 게이한이다. 닭 한 마리를 고아 국물을 내고 살코기는 일일이 손으로 찢고 색과 모양을 내기 위해 각종 고명을 올렸다. 굶어 죽을 형편에 놓인 피지배자들이 지배자를 위해 만든 음식이다. 그런 음식이 지금에 와서 가고시마를 대표하는 향토요리가 되었으니 역사의 아이러니라고밖에 달리 설명할 길이 없다. 우리가 전통이라는 명목으로 떠받드는 거의 모든 음식의 역사는 이처럼 잔인하고 지랄맞다. 조선시대 임금에게 진상되었다는 지역 특산물의 속사정 역시 이와 크게 다르지 않았을 것이다.

무릇 지배자의 땅에는 피지배자의 음식이 퍼지게 마련이다. 프랑스인이 쌀국수을 즐겨 먹고, 영국인이 카레를 즐겨 먹고, 일본인이 야키니쿠(불고기)를 즐겨 먹는 것은 식민지배 과정에서 사람과 문화의 교류가 활발했기 때문이다. 같은 이치로 가고시마에서 게이한을 먹을 수 있는 곳을 어렵지 않게 만날 수 있는데, 그중 대표적인 곳이 '아라호바나 新穗花'다. 아라호바나의 여주인은 아마미 군도 출신의 향토요리 연구가로 어릴 적 할머니가 해 주셨던 지역의 전통음식을 재현하고 알리는 데 앞장서고 있다.

게이한을 주문하면 육수와 밥 그리고 고명을 담은 접시와 빈 사발이 한 세트로 나온다. 우선 닭 국물이 순하고 곱다. 올레인산이 풍부한 아마미 군도의 토종닭을 낮은 온도에서 10시간 이상 천천히 우려내고, 일체의 첨가물 없이 아마미 군도에서 생산한 천일염으로만 간을 한다고 한다. 내 입엔 아무리 봐도 간장이 살짝 들어간 것 같은데, 아무튼 그렇

자신들을 착취하던 지배자를 대접하기 위해 만들어진 아마미 군도의 게이한은 2007년 일본 농림수산성이 선정한 '향토요리 백선'에서 2위를 차지했다. 이는 전통음식이 가진 아이러니의 한 단면이다.

흰 쌀밥 위에 김, 파, 닭고기, 표고버섯, 달걀지단, 청파래, 파파야 등을 고명으로 올린 다음 닭 국물을 부어 먹는 게이한은 소박하고 순정한 음식이다.

단다. 어쨌거나 감칠맛과 단맛이 적당히 어우러진 훌륭한 닭 국물이다. 그래서 밥은 둘째치고 국물만 자꾸 퍼먹게 된다.

　고명으로는 김, 파, 닭고기, 표고버섯, 달걀지단이 나온다. 이뿐 아니라 아마미 군도에서 자라는 청파래와 파파야로 만든 쓰케모노 등도 있어 남국의 정취가 물씬 풍긴다.

　우선 사발에 밥을 담고 갖가지 고명을 보기 좋게 올린 다음 닭 국물을 적당히 부어서 먹는다. 국물을 붓기 전에는 그 모양이 영락없는 비빔밥이고, 국물을 붓고 보면 영락없는 온반이다. 이 유사성을 대체 어떻게 이해해야 할까? 더군다나 일본 본토에서는 이런 형태의 음식을 전혀 찾아볼 수 없다. 한국과 일본 사이의 음식 교류의 역사는 이처럼 해결해야 할 숙제가 여전히 산더미다.

　어쨌거나 게이한은 달고 감칠맛 나는 국물이 밥과 잘 어울리고, 제각각의 색과 맛이 선명한 고명들이 자칫 심심할 것 같은 국밥에 재미를 더한다. 비록 슬픈 운명을 타고 나긴 했어도 따뜻하게 몸을 감싸 주는 온기가 있어 좋은 음식이다. 착취를 일삼던 지배자를 대접할지언정, 음식 가지고 장난치지 않은 피지배자의 마음 씀씀이가 전해지는 것 같아 애잔함이 밀려오기도 한다.

숟가락에 숨어 있는 한일 음식의 수수께끼

일본 향토요리 국민투표에서 2위를 차지한 음식을 파는 만큼, 아라호바나는 가고시마 사람뿐만 아니라 일본 전국에서 온 관광객들로 꽤 붐빈다. 그런데 이들이 게이한을 먹는 모습에서 놀라운 사실을 발견할 수 있다. 젓가락이 아닌 숟가락으로 밥을 먹고 있는 것이다. 그것도 중국식

아마미 군도의 향토음식 전문점 '아라호바나'는 그 분위기에서 이국적인 느낌이 물씬 풍긴다. 아울러 숟가락을 좀처럼 사용하지 않는 일본인들이 이를 자연스럽게 사용하는 모습 또한 이국적이다.

렝게가 아니라 우리가 흔히 쓰는 모양의 순가락이다. 일본에서 이런 경우는 아주 드물다. 국물요리는 물론이고 심지어 죽도 젓가락으로 먹는 사람들이다.

이 대목이 의미하는 것은 게이한이 비록 가고시마의 향토음식으로 분류되고는 있지만, 일본인에게 아직은 이국적인 변방의 음식이라는 사실이다. 그래서 원주민이 먹던 방식을 그대로 따라한다. 만약에 일본음식이라 생각한다면 이들은 어떻게든 젓가락을 사용할 것이다. 이는 일본인이 외래음식을 받아들이는 중요한 태도 중의 하나다.

남의 것일 때는 철저하게 그들의 방식을 따르지만, 일단 자기 것으로 동화됐다 생각하면 무슨 일이 있어도 자기 방식을 고수한다. 포크커틀릿에서 포크와 나이프를 없애고 젓가락을 사용할 수 있는 돈카쓰를 만든 것이 대표적이다. 그래서 돈카쓰는 일본음식이지만 게이한은 아직 남의 음식이다. 일단 적극적으로 수용은 하되 내 것과 내 것이 아닌 것은 철저히 구분한다. 일본인의 식습관에는 이러한 심리가 무의식적으로 드러난다. 그래서 아마미 군도는 여전히 변방이고, 게이한은 여전히 변방의 음식이다.

아라호바나(新穗花)
鹿児島県 鹿児島市 本港新町 5-4 2F T.099-219-8670

온타마란돈

뛰어난 기획력이 만들어 낸
스토리텔링의 정석

규슈의 남단인 가고시마현에서도 가장 남쪽에 있는 온천 휴양 도시 이부스키指宿시. 인구 4만 명 남짓한 이 도시에는 '온천의 나라' 일본에서도 독보적인 천연온천이 하나 있으니, 이름 하여 스나무시砂むし라는 모래찜질 온천이다. 검은 모래가 깔린 1킬로미터 길이의 해안에는 지하 깊은 곳에서 섭씨 80도가 넘는 온천수가 수시로 용출한다. 덕분에 바닷물도 뜨겁고 모래도 뜨겁다.

이 모래를 적당히 식혀 모래찜질을 하면 10분이 지나기도 전에 온몸이 땀으로 젖는데, 특히 혈액 순환, 노폐물 배출, 산소 공급 등에서 보통 온천의 3~4배나 되는 효과가 있다고 한다. 무려 300년이나 되는 역사를 가진 이 모래찜질 온천은 그야말로 이부스키시의 히트 상품이다. 몸에 슬슬 열이 오른다 싶다가 순식간에 땀이 비 오듯 흐르기 때문에 10분 이상 견디기 어렵다. 직원들은 그냥 삽질 몇 번으로 모래만 덮어 주면 된다. 그럼에도 한 번 드러눕는 데 1인당 900엔의 요금을 지불해야 한다.

"누구는 땅 파서 장사하냐?"는 농담이 이 동네에서만큼은 의심할 바 없는 현실이다. 시설비도 관리비도 전혀 들지 않는, 말 그대로 땅 짚고 헤엄치는 장사다 보니 개인 소유가 아니라 지방자치단체가 출자한 공익법인이 운영을 맡고 있다. 2011년 한 해 이용객만 27만 명에 이를 정도다. 주말과 성수기에는 30분 이상 기다리기 일쑤다. 이부스키시에서 보자면 관광 수요와 일자리 창출에 있어 이만한 효자 상품도 없다.

이부스키 해변의 검은 모래는 지하 깊은 곳에서 솟아 오르는 온천수 덕분에 항상 뜨거운 열을 품고 있다. 이곳에서 모래찜질을 하면 10분이 지나기도 전에 온몸이 땀으로 젖는다.

지난 2011년 3월 후쿠오카시와 가고시마시를 잇는 규슈 신칸센이 완전 개통했다. 천혜의 관광자원과 역사유적을 갖고 있으면서도 접근성 때문에 충분한 효과를 누리지 못했던 가고시마시로서는 획기적인 기회를 맞은 셈이다. 가고시마시와 인접한 이부스키시의 기대감 역시 수직 상승했다. 허나 위기가 곧 기회이듯, 준비되지 않은 처지에서는 기회 또한 언제든 위기가 될 수 있다. '스나무시'라는 걸출한 킬러콘텐츠를 가진 이부스키시의 입장에서도 고민은 있게 마련이다. 스나무시를 받쳐 줄 사소한 '한 방'이 없었기 때문이다. 특히 모래찜질 후에 '이것만큼은 꼭 먹어야 된다'는 향토음식이 없었다. 지리적 여건과 자연환경 덕분에 신선하고 질 좋은 해산물과 축산물 그리고 각종 채소는 풍부했다. 좋은 구슬이 널렸으니 이걸 꿰어 보배로 만들어 줄 실만 있으면 되는 상황이었다.

서 말 구슬을 꿰어 준 향토음식

이런 고민 속에서 지난 2009년 첫 선을 보인 향토음식이 '온타마란돈 溫たまらん丼/豚'이다. 온타마란돈은 개발과 마케팅 등에 있어 여러모로 흥미롭고 신선한 구석이 많은 향토음식이다.

우선 자국어든 영어든 한자어든 뭐든 끌어다 새로운 단어를 만들어 내는 데 탁월한, 일본인 특유의 재능이 유감없이 발휘된 명칭 자체가 흥미롭다. '온타마란돈'이라는 이름에는 굉장히 다양한 의미가 함축돼 있

다. '온'은 온센温泉, 즉 온천을 줄인 말이다. '타마란'은 꽤 복잡하게 만든 조어다. 우선 '다마고'는 달걀을 의미한다. '다마루たまる'라는 동사는 '참다'라는 뜻을 갖는데, 여기에 부정의 의미를 가진 조동사 '나이ない'가 결합된 '다마라나이たまらない'는 '참을 수 없다' 또는 '견딜 수 없다'라는 뜻이다. '란'은 다시 달걀을 의미하는데, 달걀(卵)을 훈독으로 읽으면 '다마고'이지만 음독으로 읽으면 우리와 같이 '란らん'으로 발음되는 것이다. 따라서 '온타마란'에는 '맛있어서 참을 수 없는 온천 달걀'이라는 매우 함축적인 의미가 담겨 있다. 끝으로 '돈'은 덮밥(丼)을 의미하는 '돈부리'의 줄임말이기도 하고 돼지고기(豚)를 의미하기도 한다. 결국 '온타마란돈'을 우리말로 풀어 보면, '맛있어서 참을 수 없는 온천 달걀로 만든 덮밥 또는 돼지고기요리'가 되는 셈이다. 명칭 자체가 음식의 정체성을 함축하고 있는 것은 물론이거니와 흥미까지 유발하니 일석이조의 작명이다.

따라서 '온타마란돈'의 핵심 재료는 달걀이고 형태는 덮밥 또는 돼지고기를 사용한 요리가 된다. 굳이 이렇게 억지스러울 정도로 길고 복잡한 명칭을 고민한 까닭은, 바로 이 이름이 향토음식을 개발한 기획 의도이자 기획의 전부이기 때문이다. 즉 '온천 달걀'만 사용하면 그것이 어떤 형태의 덮밥이건 또는 어떤 방식의 돼지고기요리건 상관없이 이부스키를 대표하는 향토음식이 된다는 의미다. 이러한 자율성은 향토음식 개발에 참여한 음식점들로 하여금 자신의 장점과 특징을 살릴 수 있는 재량권을 부여함으로써, 적극적인 참여를 이끌어 내고 다양한 창의

흑돼지 불고기를 올린 덮밥(위)과 흑돼지로 만든 소시지와 햄을 곁들인 스튜(아래). 온타마란돈은 음식의 종류에 상관없이 온천수에 익힌 달걀을 올림으로써 완성된다.

력을 발휘할 수 있는 동기부여가 된다.

핵심적인 식재료인 '온천 달걀'의 스토리텔링에는 이부스키의 킬러콘텐츠인 스나무시가 소재로 활용됐다. 모래사장을 데우는 원천을 이용해 섭씨 68~75도에서 15분 정도 달걀을 익힌다. 이러면 노른자는 거의 익지 않은 반숙 상태가 된다. 사람이 온천을 하듯 달걀도 온천을 했으니 영락없는 온천 달걀이다.

'이부스키시 상가 활성화 위원회'에서 일괄 공급하는 달걀 역시 평범하지 않다. 지역 특산물인 고구마와 가다랑어를 사료로 먹고 자란 닭이 낳은 것을 사용한다. 특히 가다랑어는 이부스키의 명물인 가쓰오부시를 만들고 남은 대가리만 쓴다. 몸통보다 대가리에 DHA가 더 많이 함유된 사실을 포인트로 삼았기 때문이다. 이렇게 영양이 풍부한 달걀을 온천수에 익혔다는 사실이 관심의 대상이 되고, 따라서 이를 올렸다는 사실만으로도 평범한 음식이 마치 특별한 향토음식인 양 이미지가 만들어진다.

느슨한 메뉴, 철저한 마케팅

2009년 이부스키시 상공회의소와 관광협회가 주관하고 15개 음식점으로 시작한 '온타마란돈 프로젝트'에는 현재 지역 내 30여 개 음식점이 가맹점으로 참여하고 있다. 이들 음식점에서 24종의 덮밥과 15종의 돼지고기요리를 선보이고 있다.

傳統 ✚

향토음식 개발의 정석

한국의 지방자치단체가 향토음식을 기획하는 단계는 거의가 비슷하다. 우선은 연구기관에 해당 음식에 당위성을 부여할 수 있는 그럴듯한 이야기(스토리텔링)의 개발을 의뢰한다. 그러면 대부분 옛 문헌을 인용하고, 밑도 끝도 없는 설화나 전설을 끌어오며, 조선시대는 기본이고 심지어는 삼국시대로까지 시간적 배경을 확장하고, 이름만 대면 알 만한 역사적 인물 한 명쯤은 등장시키게 마련이다. 여기에 《동의보감》의 기록이나 임금님 진상품이었다는 이력까지 붙으면 금상첨화다.

다음은 유명 요리사나 요리 연구가에게 컨설팅을 의뢰하거나 '향토음식 경진대회' 등을 열어 표준 레시피를 개발한다. 스토리텔링에 레시피까지 완성됐으니 지자체의 입장에서야 그 역할을 다한 셈이다. 그런데 이렇게 기획된 향토음식 중에 성공한 사례가 과연 몇이나 있을까?

솔직한 얘기로 스토리니 레시피니 만들어 보급해 봐야, 결국 그 완성도는 현장에서 결정된다. 다시 말해, 음식을 최종적으로 만들어 판매하는 식당의 상황에 따라 다양하게 변형할 수 있어야 적극적인 참여가 가능하고, 지속적인 업그레이드가 되는 법이다. 이런 점에서 온타마란돈의 향토음식 기획 과정은 시사하는 바가 크다. 만약 '온타마란돈 프로젝트'가 덮밥과 돼지고기요리의 표준 레시피를 개발하는 쪽으로 접근했더라면, 고객은 반드시 "어디가 원조 혹은 최고냐"를 따졌을 것이다. 이러면 되는 집만 된다.

무릇 기획이란 프로젝트를 완성하는 것이 아니라 프로젝트가 잘 진행되도록 방향을 제시하는 작업이다. 음식의 맛이나 완성도야 제각각의 식당에서 알아서 할 일이다. 지방자치단체가 그런 것까지 일일이 신경 쓰는 것은 촌스럽고 관료적이다. 자고로 관광과 관련된 기획에서의 핵심은 '재미'다. 그래야 관심을 가지게 되고, 관심을 가져야 먹을지 말지를 고민한다. 재미는 없고 명분만 그럴듯한 기획으로 만들어진 향토음식은, 먹는 것은 고사하고 거들떠도 안 본다.

각각의 요리에는 이부스키에서 생산되는 와규, 흑돼지, 각종 해산물, 오크라, 토마토, 잠두콩, 고구마, 가지 등이 식재료로 사용된다. 어떤 식재료의 조합이든 마지막 화룡점정은 온천 달걀의 몫이다. 조리 스타일 역시 일본 전통요리에서부터 중국요리, 프랑스요리, 심지어는 한국식 감자탕까지 선보일 정도로 다양하다. 음식점 각각의 개성이 곧 경쟁력인 까닭에 단순한 덮밥 하나조차도 비슷한 것이 없다. 명칭도, 조리 방식도, 사용되는 재료도 모두 제각각이다. 지금까지 20개가 넘는 덮밥이 개발되었으니 앞으로 또 어떤 기발한 덮밥이 등장할지 귀추가 주목될 수밖에 없다.

맛? 지역에서 생산된 신선한 식재료로 저마다의 자존심을 걸고 선보이는 음식이니 맛이 없을 턱이 없다. 하지만 이 기발한 스토리텔링 앞에서 맛은 둘째 문제다. 고객의 입장에서는 이부스키에서 '온타마란돈'을 먹는다는 판타지를 소비하는 것이기 때문이다.

만약 '온타마란돈 프로젝트'가 덮밥과 돼지고기요리의 표준 레시피를 개발하는 방식을 채택했다면, 이곳을 찾은 관광객들은 '어디가 원조냐'를 따지거나 '어떤 음식점이 가장 맛있는가'를 골랐을 것이다. 하지만 30여 곳의 음식점이 서로 다른 음식을 선보이니, 최고를 찾기보다는 '순례'에 중점을 두게 된다. 고객으로 하여금 하나라도 더 먹어 보도록 옆구리를 슬쩍 찌르는, 행동경제학에서 말하는 이른바 '넛지효과 nudge effect'를 제대로 구현한 셈이다. 향토음식으로서 온타마란돈이 가지는 진정한 경쟁력은 바로 여기에 있다.

마케팅 방식 또한 예사롭지 않다. 이부스키역에 내리면 제일 먼저 온타마란돈 가이드북부터 나눠 준다. 가이드북에는 온타마란돈을 판매하는 가맹점과 각각의 메뉴가 일목요연하게 정리돼 있다. 가맹점 앞에는 예외 없이 현수막이 세워져 있다. 덮밥을 파는 곳이냐 돼지고기요리를 파는 곳이냐에 따라 현수막의 색깔이 다르다.

그런데 작년부터 발행되는 가이드북은 기발함을 넘어 보는 즐거움까지 선사한다. 디자인을 자세히 보면 저 유명한 《미슐랭가이드》 도쿄판의 디자인을 아주 절묘하고 꼼꼼하게 패러디했다. 붉은 표지와 레이아웃, 심지어는 활자체까지 충실히 베꼈다. 여기서 그치지 않는다. 미슐랭가이드라는 제목은 '메슈란가이도'라 일본식으로 표기했고, 미슐랭의 상징인 별은 달걀로 대체되어 '밋쓰란(달걀 세 개) 레스토랑'이 되었다. '온타마란돈'이라는 이름에 담긴 중의적인 의미만큼이나, 가이드북 역시 표지에서부터 사람들의 관심을 끌기에 충분하다.

불과 4년이라는 짧은 기간에 '온타마란돈'은 이부스키를 대표하는 향토음식이 되었다. 이제 이부스키를 찾는 관광객들은 모래찜질과 더불어 먹는 즐거움까지 얻을 수 있다. 관광객들은 '온타마란

온타마란돈의 자유분방한 발상과 기발한 마케팅은 향토음식 기획의 새로운 방향과 적잖은 실마리를 제공한다.

돈' 음식점이 소개된 《메슈란가이도》를 들고 시내 이곳저곳을 찾아다닌다. 온천수에 익힌 작은 달걀 하나가 주는 만족은, 맛도 맛이지만 사람의 호기심을 자극하는 재미가 있기 때문이다. 작은 달걀 한 알도 기획력에 따라 훌륭한 향토음식이 될 수 있다.

'흑돼지연골찌개(黑豚軟骨チゲ鍋)'라는 이 음식은 내용물로 보나 맛으로 보나 영락없는 뼈다귀해장국이다. 이처럼 온타마란돈은 기획의 완성도를 위해서라면 국적과 조리법을 가리지 않는다. 이런 영악함이 한편으론 반갑고, 또 한편으론 얄미울 정도다.

전통, 만들어지거나 혹은 재해석되거나

가라토시장과 단가시장
전통시장을 살리는 두 가지 지혜

부산항에서 배를 타고 240킬로미터를 가면 일본 야마구치山口현 시모노세키항에 닿는다. 600여 년 전에는 이 뱃길을 따라 조선통신사와 일본국왕사라는 양국의 외교 사절단이 왕래를 했고, 100년 전에는 한반도 식민지배와 대륙 침략의 교두보로 사용되었으며, 지금은 수많은 관광객이 오가고 있다.

규슈를 바라보며 복어스시를 먹다, 가라토시장

시모노세키下關시는 일본 혼슈와 규슈를 연결하는 관문으로, 예로부터 교통과 상업의 중심지로 번영을 누렸던 곳이다. 때문에 시모노세키항 주변에는 많은 관광지와 역사유적이 밀집돼 있다. 시모노세키시의 랜드마크인 '유메타워', 대형 수족관인 '가이쿄칸', 다양한 근대 건축물,

레스토랑과 상점가로 이루어진 '가몬워프', 조선통신사 일행을 맞았던 '조선통신사 상륙기념비', 청일강화조약이 체결된 '슌판로', 일본 혼슈와 규슈를 잇는 '간몬대교' 등이 있다.

 이 관광지 한가운데 100년 역사를 자랑하는 '가라토唐戶시장'이 있다. 1909년 채소와 과일 노점상으로 출발한 시장은 수산물 도소매를 중심으로 한 종합시장으로 발전했으며, 지난 2001년 현재의 위치에 신축 이전했다. 가라토시장은 멀리 태평양을 비롯해 대한해협과 세토내해 등에서 잡히는 다양한 수산물이 모이는 집결지인데, 특히 복어가 유명하다. 시모노세키시는 일본 복어 유통량의 80퍼센트를 담당하고 있으며, 가라토시장이 그 중심 역할을 하고 있다. 그래서 일본인은 이곳을 '복어시장'이라 부르기도 한다.

100년 역사의 가라토시장은 일본 최대의 복어 도매시장일 뿐만 아니라 최근에는 '바칸카이'를 통해 관광 명소로 거듭나고 있다.

문제는 이곳이 도매시장이다 보니, 역사성과 상징성에 비해 관광객을 끌어들일 마땅한 콘텐츠가 없다는 것이었다. 아이디어를 고민하던 시장 측은 자신이 가진 자산을 활용하기로 했다. 먼저 바다 쪽 출입구에서 들어오는 중앙 통로를 비우고 '바칸카이馬關街'라는 이름을 붙였다. 다음으로 도매상인들이 나섰다. 해산물 경매와 유통이 본업이니 항상 신선한 식재료가 넘쳐났다. 매주 금, 토, 일 3일만 생선초밥을 만들어 파는 포장마차를 열기 시작했다.

관광객은 신선한 해산물로 만든 생선초밥을 저렴한 가격에 즐길 수 있다는 데 관심을 두었다. 상인들은 자신이 취급하는 상품을 활용해 부가수입을 올릴 수 있으니 마다할 이유가 없다. 공급자와 수요자의 이해관계가 절묘하게 맞아떨어진 셈이다. 현재는 20여 곳의 도매상들이 포장마차를 열고 있으며, 시모노세키를 방문하는 관광객이라면 반드시 들러야 할 '관광 1번지'로 거듭났다.

이곳을 방문하는 관광객이라면 우선 상인들과 관광객이 연출하는 분주함과 활력에 놀라게 된다. 갓 잡은 생선마냥 펄떡거리는 생명력이 관광객의 기분을 들뜨게 한다. 다음으로 다양한 음식이 눈길을 사로잡는다. 형형색색의 생선초밥은 보는 것만으로도 즐겁다. 해산물을 가득 올린 덮밥은 호방하고 화려하다. 복어시장이라는 별칭에 걸맞게 복어회, 복어초밥, 복어튀김, 복어고로케, 복어된장국 등 다양한 복어요리를 만날 수 있다. 한켠에서는 소라, 가리비, 새우 등이 구워지고 있다. 잘 만들어진 음식은 그 자체로 훌륭한 볼거리가 될 수 있음을 확인하는 현장이다.

일단 보고 나면 먹지 않고는 못 배긴다. 도매시장답게 가격은 시중 음식점의 절반 이하다. 종류가 워낙 다양해서, 무엇을 먹을지 고르는 데도 한참이 걸린다. 양으로 승부를 걸 것인지, 질로 승부를 걸 것인지는 관광객의 몫이다. 1인당 1,000~2,000엔 정도면 만족스러운 식사를 할 수 있고 3,000엔 정도면 최고의 해산물 만찬을 즐길 수 있다. 가격 때문에 망설였던 고급 어종으로 만든 초밥을 이곳에서만큼은 부담 없이 맛볼 수 있다. 복어가 비싸서 쉽게 먹지 못했던 일본인은 이곳에서 행복한 비명을 지른다. 당일 경매된 재료를 사용해 수십 년간 해산물만 다뤄 온 사람들이 만든 음식이기에 맛 또한 여느 전문점 못지않다.

음식을 구입한 다음에는 어디서 먹을 것인지를 결정해야 한다. 시장 여기저기에 테이블이 마련되어 있지만 조금 특별한 장소를 선택해 볼 만하다. 가라토시장 2층에는 '바칸카이' 전체를 조망할 수 있는 공중회랑이 설치되어 있다. 같은 풍광이라도 뷰포인트가 어디냐에 따라서 전혀 새로운 느낌을 받는다. 평면에 머물렀을 시장이 회랑 덕분에 입체감을 가지는 공간으로 업그레이드됐다. 이곳에 자리를 잡으면 마치 운동경기를 관람하듯 수많은 인파와 상인을 보면서 식사를 할 수 있다. 날씨가 좋을 때는 시장 밖 산책로가 제격이다. 일본 혼슈와 규슈를 가르는 간몬해협이 한눈에 펼쳐지는 풍광은 식사 분위기를 한층 고조시킨다.

가라토시장을 찾는 일본인 관광객은 해가 갈수록 늘고 있고, 이미 한국인 관광객에게도 꽤 소문난 관광지가 되었다. 그에 따라 바칸카이의

'바칸카이'에서는 다양한 복어요리와 신선한 해산물로 만든 스시를 골라 먹는 재미가 있다. 생각만큼 가격이 저렴하지는 않지만 산지와 도매시장이라는 이미지가 관광객들로 하여금 기꺼이 지갑을 열게 만든다.

규모 또한 점차 증가 추세에 있다. 한 끼 식사 비용으로 눈과 입이 즐거운 것은 물론이고, 특유의 활력으로 인해 에너지를 충전할 수 있는 기특한 관광자원이다.

시장 구경에 대학덮밥의 맛을 더하다, 단가시장

시모노세키항에서 간몬대교를 건너면 규슈의 최북단인 기타큐슈시에 닿는다. 시내 중심지인 고쿠라에는 '기타큐슈의 부엌'이라 불리는 '단가(旦過)시장'이 있다. 1910년대 초반 물건을 실은 배들이 모이면서 시장이 형성되기 시작했다는데, 그 흔적이 남아 지금도 시장 건물의 일부는 수상가옥으로 돼 있다.

최근 이 시장에서는 한 가지 이색적인 풍경을 발견할 수 있다. 관광객으로 보이는 사람들이 밥이 든 사발을 들고 시장을 기웃거리는데, 마치 발우를 들고 동냥을 다니는 탁발승을 연상케 한다. 과연 이 풍경의 정체는 무엇일까?

100년 가까운 역사를 자랑하며 번성하던 단가시장은, 20세기가 끝날 무렵에는 주변 상권의 개발과 대형 유통업체의 진출 등으로 서서히 침체기로 접어들고 있었다. 1955년에 지어진 낡은 건물을 재개발하자는 의견이 대두되었지만, 개발보다는 보존을 택했다. 대신 전통과 조화를 이루면서 새로운 활력을 불어넣을 수 있는 방안을 모색했다. 이를 위해 지역 대학과 연계해 공동 프로젝트를 진행하게 된다. 프로젝트를 맡은 기타큐슈 시립대학과 규슈현지조사연구회는 시장 활성화를 위한 연구는 현장에서 진행해야 한다는 결론에 도달한다. 이에 따라 2008년 7월 시장 내 빈 점포를 활용해 '대학당人學堂'을 개설한다. 연구자들은 대학당에 상주하며 시장을 분석하는 한편, 각종 세미나와 문화행사 등을 통해 시장 상인 및 방문객과 소통을 시도했다.

이 과정에서 연구자들은 단가시장의 120여 점포 대부분이 식재료 혹은 식품을 판매하는 곳이라는 점과 채소절임, 어묵카나페, 고래고기, 고등어된장절임 등 지역 명물음식이 의외로 다양하다는 사실을 발견한다. 시장에 널린 이러한 자원을 활용하기 위해 개발된 아이템이 바로 '대학덮밥'이다.

대학덮밥은 일종의 DIY 덮밥이다. 우선 대학당에 들러 200엔을 내면 큼지막한 사발에 밥을 담아 준다. 방문객은 이 사발을 들고 상점을 돌며 원하는 반찬을 담을 수 있다. 각각의 반찬은 50~200엔 정도로 저렴한 편이다. 시장을 한 바퀴 돌아 원하는 스타일의 덮밥이 완성되면 대학당에 마련된 식탁에서 식사를 할 수 있다.

일본인은 덮밥을 두고 '소우주'라는 표현을 쓴다. 무엇이든 담을 수 있고, 밥 위에 올려지는 재료에 따라 수천 수만 가지 맛을 내기 때문이다. 따라서 대학덮밥은 방문객으로 하여금 시장에 쌓인 재료를 활용해 자기만의 소우주를 창조하는 재미를 선사한다. 세상에서 유일한 덮밥이기에 그 맛은 비교를 불허한다.

동기는 관심을 유발한다. 그냥 흘려보냈을 시장 풍경을, 밥 한 그릇 덕

'기타큐슈의 부엌'으로 불리는 단가시장은 시장 활성화를 위해 새로운 것을 만들기보다는 자신이 가진 가치를 활용하는 방법을 선택했다. 덕분에 재래시장 특유의 전통은 유지하면서 전보다 훨씬 활기찬 모습을 보이고 있다.

분에 주의 깊게 관찰할 수밖에 없다. 그러잖아도 신났을 시장 구경이 더욱 흥미로워진다. 별다른 노력 없이 새로운 수요가 발생하니 상인들도 즐겁다. 사발을 들고 단가시장을 다니다 보면, 이 기발한 아이디어에 저도 모르게 감탄사가 나온다. 연구실을 나와 현장에서 직접 부딪쳤기에 가능했던 발상일 것이다. 변화의 실마리는 내부에 있다.

가라토시장과 단가시장의 사례를 보고 있노라면 두 가지 공통점을 발견할 수 있다. 첫째, 하드웨어가 갖춰진다고 해서 전통시장이 활성화되는 것은 아니다. 시설 현대화는 시작에 불과할 뿐, 무엇을 어떻게 팔 것인지에 대한 고민이 반드시 따라야 한다. 둘째, 변화의 실마리는 결국 내부에 있다. 전통시장의 진정한 가치는 다름 아닌 '전통'과 '시장'에 있다. 가라토시장과 단가시장은 새로운 것을 만들어 내기보다는 자신들이 가진 자원을 발견하고 활용함으로써 성공할 수 있었다.

물론 개발지상주의의 관점에서 보자면, 두 시장의 사례가 별 것 아닐 수도 있다. 하지만 작은 변화들이 모여 결국에는 큰 흐름을 바꾼다. 지금 우리 지역의 전통시장에 필요한 것은, 작지만 의미 있는 성공사례일지도 모른다. 이를 통해 상인과 지역민이 "되겠어?"에서 "될 수도 있다!"라는 가능성을 공유하는 것이 필요하다. 그런 점에서 본다면, 두 시장의 사례는 좋은 참고가 될 것이다.

4

外食文化

일본 외식문화의 독특한 풍경

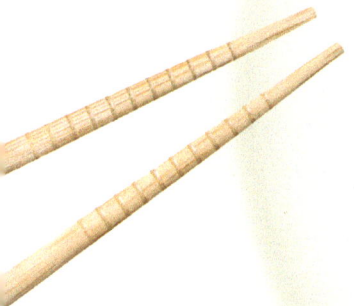

에키벤

일본 기차 여행의 백미

만화천국이자 음식천국인 일본. 두 천국이 만나 기막힌 콘텐츠를 만들었으니, 그것은 다름 아닌 음식을 소재로 한 만화다. 정점에는 역시《맛의 달인》이 있다. 1983년《빅코믹스피리츠》에서 연재를 시작한 이후로 30년째 계속되고 있다. 이 정도면 만화라기보다는 식문화를 다룬 인류학 보고서라 해도 과언이 아닐 것이다.

현실은 창작의 인큐베이터다. 만화라는 대중매체가 음식에 대해 이처럼 깊이 있게 접근할 수 있는 것은, 그만큼 일본의 식문화가 다양하고 그 깊이 또한 만만찮다는 방증일 것이다. 그러니 끊임없이 음식만화가 나온다.

그럼에도 뭐 하나 식상한 것이 없다. 이제는 고전이 된《미스터 초밥왕》이나《라멘 요리왕》,《천하일미 돈부리》,《야키니쿠 피플》처럼 개별 음식을 다룬 것이 있는가 하면,《맛 일번지》,《오센》,《신장개업》처럼 요리사에 포커스를 맞춘 것도 있고,《어시장 삼대째》처럼 식재료 자체를 다루기도 하고,《명가의 술》,《신의 물방울》,《바텐더》,《바리스타》,《커피 드림》처럼 술과 커피 또한 빼놓지 않는다. 뿐만 아니라 이 모든 호들갑으로부터 일정 정도 거리를 두고 인간에게 음식이란 무엇인가라는 보다 근원적인 질문을 던지는《심야식당》,《고독한 미식가》등도 있다.

급기야는 기차와 기차역에서 판매하는 도시락을 다룬 《에키벤》이라는 만화까지 등장했다. 하도 뜻밖의 소재라 '철도덕후'를 비롯한 일부 마니아들 정도나 관심을 가질 것이라는 예상과는 달리, 일본은 물론이고 한국에서까지 인기를 끌고 있다.

도시락에 지역의 맛과 멋을 담다

에키벤駅弁은 일본에서 경험할 수 있는 독특한 식문화다. 역을 의미하는 '에키えき'와 도시락을 뜻하는 '벤토べんとう'의 합성어로, 말 그대로 '역에서 파는 도시락'이다. 공식적인 기록에 의하면 1885년 주먹밥과 단무지를 넣어 판 것이 최초의 에키벤으로 알려져 있다. 일본에 철도가 개통된 것이 1872년의 일이니까 에키벤의 역사는 곧 일본 철도의 역사와 그 궤를 함께 한다고 봐도 무방할 것이다.

단순한 도시락에 불과한 에키벤이 일본 식문화에 있어 하나의 상징인 까닭은 다양성과 지역성에 기인한다. 현재 일본에서 판매되고 있는 에키벤은 2,500종 이상으로 알려져 있다. 대도시는 물론이고 시골의 아주 작은 간이역에서까지 판매되고 있어 정확한 현황을 파악하는 것조차 힘든 실정이다. 때문에 각각의 에키벤은 철저히 지역 밀착형이다. 지역에서 생산되는 식재료를 사용해 전통적인 방식으로 조리하고, 지역의 자연환경과 역사적 배경을 적극적으로 활용한다.

음식을 담는 용기와 포장지의 소재나 디자인에도 지역성을 담는다.

일본의 어지간한 기차역마다 있는 에키벤 전문점은 보는 즐거움과 먹는 즐거움을 동시에 선사한다. 아울러 여행자의 기분을 들뜨게 하는 묘한 매력까지 지니고 있다.

단순히 음식을 판다기보다는 지역의 다양한 특산물과 스토리를 패키지로 엮어 하나의 스토리텔링을 구축하는 전략이다. 때문에 에키벤은 철도 여행과 지역관광 활성화는 물론이고 지역경제 살리기에도 상당한 기여를 한다.

게다가 에키벤은 해당 지역의 기차역 혹은 객차 안에서만 판매한다. 음식이 사람을 찾아가는 것이 아니라 사람이 음식을 찾아오게 하니 이 또한 훌륭한 스토리텔링이다. 실제로 유명 에키벤이 있는 곳은 역의 규모에 상관없이 관광객이 몰리고, 따라서 적잖은 관광 유발 효과를 거두고 있다.

사정이 이렇다 보니, 지역 단위나 전국 단위에서 다양한 에키벤 선발대회가 개최된다. 일부러 찾아가야 맛볼 수 있는 에키벤이 한자리에 모이는 까닭에 에키벤 선발대회는 일단 행사 자체가 인기다. 대회에서 수상이라도 하게 되면 전국적인 유명세를 얻는 것은 물론이거니와 해당 지자체의 입장에서도 그만한 홍보가 없다.

현재 규슈에서는 총 14개 노선, 34개 역에서 110종이 넘는 에키벤이 판매되고 있으며 가격대 역시 400~1,500엔으로 다양하다. 규슈 지역 전체를 관할하는 철도회사인 JR규슈 역시 매년 '규슈 에키벤 그랑프리'를 개최하고 있다. 대회는 그해 10월에 시작해 이듬해 2~3월에 결과를 발표하는 지리하고 복잡한 과정을 거친다. 우선 설문조사를 통해 50개의 에키벤을 선정하고, 지역 예선을 통해 14개로 압축한다. 지역 예선을 통과한 14종을 대상으로 인터넷 투표를 진행하는 동시에, 1~2월경 JR

하카타역에서 공개 시식회를 갖고 현장 투표를 다시 진행한다. 그리고 최종적으로 3월경에 특별심사위원들과 기자들이 참여한 심사 결과를 합산해 1위에서 14위까지의 순위를 발표한다. 선정 과정만 봐도 에키벤에 대한 일본인의 관심과 기대가 얼마나 대단한지 어렵지 않게 짐작할 수 있다.

이렇게 까다로운 심사 과정에도, 규슈의 에키벤에는 전통적인 강자가 있었다. 구마모토현의 아유산다이(은어도시락)와 구리메시(밤밥), 오이타현의 분고사바스시(고등어초밥), 미야자키현의 가시와메시(닭밥) 등이다. 모두 만화《에키벤》규슈 편에서 상세히 소개될 정도로 유명한 에키벤이다.

그런데 2012년에 발표된 제8회 대회부터 이변이 일어났다. 처녀 출전한 '사가규 스키야키 벤토'가 우승을 차지하는가 하면, 준우승을 차지한 '아리타야키카레'까지, 모두 사가현의 대표선수들이 상위권을 휩쓸었다. 사가현으로서는 지역관광 활성화에 더없는 호재를 만난 셈이다. 지역신문에서는 무려 두 면을 털어 수상 소식을 전하기도 했다. 이변은 제9회 대회로까지 이어졌다. 이들은 2013년 3월에 발표된 결과에서도 각각 우승과 3위를 차지했다.

올레를 시작하며, 사가규 스키야키 벤토

2년 연속 우승을 차지한 사가규 스키야키 벤토를 출품한 '가이로도ヵイロ堂'는 사가현 다케오시 다케오온센역 구내에 있는 작은 카페다. 2010년 다케오온센역 개축과 더불어 영업을 시작한 곳으로, 2012년 대회가 처녀 출전이다. 규모도 작고 역사도 일천한 신생 업체가 첫 출전에서 우승을 차지했으니 당연히 화제의 중심이 되었다.

사가규 스키야키 벤토의 구성은 굉장히 단순한 편으로, 쌀밥 위에 불고기를 얹고 오신코おしんこ라는 채소절임을 반찬 삼아 곁들였을 뿐이다. 구성이 단순한 대신 식재료로 승부를 걸었다. 우선 쌀은 사가현에서 생산되는 것만 고집했다. 물 맑고 공기 좋은 곳에서 재배된 쌀을 갓 도정해 밥을 지으니 그 향과 찰기가 남다를 수밖에 없다. 비록 도시락용 밥이지만 고급 정식집과 비교해도 결코 뒤지지 않는 수준이다.

쌀보다 더 중요한 재료는 쇠고기로, 사실은 이것이 사가규 스키야키 벤토의 핵심 경쟁력이고 우승의 비

'사가규 스키야키 벤토'는 그 규모와 명성에 상관없이 지역의 농산물을 가공하는 방식에 따라 얼마든지 성공의 가능성이 열려 있음을 보여 준다.

결이었다. 일본의 경우 지자체 단위는 물론이고 몇몇 축산 농가가 합심해 독자적인 와규 브랜드를 육성한다. 한우가 육질을 기준으로 3등급부터 1++등급까지 5개 등급으로 나뉘듯이, 와규 역시 A1등급부터 A5등급까지 5개로 나뉜다. 사가규 스키야키 벤토는 사가현의 와규 브랜드인 '사가규佐賀牛' 중에서도 최고 등급인 A5등급의 쇠고기만 엄선해서 사용한다. 이런 고기에 간장과 설탕을 중심으로 불고기양념을 해서 구웠으니 맛있지 않을 수가 없다. 밥과 불고기가 혼연일체가 돼 잘근잘근 씹히는가 싶더니 어느새 살살 녹는다.

쉽게 말해서 강원도 철원에서 생산된 오대미로 지은 쌀밥에 1++등급의 횡성한우로 만든 불고기를 올린 격이다. 그러니 내로라 하는 에키벤이 모인 대회에서 우승을 하고, 그러니 도시락 하나에 1,260엔이라는 만만찮은 가격임에도 불티나게 팔리는 것이다.

금상첨화랄까? 사가규 스키야키 벤토가 우승을 차지하는 것과 때를 맞춰 규슈올레 다케오 코스가 개장했다. 2013년까지 개장된 8개의 규슈올레 코스 가운데, 다케오 코스는 후쿠오카와 접근성이 좋아 특히 한국인 올레꾼이 많이 찾는다. 하필이면 코스의 출발점이 도시락을 파는 카페 앞이다. 자연스레 "다케오 코스에는 사가규 스키야키 벤토"라는 또 하나의 스토리텔링이 만들어졌다. 안 되는 놈은 뒤로 자빠져도 코가 깨진다지만, 되는 놈은 뭘 해도 되는 것이 세상 이치란 말인가?

다케오온센역의 작은 카페에서 만든 '사가규 스키야키 벤토'는 규슈 에키벤 그랑프리에 처음 출전해 2년 연속 우승함으로써 많은 화제를 낳고 있다. 흡사 불고기덮밥과 비슷한 이 도시락은 한국인 관광객들에게도 꽤 인기가 높다.

도자기 고장의 에키벤, 아리타야키카레

사가현 서부에 있는 아리타有田는 일본 내에서 도자기마을로 유명한 곳이다. 올해로 110회째를 맞는 '아리타도자기 축제'에는 일주일 동안 무려 100만 명의 관광객이 찾을 정도로 인기다. 그 역사는 1616년 정유재란 때 끌려 간 조선 도공 이삼평李參平(?~1655)으로부터 시작되었는데, 이를 기리기 위해 아리타에는 이삼평을 모시는 신사까지 세워져 있다.

아리타야키카레는 이러한 지역적 특성을 아주 절묘하게 스토리텔링에 활용했다. 우선 명칭부터가 그렇다. 일본에서는 도자기를 '구운 그릇'이라는 뜻으로 야키燒라고 한다. 또한 음식에 이 말이 붙으면 '구운 음식'임을 나타낸다. 아리타와 카레 사이에 '야키'라는 말이 들어간 것은 그래서 절묘하다.

우선 카레 위에 치즈를 토핑하고 오븐에 한 번 구워서 내니 말 그대로 야키카레다. 그리고 만들어진 카레를 아리타야키에 담아내니 이건 또 영락없는 아리타야키 카레다. 게다가 그릇은 고객의 것이다. 카레 한 그릇에 1,500엔이라는 만만찮은 가격이지만 유명한

한국의 약선요리를 모티브로 개발된 '아리타야키 카레'는 규슈 에키벤 그랑프리에서 3년 동안 우승, 준우승, 3위를 각각 차지했다. 도자기의 고장인 지역 특성을 살려 카레를 도자기 그릇에 담아 팔아 일석이조의 효과를 거두고 있다.

아리타야키를 '득템'한다는 생각에 합리성 따위는 이미 관심 밖이다. 덕분에 카레도 팔고 지역 특산물도 함께 판매하는 일석이조의 효과를 거두고 있다.

대체 누가 이렇게 기발한 아이디어를 냈을까 싶어 제조원을 직접 찾아가 봤다. 그저 평범하고 아담한 갤러리카페였다. 갤러리 오타는 아리타야키카레로 '규슈 에키벤 그랑프리'에서 2011년에는 우승, 2012년에는 준우승, 2013년에는 3위를 차지했다. 정확한 판매량을 밝히지는 않았지만, 도쿄에 있는 게이오백화점에만 매일 1,500인분의 카레를 배송한다고 한다. 여기에 아리타역에서 판매되는 것과 갤러리에서 판매되는

것까지 합치면 얼마나 될지 짐작조차 되지 않는다.

  수요를 감당하기 위해 갤러리 오타는 두 곳의 카레공장을 운영하고 있었다. 한 공장에는 1,000인분 분량의 카레를 만드는 솥이 6개, 또 한 공장에는 400인분의 카레를 만드는 솥이 4개다. 이 정도 규모가 필요한 이유는 28가지 향신료가 배합된 카레가루를 볶는 데만 일주일이 걸리기 때문이다. 뜻밖에도 이곳의 향신료 배합은 한국의 약선요리에서 모티브를 얻었고, 따라서 한국인에게 익숙한 한약재도 의외로 다양하게 사용된다고 한다.

  향신료 다음으로 중요한 재료인 쇠고기는 사가규 스키야키 벤토와 마찬가지로 지역 특산물인 사가규를 사용하고 있었다. 그 맛은 뭐랄까, 묵직한 쇠고기 육수가 깔린 운동장 위에서 혈기 왕성한 향신료 선수들이 마음껏 뛰어노는 느낌이다. 그라운드 컨디션이 워낙 좋으니 선수들의 동작이 무척이나 매끄럽고 활발하다. 이틀을 조려 낸 사가규 우둔살은 향신료를 가득 머금고 부드럽게 녹아들었다. 굳이 '야키'라는 스토리텔링이 아니더라도 충분히 우승할 만한 물건임에 틀림없다.

가이로도(カイロ堂)
佐賀県 武雄市 武雄町 大字富岡 8249-4 T.0954-22-2767

갤러리 오타(おおた)
佐賀県 西松浦郡 有田町 南原甲 444 T.0955-42-4275

음식 냄새

코로 느끼는 맛을 중시하는 일본인의 이중잣대

일본인은 냄새에 민감하다. 그 민감함의 정도가 한국인의 입장에서는 상상을 초월할 정도다. 내 몸에서든 남의 몸에서든 혹은 공간에서든, 불쾌한 냄새를 풍기는 건 무조건 질색이다. 덕분에 향수, 방향제, 탈취제, 데오도런트, 구취제거제 등의 제품이 상상을 초월할 정도로 발달해 있다. 대형마트나 편의점 등에서 판매되는 제품의 종류와 그 비중을 확인해 보면, 그 민감함이 편집증에 가까움을 실감할 수 있다.

하다 하다 결국에는 대변 냄새를 없애 주는 약까지 등장했다. 'Fe클로로필'이라는 약은 위장에서 냄새의 원인이 되는 물질을 제거하는 역할을 한다. 입 냄새, 땀 냄새는 물론이고 대변 냄새와 여성들의 생리 때 발생하는 냄새까지 제거해 준다고 하니 솔깃할 만하다. 그 거짓말 같은 효과를 직접 체험해 보고 싶었는데, 안타깝게도 아직이다.

냄새에 대한 일본인의 강박증을 자세히 살펴보면 한 가지 패턴이 발

후쿠오카의 어느 이자카야 화장실에 비치된 방향제. 이렇게 다양한 방향제를 비치해 놓은 것에서 냄새에 대한 일본인의 강박증의 정도를 짐작할 수 있다.

견된다. 자신의 흔적을 다른 사람이 알아채는 것을 굉장히 두려워한다는 것이다. 남에게서 나는 냄새를 맡는 것도 싫지만, 그보다 더 질색인 것은 자신의 냄새가 타인에게 전달되는 것이다. 일본음식에서 마늘이 사용되는 경우를 좀처럼 찾기 어려운데, 만두와 야키니쿠만큼은 예외다. 그래서 많은 직장인이 평일 점심은 물론 저녁식사로도 만두와 야키니쿠 먹는 것을 꺼린다. 일과 중에나 혹은 다음 날 출근할 때 마늘 냄새가 날까 조심스럽기 때문이다. 부득이하게 그런 음식을 먹은 다음에는 껌, 구취제거제, Fe클로로필 등으로 냄새를 제거하느라 한바탕 난리법석을 떤다.

식당이나 술집의 화장실을 가면 방향제, 탈취제가 빼곡히 놓여 있다. 일을 보고 나서 혹시라도 남게 될 내 흔적을 지우기 위한 도구들이다. 이놈 저놈 섞이면 정체 모를 향이 만들어지지만 개의치 않는다. 내 냄새만, 내 흔적만 사라지면 그만이기 때문이다.

냄새에 대한 이중잣대

그런데 이렇게까지 민감한 사람들이 이상하리만치 관대한 분야가 있으니, 바로 음식 냄새다. 한국인은 일본인을 보고 가끔 "알다가도 모를 국민"이라고 말하는 경우가 있다. 이에는 여러 가지 이유가 있지만 그중 하나는 사물이나 현상에 대한 이중적인 기준 때문이다. 냄새에 그렇게 신경질적인 일본인이 음식 냄새에 대해서만큼은 얼마나 관대한지, 신기할 정도다.

기차처럼 밀폐된 공간에서는 도시락은 고사하고 햄버거나 김밥만 먹어도 사방으로 냄새가 퍼진다. 한국에서는 여럿이라면 몰라도 혼자서 객차 내에서 식사를 하는 경우, 음식의 종류에 상관없이 굉장히 조심스러워한다. 대충 봐도 전전긍긍하는 기색이 역력하다. 이에 반해 어려서부터 남에게 폐를 끼치지 말라고 지겨울 정도로 교육받는 일본인이지만, 기차에서 밥 먹는 것만큼은 그렇게 당당하고 자연스러울 수 없다. 주변에서도 전혀 신경 쓰지 않는 눈치다. 오히려 기차에서 까먹는 도시락인 에키벤은 기차 여행에서 빼놓을 수 없는 즐거움이자 일본의 대표적인 문화코드로까지 정착했다. 덕분에 제 나라 기차에서는 김밥 한 줄도 맘 편히 먹지 못하는 나 같은 인간도, 일본만 가면 떡 벌어지게 한 상 차려 놓고 느긋하게 즐기게 된다.

인간이 특정 사건이나 공간을 기억할 때 시각, 후각, 촉각, 청각 등 감각에 의존하는 경우가 더러 있다. 규슈의 관문이자 현재 일본 최대 규모를 자랑하는 하카타역. 후쿠오카를 방문하면 한 번쯤은 거치는 곳이다. 이 역사에 가 본 사람이라면 예외 없이 기억하는 것이 하나 있는데, 다름 아닌 '버터' 냄새다.

이 버터 냄새는 거대한 하카타역 어느 입구로 들어가더라도 방문객의 감각을 가장 먼저 자극한다. 그 냄새를 따라가 보면 언제나 긴 줄이 늘어선 광경과 마주한다. 'il FORNO del MIGNON', 줄여서 '미뇽'이라고 부르는 크루아상 가게 앞에 선 줄이다. 오전 7시부터 밤 11시까지 거의 하루 종일, 365일 쉬지 않고 크루아상을 구워 내기 때문에, 빵 굽는 냄새가 하카타역 1층을 완전히 장악하고 있다.

버터가 듬뿍 들어간 크루아상이 오븐에서 구워지는 냄새는 물론 나쁘지 않다. 하지만 아무리 좋은 냄새도 자꾸 맡으면 질리게 마련이다. 관광객이야 상관없지만 이 공간에서 늘 생활하는 사람들에게는 고문과도 같을 것이다. 한국 같으면 당장에 철수하라고 민원이 쇄도함이 마땅하다. 기발한 아이디어와 꼼꼼한 기술력을 가진 일본에서 냄새 잡는 것 정도야 일도 아니고, 이도 저도 아니면 역사 입구나 외부로 옮기기라도 했을 것이다. 하지만 미뇽은 무려 17년째 하카타역 1층 한가운데서 오늘도 열심히 버터 냄새를 풍기고 있다.

항상 문전성시를 이루다 보니, 손님이 몰리는 시간에는 행렬을 유도하는 직원이 따로 배치될 정도다. 그래서 여길 한 번이라도 가 본 사람이

후쿠오카 하카타역 1층에 있는 '미뇽'(위)과 파르코쇼핑센터 지하 식당가에 있는 '기와미야'(아래)는 하루 종일 빵 굽는 냄새와 고기 굽는 냄새를 풍긴다. 그럼에도 불구하고 고객도, 주변 상인들도 크게 문제 삼지 않는 분위기다.

라면, '대체 이 집은 하루에 크루아상을 몇 개나 팔까?'라는 의문을 가지게 마련이다. 후쿠오카 지역신문의 보도에 따르면, 주말의 경우 하루 평균 고객 수 2,000명에 3만 개의 크루아상이 판매된다고 한다. 기껏해야 네다섯 평 남짓한 매장에서 빵을 하루에 3만 개나 구워 낸다니, 상상이 가시는가! 이렇게 대박을 치는 집이니 입점 수수료를 받는 건물주(JR규슈)나, 집객효과 덕을 보는 인근 점포들 입장에서 굳이 반대를 할 이유가 없고, 냄새에 질려도 그나마 참아 주는 것이다.

   음식 냄새가 주변 업소에 민폐를 끼치는 곳은 비단 미뇽뿐만 아니다. 후쿠오카 덴진에 위치한 파르코쇼핑센터 지하에는 햄버거스테이크 전문점 '기와미야極味や'가 있다. 레어로 익혀 나온 햄버거스테이크를 뜨겁게 달군 쇳덩어리에 올려, 각자의 취향에 맞게 구워 먹는 독특한 방식으로 소문이 자자한 곳이다. 요즘은 한국과 중국 관광객들까지 몰리고

있다. 덕분에 식당 내부는 쇳덩이에 고기가 익으면서 발생하는 연기와 냄새가 진동을 한다.

문제는 기와미야가 전면과 측면이 훤히 뚫린 지하 식당가에 위치해 있고, 영업시간 내내 손님이 줄을 서는 집이라는 점이다. 덕분에 지하 식당가는 온통 기와미야가 뿜어내는 연기와 냄새로 가득하고, 어느 식당을 가든 이 냄새와 연기로부터 헤어날 수 없다. 냄새에 그렇게 민감한 일본인이 이런 가게를 좋아하고, 인근 업소나 그 업소를 찾은 고객들이 이를 묵인 또는 방조하는 것 역시 신기한 일이다.

특정 업소만 그런 것이 아니다. 일본에서 후쿠오카 하면 떠올리는 것

음식점 내부의 연기와 냄새를 밖으로 빼내는 환풍기를 길 가는 행인을 향해 설치해 놓을 정도로 일본인은 음식 냄새에 대해서만큼은 이상할 정도로 관대하다.

중에 하나가 '돈코쓰', 즉 돼지사골 냄새다. 돈코쓰라멘의 원조답게 후쿠오카 시내에는 발에 차이는 것이 돈코쓰라멘집이다. 제대로 된 돈코쓰라멘집이라면 육수를 내기 위해 하루 종일 돼지사골을 삶는다. 대부분의 라멘집이 이때 나오는 냄새를 밖으로 그냥 내보낸다. 때문에 라멘집 앞을 지나면 언제나 꼬리꼬리한 돼지사골 냄새가 진동한다. 이 냄새에 익숙지 않은 사람들에겐 불쾌함을 넘어 역겨운 수준이다. 반면 후쿠오카 출신들에게는 '고향의 향기'라 할 만큼 정겨운 냄새다. 심지어 일부 마니아들의 경우 밖에서 맡는 냄새만으로도 그 집 육수의 수준을 짐작할 수 있다고 하니, 이방인의 입장에서는 이 또한 신기할 따름이다.

이에 반해 고급 식당과 카페 등은 냄새는커녕 먼지 한 톨 발견되지 않을 정도로 깔끔한 분위기를 연출한다. 이렇듯 상반된 분위기 또한 일본 식문화의 한 단면이다.

더 기막힌 경우도 있다. 에어컨 실외기에서 나오는 뜨거운 바람이 행인에게 민폐를 끼치지 않도록 갖은 수단을 강구하는 사람들이, 음식 냄새를 빼내는 환풍기는 별도의 여과장치 없이 그냥 거리를 향하게 설치한다. 이를 자세히 보면 단순히 밖으로 빼내는 데 그치지 않고 냄새가 행인에게 직접 향하도록 각도를 틀어 놓았다. 술집과 음식점이 몰려 있는 동네는 대부분 이런 식이다. 그러니 거리를 지나다 보면 항상 냄새와 연기가 진동한다. 손님을 끌기 위한 수단이라는 것쯤은 어렵지 않게 짐작할 수 있지만, 다른 나라도 아닌 일본이기에 이 풍경은 선뜻 이해가 안 된다.

이와 반대로 일본의 고급 레스토랑이나 스시집은 젠스타일 혹은 미니멀리즘의 궁극을 추구한다. 냄새는커녕 먼지 한 톨 없는 무균실을 연상케 할 정도다. 냄새가 없는 것에서 그치지 않고 냄새를 상상하는 것조차 차단하는 수준이다.

예민한 후각이 즐기는 식재료 고유의 향

이런 양 극단의 모습을 접하다 보면 대체 어느 쪽이 진짜 일본의 모습인지 궁금할 때가 많다. 하지만 시시콜콜 따지는 것은 무의미하다. 한 나라의 국민성은 그렇게 무 자르듯 단정 지을 성질의 문제가 아니다.

하지만 현상들 속에서 행간에 담긴 의미를 읽어 내는 노력은 필요하다. 냄새에 민감하다는 것은 후각이 그만큼 발달했다는 반증이다. 불필요한 냄새는 싫어하지만 필요한 냄새에 대해서는 관대하다는 의미일 수 있다. 그래서 일본인은 음식에 있어 '향'을 굉장히 중요한 기준으로 생각한다.

일본 전통음식은 향이 강하지 않은 것처럼 보이지만, 실제로는 재료가 가진 향을 얼마나 충실히 뽑아내는가를 혀로 느끼는 맛만큼이나 중요하게 생각한다. 같은 이유로 일본인은 향신료 범벅인 음식을 유난히 좋아한다. 인도에서 시작해 영국을 거쳐 일본에 정착한 카레가 일본의 대중음식이 된 것 역시, 향에 예민하고 향을 즐기는 이중적인 기호가 반영된 결과다. 그래서 요즘 일본인을 보면, 인도인 못지않게 향신료를 자유자재로 다룬다는 느낌을 받는다. 마파두부나 단탄멘 등 중국 사천 요리를 유난히 좋아하는 이유도 마찬가지다. 와인이나 사케에 대한 기준 또한 향이 중요한 역할을 한다.

다른 냄새에는 편집증에 가까울 정도로 민감하면서 음식 냄새에 대해서만큼은 더할 나위 없이 너그러운 일본인의 이중적인 태도. 이는 일본이 세상의 모든 음식을 거침없이 받아들이는 개방적인 태도의 배경이 되었다. 앞으로 일본을 여행하게 되거든 한 번 유심히 살펴보시기 바란다. 그동안 미처 몰랐던, 일본 식문화의 또 다른 특징 하나를 발견하게 될 것이다.

야타이

후쿠오카의 속살을 만지다

  한국의 포장마차를 일본어로 '야타이屋台'라고 한다. 일본인, 외국인 할 것 없이 후쿠오카를 찾는 외지인들은 반드시 한 번쯤 야타이를 찾는다. 그만큼 야타이는 후쿠오카의 명물이고, 또 숫자도 많다.

  저녁부터 새벽까지 장사를 하는 야타이는 늦은 오후부터 장사를 준비한다. 후쿠오카 시내를 돌아다니다 야타이가 눈에 띄기 시작하면, 이제 곧 해가 지고 직장인들의 퇴근 시간이 가까워졌음을 짐작할 수 있을 정도다. 포장마차에 익숙한 한국인에게 후쿠오카의 야타이는 매우 친숙하면서도 이색적인 공간이다. 그래서 일본인을 제외한 야타이의 최대 고객은 한국인 관광객들이다. 좁디좁은 포장마차에 어깨를 맞대고 앉아 술 한잔 기울이다 보면 여기가 대체 일본인가 한국인가 헷갈릴 때도 있고, 더불어 이런 게 진정한 관광의 묘미라는 생각이 들기도 한다.

  에도시대에 처음 등장한 야타이는 스시, 소바, 덴푸라 등을 판매하는 일종의 길거리음식점이었다. 그러던 것이 제2차 세계대전 직후부터 우후죽순 생겨났는데, 후쿠오카에서도 마찬가지였다. 당시의 야타이는 상점, 밥집, 술집 등 다양한 업종이 혼재되어 일종의 암시장 혹은 난전을 형성하고 있었다.

1960년대로 접어들면서 야타이는 간단한 술과 안주 그리고 라멘을 판매하는 곳으로 정착했다. 후쿠오카의 3대 명물 음식인 돈코쓰라멘, 미즈타키水たき(닭고기를 삶아 먹는 요리로 한국의 백숙과 비슷하다), 모쓰나베もつ鍋(일본식 곱창전골) 등도 야타이를 통해 지금과 같은 형태로 발전하게 된다. 흥미로운 사실은 도시화가 진행되면서 다른 지역의 야타이는 쇠퇴한 데 반해, 후쿠오카의 야타이는 여전히 호황을 누리고 있다는 점이다. 술 좋아하고 사람과 어울리길 좋아하는 후쿠오카 사람들의 지역성이 단단히 한몫했을 것이다. 그래서 지금은 일본 전국에 있는 야타이의 약 40퍼센트가 후쿠오카시에 몰려 있다. 패전의 어수선한 상황에서 호구지책으로 시작했던 것이 어느새 지역을 대표하는 관광 상품이 된 것이다.

호구지책이 관광 상품으로

하지만 너무 많은 것이 탈이었다. 도심 곳곳에 자리 잡은 야타이는 도로를 불법 점거함으로써 도시 미관을 해치고, 각종 위생 문제를 야기할 뿐 아니라 주변 상인들의 영업권을 침해하는 등 부작용을 낳았다.

이에 후쿠오카시는 2000년 '후쿠오카시 야타이 지도요강'을 제정하게 된다. 이에 따라 지정된 도로의 점유를 허가하는 대신 사용료를 징수하고, 관리·감독을 위해 야타이 지도원을 두는 등의 개선책을 시행했다.

한편 이 지도요강에는 '일대한계一代限り'라는 원칙이 있었다. 일대한계란 법적으로 야타이의 존재는 인정하되 타인에게 매매 또는 양도할 수 없고, 영업권의 승계는 오로지 배우자나 자식에게만 가능하게 하는 제도였다. 이미 도시의 명물로 굳어진 것을 강제로 철거하는 대신 시간의 흐름에 따라 자연스레 사라지도록 하겠다는 취지였다.

일대한계 원칙의 효과는 의외로 강력했다. 2000년대 초만 하더라도 200여 개에 달했던 후쿠오카의 야타이 수는 2007년 167개, 2009년 161개, 그리고 현재는 약 150개로 줄어들었다. 상황이 이쯤 되니 지자체는 심각성을 깨닫기 시작한다. 10여 년 전만 하더라도 없애지 못해서 난리였던 여론이, 이제는 '이러다 도시의 명물이 순식간에 사라지는 것은 아닌가' 하는 우려로 바뀌었다. 이에 후쿠오카시는 2011년, 문제 해결을 위해 매우 흥미로운 대책을 두 가지 내놓는다.

첫째는 각계 전문가 20여 명으로 구성된 '야타이와의 공생을 위한 태도 연구회'라는 일종의 자문기구의 출범이다. 이 연구회는 출범 이후 매월 한 차례씩 열린 공개회의를 통해 문제의 해결 방안을 모색했다. 그 결과 일대한계 원칙을 완화하는 것을 골자로 야타이 활성화를 위한 방안을 마련했다.

정작 흥미로운 대목은 두 번째 대책이다. 후쿠오카시는 '총무기획국 기획과장'이라는 핵심 보직을 아예 야타이 관련 업무만 전담하는 '야타이과장'으로 변경해 버렸다. 그리고 그 자리에 도쿄대학 출신의 캐리어 관료로 총무성에서 근무하고 있던 약관 26세의 우스이 도모이코碓井智彦를 임명하는 파격적인 인사를 단행한다(캐리어관료란 한국의 행정고시에 해당하는 국가공무원 1종 시험을 통해 임용된 공무원을 말한다).

중앙부처에서 근무하던 엘리트 공무원이 야타이과장으로 임명되었다는 사실은 일본 내에서 매우 흥미로운 사건이었다. 일개 시청 과장의 인사에 대해 《아사히》, 《요미우리》, 《산케이》 등 주요 언론이 앞다투어 보도를 할 정도였다. 이는 단순히 후쿠오카시 야타이에 한정된 문제라기보다는, 전통적 가치와 현대적 가치가 충돌하는 타 지역의 현안과도 관련된 문제이기 때문이다. 어쨌거나 국가적 관심의 대상이 된 젊은 우스이 과장은 '야타이과장의 블로그'까지 운영하며 의욕을 불태우고 있다. 앞으로 후쿠오카의 야타이 관련 정책이 어떻게 개선되는지 흥미롭게 지켜볼 필요가 있을 것 같다.

관광객을 위한 나카스, 토박이를 위한 덴진

어느 관광지든 토박이들과 관광객이 주로 찾는 술집과 식당은 나뉘게 마련이다. 후쿠오카의 야타이 역시 마찬가지다. 후쿠오카시의 대표적인 야타이 밀집 지역은 시내 중심가인 덴진 주변 그리고 일본의 3대 유흥가인 나카스中洲 주변이다. 나카스 쪽은 관광객이 많이 찾는 반면,

덴진 쪽은 근처 샐러리맨을 비롯한 토박이들이 주로 찾는다. 때문에 나카스는 특화 혹은 전문화된 야타이가 많은 반면, 덴진은 상대적으로 평범한 야타이가 대부분이다.

관광객이라면 심심한 덴진보다는 나카스 쪽이 더 흥미로울 것이다. 후쿠오카시를 동서로 나누는 나카강 주변에 있는 야타이는 일단 입지 자체가 관광객을 유혹하기에 충분하다. 야타이들 역시 꽤 전문화되어 있는 편이다. 간단한 안주와 술을 파는 전통적인 형식에서 벗어나 라멘, 스시, 오뎅, 덴푸라, 야키토리 등으로 전문화된 경우가 많으며 심지어는 프랑스요리, 이탈리아요리, 칵테일 등을 전문으로 하는 야타이가 있을

150여 개에 이르는 후쿠오카의 야타이는 낮과는 또 다른 후쿠오카의 밤 풍경을 연출한다. 한국인의 입장에서 이러한 풍경은 어색하기는커녕 푸근함으로 다가온다.

정도다. 기껏해야 열 명 정도 앉을 수 있는 작은 규모지만, 종업원만 서너 명에 전문 호객꾼까지 따로 둘 정도로 기업화된 곳도 더러 있다.

하지만 후쿠오카의 속살을 들여다보고, 시민들의 소소한 일상을 안주 삼아 술을 먹고 싶다면 단연 덴진이다. 후쿠오카 토박이들이 야타이를 선택하는 기준은 한국인과 비슷한 구석이 많다. 첫째는 주인장의 인품을 보고, 둘째는 단골손님들의 면면을 본다. 일본인은 이를 두고 "분위기를 마신다"라는 표현을 쓴다. 사실 포장마차를 찾는 사람들의 목적은 이 나라나 저 나라나 다르지 않다. 술을 마시기보다는 인정을 마시고, 술에 취하기보다는 사람에 취하고 싶은 것이 인지상정이다. 그래서

한국의 포장마차와 너무도 흡사한 야타이의 내부는 한국인의 삶과 일본인의 삶이 크게 다르지 않음을 대변한다. 토박이들과 어깨를 맞대고 술 한잔 기울이는 것은 후쿠오카 여행의 진정한 매력이다.

주머니 사정이 그리 넉넉하지 않은 서민들에게 포장마차는 언제나 든든한 벗이고 안식처다.

나의 단골집인 '사쓰마야きつまや'라는 야타이 역시 덴진 지역 중심가에 있다. 이 집에 처음 발을 들인 게 벌써 9년 전이니 제법 관록이 붙은 셈이다. 야타이 내부는 한국의 포장마차와 닮아도 너무 닮았다. 리어카의 4개 면 가운데 3개 면은 손님들 차지고, 1개 면은 주인장의 몫이다. 그 가운데는 각종 안줏감이 보관된 냉동 케이스가 있다. 안주는 오뎅, 꼬치구이 등이 주류를 이룬다. 지역의 명물음식인 직화로 구운 돼지족발과 명란젓(멘타이코)도 빠지지 않는다. 술은 병맥주, 일본소주, 청주 등이 있다. 후쿠오카 야타이의 또 한 가지 특징은 어딜 가나 돼지사골을 우려낸 돈코쓰라멘이 빠지지 않는다는 점이다. 라멘을 안주 삼아 술을 마시는가 하면, 속풀이 음식으로 라멘을 찾는 경우가 많기 때문이다.

사쓰마야의 내부는 일반적으로 생각하는 청결한 일본과는 거리가 멀다. 벽면은 기름때로 절어 있고, 각종 조리도구는 낡았고, 내내 끓고 있는 육수 솥에서는 꼬리꼬리한 돼지뼈 냄새가 끊이질 않는다. 하지만 이처럼 정리되지 않고 지저분한 분위기가 오히려 편안하게 다가온다. 정돈되고 깔끔한 분위기는 삭막해서 술맛이 안 산다. 포장마차란 데가 원래 허위와 가식 따위는 던져 버리고 술을 마시는 곳이기 때문에 그럴 것이다.

하지만 포장마차라고 우습게 볼 일이 아니다. 사쓰마야는 올해로 장사를 시작한 지 44년이나 된 곳이다. 사쓰마야의 다나카 사장은 자신

이 태어나던 해에 부모님이 시작한 야타이를 2대째 운영하고 있다. 경남 남해안 사람들과 기질이 비슷한 규슈의 최남단 가고시마현 출신인 다나카 사장은 열혈 마라톤 마니아다. 런던, 보스턴 등 세계 유명 마라톤 대회는 물론이고 춘천 마라톤까지 완주한 경험이 있는 실력파다. 그래서인지 그는 언제나 씩씩하고 활기가 넘친다. 손님들은 언제나 변함없는 그 에너지에 반해 사쓰마야의 문턱을 넘는다.

내가 처음 이곳을 방문한 9년 전만 하더라도 단골들은 이방인에 대한 경계의 눈빛을 거두지 않았다. 관광객이 여기까지는 어떻게 알고 찾아왔을까 하는 표정이 대부분이었다. 하지만 지금은 사정이 다르다. "한국인이냐?"고 먼저 묻는 손님이 있는가 하면, 다나카 사장이 "한국에서 온 손님"이라고 소개하면 모두들 반가워하는 눈치다. 그러고는 유명 가수나 탤런트, 혹은 일본서도 화제가 됐던 한국 드라마를 아느냐고 묻기도 한다. 야타이에서까지 한류의 대단함을 실감하는 순간이다.

한국 관광객에게 있어 후쿠오카의 야타이는 처음에는 이질감이, 나중에는 동질감이 느껴지는 그런 공간이다. 이 독특한 분위기를 느끼기 위해서라도 야타이는 한 번쯤 들러 볼 만한 곳이다. 부디 후쿠오카 시민들의 든든한 안식처이자 후쿠오카의 명물인 야타이가 오래도록 사라지지 않기를, 이방인의 한 사람으로서 기원할 따름이다.

프로듀싱 계열점

단순한 프랜차이즈를 뛰어넘는 일본 외식산업의 자존심

먹는 것은 무지하게 좋아하는 데 반해 가처분소득이 생각만큼 많지 않고, 인구는 1억 2000만 명이 넘는 나라다 보니, 일본 역시 프랜차이즈 형태로 운영되는 외식 브랜드가 엄청 많다. 덮밥 전문점 스키야와 요시노야, 이자카야 와타미, 도시락 전문점 호토모토, 우동 전문점 웨스트, 회전스시 전문점 갓파스시, 돈카쓰 전문점 야요이켄, 카레 전문점 고코이치반야, 양식레스토랑 로열호스트 등은 일본 전국에 걸쳐 없는 동네가 없을 정도다.

이들 유명 브랜드의 경우 연 매출만 조 단위를 넘는 수준이다. 참고로 2011년을 기준으로 상장사 가운데 매출액이 가장 많은 외식기업은 덮밥 브랜드 스키야를 거느리고 있는 젠쇼홀딩스다. 일본 덮밥 브랜드의 전통적인 강자인 요시노야를 제치고 2008년 일본 최대 덮밥 브랜드로 등극한 스키야의 선전에 힘입어, 젠쇼홀딩스는 2011년에만 3700억 엔

(약 4조 원)의 매출을 기록했다.

1997년 정점을 찍은 이후로 일본 외식시장 규모가 줄어들자, 이들 외식기업들은 적극적인 해외 진출도 모색하고 있다. 최근 2~3년 사이에는 한국 진출이 특히 두드러진다. 호토모토, 와타미, 갓파스시, 마루가메 제면, 모스버거, 고코이치반야 등이 이미 서울을 중심으로 매장을 운영 중이다.

일본의 전통적인 대중음식을 패스트푸드화시킨 이들 브랜드는 저렴한 가격, 검증된 메뉴, 24시간 영업, 편리한 접근성 등으로 이제 일본인에게 있어 없어서는 안 될 존재가 되었다. 한 가지 재미있는 사실은 일본에서는 가장 서민적인 음식점에 해당하는 이들 브랜드가, 한국에 진출할 때는 항상 강남 요지에 첫 매장을 열고 마치 고급 레스토랑이라도 되는 듯 신분 세탁을 한다는 점이다. 브랜드 이미지 구축을 위한 당연한 선택이겠지만 어쨌거나 좀 가증스럽게 보인다.

아무튼 이러한 결과만 놓고 보면 산업적인 측면에서 외식업의 전개 상황이 한국이나 일본이나 큰 차이가 없어 보인다. 그런데 일본에는 개인 음식점으로 보기에는 규모와 시스

템이 남다르고, 그렇다고 프랜차이즈도 아닌 음식점이 더러 보인다. 이런 음식점을 지칭하는 마땅한 용어가 없어 편의상 '프로듀싱 계열점'이라고 부르기로 한다.

브랜드나 메뉴는 달라도 경험과 노하우는 하나

프로듀싱producing을 국어사전에서 검색해 보면 "연극, 영화, 방송, 음악 따위에서 제작의 모든 관리를 책임지는 일"이라고 정의한다. 프로듀싱 계열점 역시 이와 비슷하다. A라는 음식점이 대박을 쳤다고 치자. 상식적으로 보면 외식업의 신화창조를 위해 A를 늘릴 수 있는 데까지 늘려 전국 브랜드화시키는 것이 정답이다. 하지만 프로듀싱 계열점은 그러지 않는다. A음식점을 통해 얻은 경험과 노하우를 바탕으로 A-AB-AC-AD 식으로 계열 음식점을 늘려 가는 형식이다. 브랜드도 다르고 메뉴도 다른데, 모체인 A라는 공통점으로 인해 AB, AC, AD라는 음식점은 '다르면서도 같은' 이미지를 구축한다. 한마디로 정리하자면 한 명의 어머니에게서 서로 다른 생김새와 개성을 가진 여러 명의 자식이 태어난 형국이다.

프로듀싱 계열점은 모체가 되는 A와 무엇을 매개로 연결되어 있느냐에 따라 크게 네 가지로 분류할 수 있다. 이 책에서 어떻게든 한 번은 소개된 음식점을 사례로 그 구체적인 내용을 요약하면 다음과 같다.

수직계열형

이는 하나의 주된 식재료를 전부 소비하기 위해 메인브랜드에 여러 개의 서브브랜드를 만드는 경우다. 가고시마현 이즈미出水시의 축산 농가들은 '다이겐규'라는 독자적인 와규 브랜드를 만들고, 이를 직접 유통·판매하기 위해 '다이겐'이라는 고급 야키니쿠 전문점을 후쿠오카에 열었다. 그런데 이것만으로는 생산되는 쇠고기의 모든 부위를 소비할 수 없었다. 그래서 불고기, 햄버거스테이크, 소시지 등의 메뉴를 갖춘 정식 전문점 '다이겐쇼쿠도', 곱창구이 전문점 '다이겐호르몬', 스테이크 전문점 '비프타이겐'을 차례로 열었다. 끝으로 후쿠오카 한큐백화점 지하에 도시락과 고로케를 판매하는 매장까지 열었다. 결국 서로 다른 부위를 사용하는 수직계열화된 매장을 통해 고집 센 농부들이 정성껏 키운 소 한 마리를 남김없이 소비하는 시스템을 탄탄하게 구축했다.

가고시마현 이즈미시의 축산 농가들이 모여서 만든 와규 브랜드 '다이겐규'. 이들은 자신들이 키운 소의 모든 부위를 활용하기 위해 야키니쿠 전문점, 정식 전문점, 곱창구이 전문점, 스테이크 전문점, 도시락 전문점을 차례로 열었다.

식재료 통합형

원재료의 대량생산 시스템을 통해 주된 식재료의 고급화·규격화를 이룬 다음, 이를 소비하기 위한 다양한 브랜드를 만드는 경우다. 후쿠오카의 향토음식인 미즈타키 전문점으로 유명한 '하나미도리'는 미즈타키에 있어서 가장 중요한 재료는 역시 닭이라고 판단했다. 이를 위해 규슈 토종닭을 개량해 전용 사료를 먹여 키운 '하나미도리'라는 독자적인 품종의 닭을 직접 생산한다. 이렇게 생산된 닭은 우선 일본 전국에 있는 13개의 미즈타키 전문점에 공급됐다. 아울러 가정에서 직접 조리할 수 있는 레토르트 제품을 만들어 인터넷 쇼핑몰을 통해 판매도 했다. 그 다음으로 닭고기덮밥 전문점 '도리돈야', 치킨 전문점 '페푸치드', 닭요리 전문 료칸 '하나쇼안'을 차례로 열었다. 원재료인 닭이 좋으니 어디 할 것 없이 문전성시를 이루고 있다.

'하나미도리'는 대표 식재료인 닭의 품종을 독자적으로 개량하고 대규모 사육 시스템을 구축했다. 그리고 이를 바탕으로 13개 미즈타키 체인점을 비롯해 닭고기덮밥 전문점, 치킨 전문점 등을 열었으며, 닭으로 만든 레토르트 제품의 통신판매도 병행하고 있다.

서브브랜드형

하나의 음식점이 성공을 거두고 유명해졌을 경우, 그 음식점의 대표 메뉴 몇 가지만 따로 떼서 여러 개의 서브브랜드를 만드는 경우다. 대한 항공이 단거리노선 전용 저가항공사인 진에어를 만든 것과 비슷한 경우다. 후쿠오카의 고급 이자카야 '다나카타'. 재료도 최상이고 음식 솜씨도 더할 나위 없는 이 이자카야의 유일한 단점은 가격이 비싸다는 것이다. 배도 좀 채우고 술도 적당히 마실라 치면 1인당 1만 엔 정도의 예산을 잡아야 한다. 결국 문턱이 너무 높다는 단점을 해소하기 위해 대중음식점 브랜드를 만들었다. 카레 전문점 '본타나카', 정식 전문점 '왓파식당'과 '나카타나카' 등을 차례로 열었다. 본점의 기술과 운영 노하우가 전해졌으니 가격은 대중음식점을 지향하지만 그 맛과 분위기는 결코 대중적이지 않다.

후쿠오카의 고급 이자카야인 '다나카타'는 문턱을 낮추기 위해 카레 전문점, 정식 전문점 등의 서브브랜드를 만들고 이를 통해 높은 인기를 얻고 있다.

브랜드파워형

사실 '프로듀싱 계열점'을 분석해 보면 브랜드파워형이 가장 많다. 이 경우는 식재료도 조리법도 메뉴도 아무런 일관성이 없다. 그저 누가 프로듀싱했느냐 하는 이름값이 가장 중요하고, 그 이름값과 기대치가 비례한다. 유후인 3대 료칸 가운데 하나인 '산소무라타'. 이 료칸은 자연과 전통을 현대적으로 절묘하게 재해석함으로써 고급 료칸의 대명사 격으로 대접받는 곳이다. 이 료칸이 운영하는 6개의 외식 브랜드가 있는데, 각각은 단지 산소무라타가 프로듀싱했다는 이유로 화제가 될 정도였다. 롤케이크 전문점 'B-Speak'는 유후인의 명소를 넘어 타 지역에까지 분점을 내기 시작했으며, 소바 전문점인 '무라타 후쇼안'은 유후인 최고의 소바집으로 명성이 자자하다.

유후인에서 가장 고급 료칸으로 꼽히는 '산소무라타'는 자신의 브랜드파워를 활용해 롤케이크 전문점과 소바 전문점 등을 차례로 열어 료칸 못지않은 유후인의 명소로 만들었다.

개념 정의와 분류는 막연하던 것의 실체를 보여 준다. 이런 식으로 '프로듀싱 계열점'을 분석해 보면 일본의 외식시장이 얼마나 고도화되어 있는지 어렴풋이나마 확인할 수 있다. 일본에는 이런 식의 계열점이 의외로 활성화되어 있다. 이런 방식에는 전문성과 다양성이라는 두 마리 토끼를 동시에 잡을 수 있다는 장점이 있고, 바로 이 점이 일본 외식업의 핵심 경쟁력 가운데 하나다.

반가운 사실은 최근 들어 한국에도 이런 형태의 프로듀싱 계열점이 조금씩 늘어나는 추세라는 점이다. 대표적인 곳이 '벽제갈비'다. 벽제갈비는 모체인 벽제갈비를 중심으로 냉면 전문점 '봉피양', 설렁탕 전문점 '벽제설렁탕', 테이크아웃 전문점 '오세요' 등을 차례로 열었다. 모두 벽제갈비의 전통과 경험이 녹아 있는 곳이기에 위의 분류대로라면 '서브브랜드형'에 해당된다.

앞으로 한국과 일본에서 음식점을 다니실 때 이런 음식점을 유심히 살펴보시기 바란다. 호불호야 개인에 따라 나뉘겠지만, 무분별하게 가맹점 수만 늘리는 프랜차이즈와는 분명하게 차별되는 점들이 발견될 것이다. 아울러 이러한 형태가 중소 외식업체나 지역 외식업체가 대기업의 무차별적인 공세에 대응할 수 있는 하나의 대안이 될 수 있지 않을까 하는, 그런 기대를 해 본다.

JR하카타시티 구텐

일본 대표 식당 46개의
진검승부가 펼쳐지다

후쿠오카와 가고시마를 잇는 규슈 신칸센 전면 개통에 맞춰, 5년에 걸친 리모델링 공사 끝에 지난 2011년 3월에 공식 오픈한 JR규슈 하카타역. 상업시설의 공식 명칭은 'JR하카타시티'로, 지하3층 지상 10층, 연면적 20만 제곱미터로 일본 최대 규모의 역사를 자랑한다.

인구 120만인 후쿠오카에서 하루 평균 35만 명 이상이 이용하는 이 복합상업시설은 후쿠오카의 분야별 핫스팟을 단숨에 바꿔 놓을 정도로 그 위세가 대단하다. 실제로 이곳의 오픈 이후로 후쿠오카의 중심 상업지역인 덴진과 대표적인 쇼핑몰인 캐널시티 등은 적잖은 타격을 입었다고 한다.

이 넓디넓은 상업시설에는 전문 식당가만 무려 다섯 곳이 있는데, 네 곳은 딱히 설명이 필요한 정도로 특색 있는 곳은 아니기 때문에 패스. 하지만 9층과 10에 있는 구텐만큼은 좀 자세히 살펴볼 필요가 있다.

우선 구텐くうてん이라는 명칭부터 살펴보자. 이를 사전에서 찾아보면 '공전'이라고 나온다. 자전, 공전할 때의 공전이 아니고 공회전이라는 뜻이다. 이렇게 거창한 공간의 이름으로 공회전이라니 좀 어색하다. 뜻을 더 살펴보면 '공천空天', 즉 한없이 넓은 하늘이라는 의미가 나온다. 이건 나름 어울린다.

하지만 말 만드는 데 탁월한 소질을 가졌고, 말장난하기 좋아하는 일본인이 여기서 그칠 리가 없다. 일본어로 숫자 9는 きゅう(규) 혹은 く(구)라 하고, 텐은 영어로 ten이다. 그러니까 구텐은 9층과 10층이라는 뜻도 된다. 여기에 더해 구우くう를 따로 떼 내면 동사로 먹다(食)라는 뜻을 가지고, 텐てん은 하늘(天) 혹은 점포(店)라는 뜻을 가진다. 따라서 구텐이라는 이름은 '하카타역 가장 높은 곳, 9층과 10층에 위치한 식당'이라는 아주 복합적인 의미를 가진다.

그런데 구텐에서 天을 단순히 '높다'로 해석해 버리면 JR규슈 측에서 상당히 섭섭해한다. 이때 天은 높다는 의미와 더불어 최고라는 뜻이 숨어 있다. 뭐가 최고냐? 식도락의 나라 일본에서도 '구텐'은 최고의 전문 식당가로 기획되었고, 실제로도 그렇다.

하카타역 '구텐'에 입점한 46개의 레스토랑은 일본의 외식산업의 전통과 현재를 고스란히 보여 준다. 따라서 이곳은 당대 일본 외식문화의 각축장이자 최전선이다. 경쟁이 치열할수록 소비자의 선택 폭은 넓어진다.

1등부터 46등까지, 살아남기 위한 노력

　세계 최고 수준의 외식문화와 부동산 개발 능력을 자랑하는 일본에서도 '구텐'은 매우 상징적인 식당가다. 일단 규모 면에서 그렇다. 구텐에는 9층에 23곳, 10층에 23곳 해서 총 46개의 레스토랑이 있다. 숫자도 많고 종류도 다양한데, 정작 중요한 것은 그 면면이다.

　일단 구텐에는 후쿠오카와 규슈는 물론이고, 도쿄, 오사카, 교토, 나고야 등 주요 도시에서 어지간히 유명한 레스토랑은 모두 모여 있다. 심지어는 이곳에 처음 지점을 낸 레스토랑도 있다. 그래서 46개 레스토랑의 면면을 살피다 보면, 어떻게 이 잘난 레스토랑들을 한자리에 모을 수 있었을까 수시로 궁금해진다. 로드숍에서 검증된 레스토랑만 모으는 전형적인 개발 방식을 채택하긴 했지만, 구텐은 그 규모와 내용 면에서 단연 일본 최고 수준이다.

　때문에 구텐은 당대 일본 외식문화의 각축장이고 최전선이다. 일본의 외식산업에 관심이 많거나, 외식업에 종사하면서 시장조사가 필요한 분들이라면, 괜히 도쿄나 오사카 등지로 다닐 필요 없다. 하카타역 근처에 숙소 잡아 놓고, 2박 3일 동안 딱 열 곳만 돌아보시라. 그럼 일본 외식산업의 수준과 경향이 대충 파악된다. 여길 경험했다고 시장분석이 끝나는 건 아니지만, 최소한 여기를 보지 않고 일본 외식시장을 파악했다고 말하는 건 좀 무리가 있다.

　아무리 잘난 놈들만 모았다 해도 승패는 갈리게 마련이다. 자본주의의 근간인 시장경제에서 '공생공존'은 그저 공허한 아우성일 뿐이다. 전국에서 내로라 하는 46개 레스토랑이 한 치의 양보도 없는 진검승부를 펼치지만, 고객의 선택은 가차 없다. 되는 집과 안 되는 집은 고객이 한 눈에 봐도 표가 난다. 되는 집은 하루 종일 손님이 줄을 서 있지만, 안 되는 집은 한산할 때가 더 많다.

JR하카타시티 홈페이지에서는 거의 실시간으로 방문객 수를 기준으로 레스토랑 랭킹이 공개된다. 건물주인 'JR규슈'의 입장에서는 총매출액, 단위 면적당 매출액 등을 기준으로 1등부터 46등까지 순위를 더 정확하게 알 수 있다. 그러니 입점으로 끝이 아니고, 살아남기 위해 끊임없이 노력해야 한다. 밀리면 퇴출되는 수밖에 없다. 솔직히 고객의 입장에서는 그래서 더 흥미진진하다.

아무튼 구텐은 그렇게 매력적이고 살벌한 곳이다. 후쿠오카를 방문하는 관광객이라면 반드시 하카타역은 들르게 된다. 기왕이면 한 번쯤 구텐에서 식사해 보시길 권한다. 선택의 폭도 다양하고, 이미 충분히 검증된 곳들이기에 어디를 가시건 음식의 수준은 기대 이상이다. 자신의 기호에 따라서 선택해도 되고, 시간적으로 여유가 있다면 기다리는 손님이 많은 곳을 선택할수록 성공의 확률이 높다. 이 책을 읽는 독자를 위해 '베스트10'을 선정할까 잠시 고민도 했지만 관두기로 했다. 자고로 여행은 자기결정권이 클수록 추억이 오래 남는 법이다. 음식점 선택도 때로는 스릴 넘치는 도박이다. 이 즐거움을 굳이 빼앗고 싶지 않다.

다만 한 가지! 구텐은 엄청난 입점 수수료 덕분에 음식 값이 만만찮

은 곳이다. 실속파라면 저녁보다는 점심을 공략하실 것을 권한다. 레스토랑마다 점심특선이 반드시 있고, 가격은 800~2,500엔 수준이다. 이에 반해 저녁은 1인당 최소 3,000엔 이상은 각오해야 밥 같은 밥을 드실 수 있다. 물론! 가격 따위 상관없는 분들은 스시 전문점 야마나카やま中, 스키야키 전문점 이마한今牛, 덴푸라 전문점 덴이치田一, 사천요리 전문점 시센한텐四川飯店, 프랑스요리 레스토랑 폴보퀴즈나 메르베이하카타, 이탈리아요리 레스토랑 리스토란테아롬 중에서 선택하시면 된다. 가격은 '거시기'해도 음식 하나는 확실하다.

5

本物

혼모노

음식의 본질을 추구하다

일본의 밥

밥상의 주인공에 대한 대접이 밥맛을 결정한다

"여행 중에 가장 기억에 남은 음식은 뭐냐?"

취재를 위해 두 달 정도 규슈에 머물렀던 적이 있다. 나름 입맛 까다로운 인간이 일본을 60일씩이나, 그것도 음식 취재를 위해 다녔다고 하니 다들 이런 질문 한 번씩은 던졌다. 질문에 '가장'이라는 부사가 수식어로 붙었다는 것은 묻는 사람의 기대치가 반영되어 있다는 의미다. 이럴 때는 《미슐랭가이드》 스타 셰프의 체인 레스토랑이나, 40년쯤 초밥을 쥐어 온 장인의 스시나, 1인당 4만~5만 엔쯤 하는 료칸의 가이세키 요리 정도는 언급해 주는 게 예의다.

하지만 2개월 동안 먹어 치웠던 수많은 음식 가운데 가장 기억에 남는, 그래서 지금도 수시로 생각나는 음식은 '밥'이다. 음식 좀 아는 체폼 잡으려고, 혹은 대단히 형이상학적인 기준이라도 있는 것처럼 보이려는 의도가 아니다. 정말로 일본에서 가장 맛있는 음식은 하얀 쌀밥이다.

아마도 일본 좀 다녀 본 분이라면 대부분 동의하실 거다.

일본의 밥이 맛있다는 사실이야 진작부터 알고는 있었다. 하지만 이전에는 길어야 일주일 정도에 불과한 단기여행이었기에 맛있는 집만 엄선해서 다녔고, 그러니 밥이 맛있는 거야 당연하다 여겼다. 하지만 일상적인 혹은 대중적인 수준에서까지 그러지는 않으리라 생각했다. 아니, 한국인의 입장에서 솔직히 그러지 않기를 바랐다. 저희나 우리나 밥이 밥상의 중심인데, 이 밥에서 밀린다는 것은 크게 자존심 상하는 일이기 때문이다.

그러나 대단히 안타깝게도 다년간의 일본 여행과 두 달간의 체류 경험을 종합해 봤을 때, 일본의 밥은 확실히 우리보다 한 수 위에 있다. 인정하고 싶지 않지만 사실이 그렇다. 오래전부터 왜 그럴까 고민도 하고 확인도 해 봤다. 쌀이 다른가? 물이 다른가? 밥 짓는 기구나 솜씨가 좋은가? 다양한 측면에서 살펴봤다.

밥맛의 차이는 어디서 오는가

커피 사업을 하는 분께 좋은 커피를 위해 가장 중요한 것이 무엇인지 물은 적이 있다. 그분 왈, "밥이랑 똑같이 생각하면 된다"고 한다. 좋은 밥을 위해서는 우선 쌀이 좋아야 하고, 다음으로 물이 좋아야 한다. 이 둘이 핵심변수고 밥 짓는 솜씨나 도구 등은 종속변수라는 소리다.

지금의 기준에서 일본이나 우리나 밥 짓는 도구나 솜씨는 거의 차이가 없다. 한때 '코끼리밥솥(조지루시)'이 최고의 인기를 누렸다. 좀 사는 집이라면 반드시 하나쯤 갖고 있고, 혼수품 목록에서 빠지지 않는 그런 시절도 있었다. 하지만 요즘은 쿠쿠나 쿠첸 쓰지 코끼리밥솥 따위는 안중에도 없다. 그만큼 한국의 기술력이 향상됐다. 가마솥, 압력솥, 돌솥 등도 밀리지 않는다. 물? 확실히 일본이 우리보다 수량이 풍부하고 '일본 100대 명수' 등이 뛰어난 건 사실이지만, 모든 가정이나 음식점에서 이런 물로 밥을 짓는 것은 아니다. 대중적으로 사용하는 상수도의 수질이나 정수기의 기능에는 유의미한 차이가 없다.

마지막으로 남는 변수는 쌀이다. 그런데 이 쌀의 품질이라는 것이 단순 비교나 섣부른 단정으로 알 수 있는 사안이 아니다. 이를 확인하기 위해서는 품종, 토질, 생산 방식 등을 두루 살펴야 한다. 특히 생산도 생산이지만 이를 보관·가공·유통하는 과정에서도 쌀의 품질에 결정적인 차이가 생긴다. 일본 밥이 한국 밥보다 맛있는 결정적인 이유가 쌀일 것이라는 가정에는 도달했지만, 아쉽게도 이를 검증하는 것은 내 능력 밖이다. 워낙 복잡하고 미묘한 사안이기 때문에 선무당이 덤빌 일은 아니다. 결국 한국과 일본의 밥맛이 왜 다른지 속 시원히 규명할 수 없었다.

그런데 의문을 가지고 자세히 살피니 보다 본질적인 차이가 보이기 시작했다. 바로 밥을 대하는 일본인의 자세다.

허영만 화백의 《식객》 '밥상의 주인' 편에는 꽤 흥미로운 에피소드가 소개된다. 한국을 방문한 일본 잡지사 간부들에게 한정식을 대접했는데 당최 반응이 신통찮았다. 이때 해결사로 등장한 것이 주인공 성찬.

성찬은 입맛 까다로운 일본인들에게 김, 김치, 된장찌개로 차린 소박한 밥상에 가마솥에 지어 놋그릇에 담은 밥 한 그릇을 내놓는다. 일본인들은 그 밥에 크게 감동을 받고 성찬은 '밥상의 주인'인 밥에 대해 장황한 설교를 늘어놓는다.

기발한 설정이고 그럴듯한 이야기다. 그런데 이 에피소드가 한 가지 간과한 사실이 있다. 만화에서는 성찬이 지은 밥에 일본인들이 감동했지만, 현실에서는 그 반대라는 점이다.

우선 일본인은 밥이 밥상의 주인이라는 사실을 명확하게 인식하고 있다. 좀 이름난 음식점들은 자신이 쓰는 쌀을 누가 어떻게 재배했는지를 지겨울 정도로 강조한다. 쌀의 품종, 재배 지역, 브랜드를 표기하는

일본의 음식점에서는 자신들이 사용하는 쌀을 판매하는 경우를 흔히 볼 수 있다. 이 쌀은 계약재배로 키운 것이다. 그만큼 쌀이 차지하는 비중이 크고, 재배와 관리에도 많은 신경을 쓴다.

밥은 뭐니 뭐니 해도 갓 지은 밥이 가장 맛있다. 일본의 대중음식점에서 더러 볼 수 있는 부뚜막은 갓 지은 밥에 대한 일본인의 선호도가 반영됐을 뿐 아니라 맛있는 밥에 대한 의지까지 담겨 있다.

것은 이미 일반적이다. 계약재배를 하는 경우도 흔하고, 쌀을 재배하는 지역의 물을 길어다 밥을 짓는 경우도 드물지 않다.

　쌀을 도정한 후 밥을 짓기까지의 시간은 밥맛에 결정적인 영향을 미친다. 일반적으로 쌀을 도정하면 몇 시간 후부터 수분이 증발하기 시작한다. 그리고 약 보름 후부터는 지방 성질에 변화가 생겨 산화하며 부패하기 시작하는데, 이를 산패라 한다. 또한 습도가 낮은 곳에서 오래 보관하면 쌀이 깨진다. 산패하고 깨진 쌀로 밥을 지으면 질고 냄새나는 밥이 된다. 도정 후의 기간이 길어지지 않게 하는 것도 중요하다. 그래서 일본에서는 쌀의 유통 기간이 짧고, 포장 또한 1~2킬로그램 단위를 선호한다(한국은 5~10킬로그램이 대부분이다). 음식점의 경우 도정기를 갖추고 직접 도정을 하는 곳도 더러 있고, 심지어는 그날 쓸 쌀을 당일 오전에 도정해서 사용하는 경우도 드물지 않다.

　아무리 허술한 대중식당이라도 밥을 미리 담아 두는 경우는 없다. 언제나 주문과 동시에 밥솥에서 담아낸다. 그래서 된장국이나 반찬을 담는 그릇에는 뚜껑이 있는 경우가 흔하지만 밥그릇에는 절대로 뚜껑이 없다. 스테인리스 밥그릇에 꾹꾹 눌러 담고 뚜껑을 덮어 보관하는 습관만 개선해도, 우리 대중음식점의 밥맛은 훨씬 더 나아질 수 있다.

밥상의 주인공에 대한 올바른 대접

　일본인이 즐겨 먹는 모든 대중음식은 밥반찬으로 수렴된다. 쓰케모노나 된장국, 생선구이 등 전통적인 반찬은 말할 것도 없다. 심지어 그들에게는 사시미(회)나 만두도 밥반찬이다. 서양음식이 일본에 정착하는 과정에서도 그 첫 번째 조건은 밥반찬이 될 수 있느냐 없느냐였다. 그래서 일본에서는 햄버거스테이크도, 덴푸라도, 돈카쓰도, 고로케도, 그리고 카레나 스튜도 밥반찬이 되고 말았다. 이탈리아 사람은 환장하겠지만 때로는 스파게티도 밥반찬으로 쓰인다. 그래서 무슨 음식을 파는 음식점이든 밥이 기본일 수밖에 없다.

또한 어떤 경우에도 묵은 밥은 사용하지 않는다. 덮밥을 만들 때도, 주먹밥을 만들 때도, 카레라이스를 만들 때도, 그리고 볶음밥을 만들 때조차도, 갓 지어 윤기가 반질반질하고 한 알 한 알 고슬고슬한 밥을 사용한다.

결정적으로 일본인은 밥을 대접할 줄 안다. 밥그릇은 가장 중요한 식기다. 어느 음식점을 가든 개성 넘치는 밥그릇의 향연이 펼쳐진다. 손으로 쥐고 입 가까이 가져가 밥을 먹는 방식을 취하기 때문에 그릇의 모양과 무게감 또한 세밀하게 살핀다. 스테인리스 스틸이나 멜라민 밥그릇은 상상할 수 없다. 아무리 허술한 식당이라도 밥그릇은 무조건 도자기다. 심지어 멜라민 식기를 사용하는 단체급식에서조차 밥그릇만큼은 도자기를 사용한다. 그래서 일본의 밥은 행복해 보인다.

밥을 대하는 자세가 이렇듯 섬세하고 반듯하니 밥이 당연히 맛있을 수밖에 없다. 때문에 일본인은 밥을 많이 먹는다. 비단 일본인뿐 아니라 나 같은 여행객조차 일본에서는 평소보다 많은 양의 밥을 먹게 된다. 밥

자체가 맛있으니 쓰케모노 하나만으로도 밥 한 그릇이 그냥 비워지고, 밥 자체가 맛있으니 모든 밥상이 각별할 수밖에 없다. 일본에서 먹는 스시, 오니기리, 돈부리, 오차즈케 등이 맛있는 것 또한 기본이랄 수 있는 밥맛이 뛰어나기 때문이다. 편의점에서 파는 삼각김밥에 사용되는 밥조차 사람을 질투심에 사로잡히게 할 정도니, 더 말해 무엇하겠는가!

연장이나 도구를 탓하는 것은 얼치기의 몫이다. 쌀이 좋으니, 물이 다르니, 밥솥이 차이 나니 하는 것은 모두 부질없는 짓이었다. 음식은 결국 사람의 문제로 귀결된다. 밥맛의 차이는 결국 밥을 대하는 자세에서 비롯된다. 그러니 우리 밥상의 진정한 주인인 밥은, 적어도 지금보다는 나은 대접을 받아 마땅하다. 일본에게 '밥맛'으로 꿀리는 거 자존심 상하지 않으신가? 축구나 야구 등의 한일전에서만 흥분할 것이 아니라 매일매일 먹는 '밥맛'에서부터 자존심을 좀 챙겼으면 한다.

혼모노센터

먹거리의 근본을 세운 생존

규슈 남동부에 위치한 미야자키현. 현청 소재지인 미야자키시에서 자동차로 한 시간 정도 떨어진 곳에 아야초綾町라는 마을이 있다. 인구 9,000여 명의 작은 마을. 전체 면적의 80퍼센트가 산림지대이고, 농사를 지을 수 있는 땅이라고 해 봐야 9퍼센트밖에 되지 않는 곳이다. 지역 주민들은 벌목 작업으로 겨우 생계를 유지하는 정도였다. 먹고살 거리가 없으니 고향을 등지는 것은 당연지사. 그래서 한때 아야초는 '야반도주의 마을'로 악명 높았다.

그랬던 곳이 불과 20여 년 만에 일본 유기농업의 상징이자 연간 150만 명의 관광객이 방문하는 마을로 탈바꿈했다. 소설 같은 이야기지만 사실이다. 어떤 통계에서는 관광객 수를 300만 명으로 추산할 정도다. 그렇다고 아야초에 어느 날 갑자기 디즈니랜드 같은 테마파크가 들어섰느냐, 천만의 말씀이다. 그런 것 전혀 없다. 그럼 뭐냐? 리더를 잘 뽑아서 그렇다. 삽질하는 지도자가 아닌 호미질을 장려하는 지도자를 뽑은 탓이다. 일본에서 마을 재건사업에 가장 성공한 사례이자 생태관광의 명소가 된 아야초. 그 변화의 중심에는 1966년부터 1990년까지 무려 24년 동안 정장町長을 지낸 고다 미노루鄕田實 씨가 있다.

'진짜 먹거리'를 찾아

아야초 출신인 고다 미노루 씨는 1966년 아야초의 정장이 되었다. 당시 일본 정부는 자원으로서 가치가 적은 천연림을 베어 내고, 관리가 쉽고 목재로서 이용가치가 높은 삼나무나 노송나무 등을 심는 인공조림 사업을 실시하고 있었다. 자연스레 아야초 주민들은 숯이나 펄프 제조를 위한 벌목사업으로 생계를 유지했다.

미야자키현 아야초의 직거래 판매소인 '혼모노센터'는 유기농업의 마을로 유명해진 아야초의 상징이자 건강한 식재료의 의미를 확인할 수 있는 공간이다.

고다 정장은 나무를 다 베어 내고 난 다음에는 어떻게 먹고살아야 할지가 걱정이었다. 이때 그는 아야초 면적의 80퍼센트를 차지하는 숲(조엽수림)에 주목했다. 이 숲을 살리는 것만이 아야초의 미래를 기약할 수 있는 유일한 대안이라 믿었다. 그는 농림부 장관을 만나 벌목사업의 중지를 요청했다. 어차피 큰돈이 되지 않는데다가 그다지 중요한 사안이 아니었기에 장관은 흔쾌히 허락했다. 허락을 얻어 낸 것까지는 좋았는데, 문제는 그다음이었다. 고심 끝에 대규모 개발이라는 삽질 대신 주민들에게 호미질을 권장했다. 우선은 먹고살기 위한 최소한의 방편이 필요했기 때문이다.

1973년 고다 정장은 '한 평 채소밭 운동'을 제안한다. 그것도 모든 집에서 하도록 권고하며, 이에 소요되는 경비는 군청에서 부담했다. 그리고 농약이나 화학비료 대신 숲에서 나오는 천연비료를 사용하는 유기농업을 권장했다. 많은 반대가 있었지만 결국 주민들을 설득하는 데 성공했다. 생산된 농산물 가운데 각 농가에서 소비하고 남은 것은 마을회관에 가져와 다른 사람이 사 갈 수 있도록 했다. 교환되는 유기농산물의 양은 점차 증가했고 이를 소비할 목적으로 1976년 '유기농산물의 푸른하늘 시장'이라는 판매소를 개설했다. 유기농산물의 생산량은 점차 증가일로에 접어들었고, 아야초는 일약 유기농업의 마을로 전국적인 유명세를 타기 시작했다.

아야초에 처음 발을 디딘 이방인의 입에서는 저도 모르게 짧은 감탄사부터 터져 나온다. 바로 공기 때문이다. 미야자키시만 하더라도 일본

생존이 문화로 둔갑한 까닭

아야초가 유기농업의 상징이 된 과정은 지난 1999년 출간된《숲을 지켜 낸 사람들》이라는 책을 통해 한국에도 자세히 소개된 바 있다. 한데 고개가 조금 갸우뚱해진다. 고다 미노루 씨가 자신의 행정 경험을 모아 1998년 출간한 일본어판의 원래 제목은《협동의 마음, 자손에게 남기는 마을 만들기의 도전》이다. 이 책이 한국어로 번역되면서 '숲을 지켜 낸 사람들'이 되고, 거기다 '녹색관광과 문화로 마을을 일으키다'라는 부제까지 붙였다. 제목과 부제를 단 번역자나 출판사에 시비 걸고 싶은 마음은 추호도 없다. 그런 제목이라야 책이 팔리는 시장이 문제일 뿐이다. 뭐가 문제냐? 아야초에 유기농이 정착한 과정을 한번 되새겨 보자. 거기에 무슨 녹색관광이 있고 문화가 있었나? 그런 거 없다. 생존! 오로지 살아가기 위한, 살아남기 위한 방편으로서의 '선택'만 있었을 뿐이다.

농업과 환경에 있어 외국의 성공 사례를 견학하거나 이를 벤치마킹할 때, 한국의 공공기관이나 단체는 늘 이런 오류를 범한다. 내용보다는 그것을 포장해 줄 그럴듯한 명분이 있어야 한다는 강박관념에 사로잡혀 있다. 그러니 항상 투자 유치에 목을 매고 예산 타령만 늘어놓는다. 명분보다 중요한 것은 생존이며, 생존이 담보되어야 주민 참여도 가능하고 지속적인 재생산 기반도 기대할 수 있다.

혼모노센터에서 소비자와 생산자의 구분은 무의미하다. 지역 주민이라면 누구나 생산자가 될 수 있고 또한 소비자가 될 수 있다. 그러니 네가 먹을 것이 곧 내가 먹는 것이고, 이러한 관계 속에서 유기농업은 자연스레 뿌리내리게 되었다.

에서 청정 도시로 소문이 자자하지만 아야초에 비하면 답답할 정도다. 동네 어느 곳에서든 숲의 기운이 한껏 느껴진다. 물기를 적당히 머금은 공기는 더없이 청량하다. 몸 구석구석 피톤치드가 스며드는 것 같다. 유기농이니 뭐니 때려치우고 질릴 때까지 아야초의 공기를 마시는 것만으로도 이 먼 곳까지 찾아온 목적이 달성될 듯싶다. 동네 입구에 매표소를 설치하고 입장료를 받아도 될 만큼 아야초의 공기는 매력적이다.

'혼모노센터'는 유기농업의 마을 아야초를 상징하는 곳이다. 이곳에서는 유기농산물뿐만 아니라 주민들이 생산한 수공예품과 유기농산물로 만든 가공식품과 도시락 등도 판매한다. 왜 '혼모노센터'일까? 혼모노本物란 우리말로 '진짜'를 의미한다. '혼모노센터'에서 판매되는 농산물에는 과연 어떤 먹거리가 '진짜 먹거리'인지에 관한 명쾌한 해답이 있다. 농약이나 화학비료를 사용하지 않고 자연 그대로의 방법으로 농사를 지었기에 '진짜'다. 팔기 위해 재배한 것이 아니라 나와 내 가족이 먹기 위해 재배되었기에 또한 '진짜'다. 대량 생산을 위해 찍어 낸 것이 아니라 자급자족을 위해 주민의 손으로 직접 만든, 세상에서 유일한 것이기에 '진짜'다.

혼모노센터는 판매하는 농산물뿐만 아니라 그 농산물이 놓여 있는 진열대조차 아야초에서 생산되는 원목을 사용한다. 대형마트에 길들여진 여행객의 입장에서 보면 이 풍경 자체가 이채로울 수밖에 없다. 더불어 이곳 농산물에 브랜드 따위는 없다. 그저 생산자의 실명만 있을 뿐이다. 따라서 혼모노센터에는 현대인에게 익숙한 자본의 논리나 대기업의 화려한 마케팅 따위가 끼어들 여지가 없다. 그래서 이 공간은 시장이기보다 생산자와 소비자가 직접 만나고 교감하는 커뮤니티에 가깝다.

진열된 농산물에는 예외 없이 출하일자, 상품명, 생산자명이 기록되어 있다. 한데 어떤 상품엔 금金이, 어떤 제품엔 은銀이 찍혀 있다. 아야초에서 생산되는 모든 농산물은 금·은·동 세 등급으로 나뉜다. 금은 화학비료와 농약을 3년 이상 사용하지 않은 땅에서 재배한 농산물, 은은 2년간 종래의 농업 방식을 사용하면서 화학비료를 80퍼센트 줄인 농산물, 그리고 동銅은 은과 같은 방식이지만 화학비료를 70퍼센트 줄인 농산물이다. 하지만 제초제와 같은 농약은 은과 동의 경우에도 전혀 사용하지 않는다. 유기농업이 정착단계에 접어든 때문인지 동은 거의 찾아볼 수 없고, 대부분의 농산물이 금과 은의 등급을 갖고 있다.

동이 은이 되고, 은이 금이 된다는 것은 아야초의 땅이 그만큼 살아나고 있음을 의미한다. 그리고 그 땅은 현재의 주민은 물론이거니와 다음 세대의 건강한 삶을 약속하는 생생한 증거다. 자연은 항상 인간의 노력 이상의 것을 선물한다. 삽질 대신 호미질을 선택한 아야초가 받은 가장 큰 선물은 바로 '본래의 생명력을 되찾은 땅'인 셈이다.

매장 중앙에는 '농산물 출하 등록 생산자 명단'이 있다. 여기에 등록된 생산자만이 혼모노센터에서 농산물을 판매할 수 있다. 대충 500여 명 이상이 등록되어 있다. 2010년 통계로 아야초의 농가 수는 400여 가구 남짓. 물정 모르는 관광객이 봐도, 아야초의 전업 농가는 물론이고 비전업 농가들까지 혼모노센터에 물건을 납품하고 있다는 것을 짐작

아야초의 농산물은 유기농업의 정도에 따라 금, 은, 동의 등급을 가진다. 자급자족을 기반으로 잉여 농산물을 거래하고, 생산자가 직접 가격을 책정하기 때문에 품질에 비해 가격이 매우 저렴하다.

할 수 있다. 유기농업의 마을인 아야초의 명성이 허명이 아님을 이 명단은 보여 준다.

몸이 원하는 공기, 몸이 원하는 음식

때마침 농작물을 납품하러 온 할아버지 한 분을 만났다. 혼모노센터에서는 농산물의 가격 결정과 상품 진열을 생산자가 직접 담당하는 자율시스템을 채택하고 있다. 자식처럼 애지중지 키운 생명들이니 그것을

혼모노센터에서는 농작물의 재배는 물론이거니와 포장, 납품, 가격 책정, 진열 등 모든 과정이 농민의 몫이다. 자신이 기른 채소를 다루는 농부의 손길에서는 자식을 대하는 부모의 애정이 느껴졌다.

다루는 손길이 여간 조심스럽지 않다. 유통 기한 역시 생산자가 직접 결정한다. 농산물 판매에 관한 모든 권한이 유통업자에게 집중된 나라에 살다 보니 이런 시스템 자체가 그저 놀라울 따름이다. 할아버지의 모습을 보고 나서 주위를 다시 둘러보니 파 한 단, 배추 한 포기, 무 한 덩어리마다 생명의 숨결이 느껴졌다.

  흰 것은 희고, 푸른 것은 푸르고, 붉은 것은 붉었다. '때깔'이 좋아서라기보다는 건강하기에 그리 보였다. 그 건강함이 식욕을 불러일으켰다. 500엔을 주고 오이 3개, 당근 한 봉지, 딸기 한 팩을 샀다. 아야초의 땅과 농민을 믿기로 했다. 씻지 않고 그냥 먹었다. 달고 아삭하고 향이 짙었다. 무엇보다 이가 호사를 누렸다. 대체 이렇게 생명력 가득한 질감을 언제 느껴 봤던지 기억조차 까마득하다. 갑자기 아야초에 살고 싶다는 생각이 강렬하게 들었다. 내 몸이 그러기를 간절히 원한다며 신호를 보내고 있었다. 그 신호를 무시하고 떠나자니 차마 발걸음이 떨어지질 않았다.

가와시마 두부점
두부를 다시 보게 만든 맛

    이따금 새벽같이 일어나 주인장과 안면이 있는 두부공장을 찾는다. 두부를 직접 만드니 '공장'이라 할 뿐, 동네 재래시장에 있는 작은 두부 가게다. 새벽에 굳이 두부공장을 찾는 이유는 밤새 불린 콩이 두부로 변하는 낱낱의 과정을 직접 맛볼 수 있기 때문이다. 불린 날콩도 먹어 보고, 그 콩이 갈린 콩즙도 받아먹고, 두유도 한 잔 퍼마시고, 비지도 살짝 집어 먹어 본다. 그러면 날콩의 풋내와 단단함이 고소한 향과 부드러운 질감으로 변하는 과정이 고스란히 내 것이 된다.

    끓인 콩즙에서 비지를 분리하고 남은 두유에 염화마그네슘(정제된 간수)을 풀면, 두유 표면에는 몽글몽글 작고 하얀 덩어리가 만들어진다. 그것을 그대로 먹거나 포장하면 순두부가 되고, 순두부를 고운 천을 깐 틀에 넣고 물기를 빼면 모두부가 된다. 먹고 싶다는 의지와 호기심으로 가득한 내게 주인장은 즉석에서 순두부 한 사발을 퍼 준다. 달고 고소하고 순결한 맛이다. '인간이 태어나 모유라는 한 가지 음식밖에 몰랐던 그때의 모유 맛이 이렇지 않았을까?' 허무맹랑한 상상을 해 보기도 한다. 물에 녹아 있던 콩의 단백질이 응고되는 물리적 변화를 겪는 동안 그 속에 녹아 있던 맛과 향도 함께 가두는 것 같았다. 겉으로는 무심하기 짝이 없어 보여도 입안에서 뭉개지는 순간, 고소한 향과 단맛이 가득 퍼진다.

그런데 이 맛을 알고부터 한 가지 곤란한 문제가 생겼다. 시중에서 흔히 구입할 수 있는 포장두부에 대한 애정이 급격히 식은 것이다. 갓 만든 두부와 비교하면 포장두부는 싱겁고 여운이 없는, 그저 희고 부드러운 덩어리에 지나지 않았다. 인간이 먹는 음식에는 만들어진 순간 가장 맛있는 것이 있고, 시간이 지날수록 맛이 깊어지다 어느 순간부터 사그라지는 것이 있는가 하면, 오래 묵어야 비로소 맛이 드는 것도 있다. 두부는 첫 번째 경우에 해당한다. 완성된 그 순간이 가장 맛있고 시간이 지날수록 맛이 옅어진다.

이전보다 두부의 종류와 가짓수가 늘어나고 위생과 안전성도 높아졌지만 정작 맛있는 두부 만나기는 쉽지 않다. 포장두부를 앞세운 식품 대기업 세 곳이 국내 두부 시장의 80퍼센트 이상을 차지하고 있다.

가와시마 두부점의 '자루도후'는 콩 본연의 깊은 향과 모차렐라 치즈와 같은 탄력과 부드러움을 두루 갖추고 있다. 210년의 전통과 당대의 혁신이 만난 결과다.

지역을 중심으로 유통되는 중소 두부공장 역시 같은 두부를 생산한다. 매일매일 두부를 만드는 동네 두부공장은 이제 가뭄에 콩 나듯 만날 수 있다. 두부다운 두부를 만나자면 적잖이 발품을 팔아야 한다.

우리 두부는 왜 맛이 없을까

그런데 어찌 된 게 바다 건너 일본만 가면 상황이 달라진다. 어느 동네를 가도 작은 두부공장을 어렵지 않게 만난다. 대형 백화점 지하 식품매장에는 어김없이 두부 전문점이 있다. 슈퍼마켓은 물론이고 편의점에서조차 그날 아침에 만든 두부를 판매한다. 마음만 먹으면 언제 어디서든 신선한 두부와 두유를 살 수 있다. 이것이 가능한 이유는 우선 수요가 많기 때문이다. 일본 전국두부연합회에 따르면 연간 두부시장은 약 5000억 엔(5조 5000억 원) 규모다. 2012년을 기준으로 한국의 두부시장은 연간 3600억 원 정도. 인구를 감안하더라도 최소 5배 이상 차이 난다. 제조 및 유통 구조 역시 다르다. 일본 전국에는 약 1만 2000여 개의 두부 제조공장이 있다. 가족이 운영하는 10인 이하 사업장이 대부분을 차지한다. 세 개의 대기업이 시장의 80퍼센트를 차지하는 한국과는 달리, 전국적으로 유통되는 브랜드는 존재하지 않는다. 슈퍼마켓 등 대형 유통업체의 비율이 증가하는 추세에 있지만 소규모 제조 공장에서 직접 판매하거나 배달하는 일이 여전히 건재하다.

식품으로서 두부가 가진 미덕과 중요성에 대한 인식은 전혀 다르지 않음에도, 어째서 이런 차이가 나는 것일까? 여러 가지 이유가 있겠지만, 내가 경험한 바로는 두부의 활용 방식에서 비롯된 것이 아닌가 싶다. 한국에서는 두부김치나 순두부 정도를 제외하고는 두부 자체의 맛을 즐기는 경우가 드물다. 아울러 한국음식에서 두부는 순두부찌개나 두부조림 정도를 제외하면 조연에 머무는 경우가 많다. 한국인이 좋아하는 대부분의 탕과 찌개에 사용되지만, 이 무뚝뚝하고 배려심 깊은 식재료는 좀처럼 개성을 드러내지 않는다. 그러니, 있으면 반드시 넣지만 없으면 다른 것으로 대체되거나 생략되기 일쑤다.

그런데 일본에서 두부를 먹는 가장 보편적인 방식은 두부 자체의 맛을 즐기는 것이다. 차가운 두부에 간장을 뿌리고 와사비, 파, 생강, 무, 가쓰오부시 등의 고명을 올려 먹는데 이를 '히야얏코冷ややっこ'라고 한다. 일반 가정이나 대중음식점의 상차림에 빠지지 않고 등장하는 반찬 가운데 하나일뿐더러 술안주로도 애용된다. 고명을 얼마나 창의적으로 올리느냐에 따라 훌륭한 일품요리로 거듭나기도 한다. 이와 반대로 다

일본은 슈퍼마켓이나 편의점 등 동네 어디서나 당일 만든 신선한 두부와 일체의 첨가물을 사용하지 않은 두유를 구입할 수 있다.

시마를 우려낸 뜨거운 국물에 두부를 살짝 데쳐 양념장에 찍어 먹는 '유도후ゆどうふ' 역시 히야얏코 못지않게 즐겨 먹는다. 어느 쪽이든 두부의 맛과 신선도가 가장 중요하다.

이밖에도 두부가 조연이 아닌 주연으로 등장하는 요리가 굉장히 발달해 있는데 그 전통이 제법 깊다. 1782년 두부를 유난히 좋아했던 한 문인이 두부를 사용한 100개의 요리와 그 조리법을 설명한《두부백진豆腐白珍》이라는 책을 펴냈다. 당시로서는 엄청난 베스트셀러가 되어 속편이 두 권이나 나오며, 총 240개 두부요리를 다루었다. 지금도 이《두부백진》을 바탕으로 다양한 두부요리가 개발되고 있을 뿐만 아니라 중화요리, 서양요리, 디저트 등으로까지 영역을 확장하고 있다. 이러니 자연스레 두부 소비량이 늘 수밖에 없다.

이런 일본에서 어지간히 두부를 먹었다 생각했는데, 2012년 어느 가을날 아침에 먹었던 두부는 놀라움을 넘어 충격을 주었다.

9대째 두부 전문점의 맛

그날 나는 사가현 가라쓰唐津시에 있는 요요카쿠라는 120년 된 료칸에서 아침상을 받고 있었다(요요카쿠 료칸에 대해서는 6장에서 따로 소개한다). 이미 전날 요요카쿠의 품격에 하루 종일 감동했던 터라 아침식사에 대한 기대 또한 컸다. 예상대로 훌륭한 차림이었는데 메뉴를 일일이 소개해 주던 나카이상(료칸 여종업원)이 두부 한 덩어리가 놓여 있는

1782년에 출간된 《두부백진》은 240가지의 두부요리를 상세히 기록하고 있으며, 그 내용은 오늘날까지도 이어져 다양한 일본 두부요리의 근간이 되고 있다.

접시를 두고 유난히 말이 많았다.

속으로 '두부 따위를 두고 뭔 사설이 이리도 길까?' 싶었는데, 막상 듣고 보니 이거 심상찮았다. 내용인즉슨, 근처에 210년 된 두부공장이 있는데 그곳에서 새벽에 만들어 직접 배달해 주는 두부라는 것이다. 말이 끝나기가 무섭게 두부부터 맛봤다. 온기가 채 가시지 않은 두부는 부드러우면서도 모차렐라 치즈와 비슷한 탄력을 지니고 있었다. 두부에서는 처음 느껴 보는 질감이었다. 진하기는 콩 본연의 고소함을 넘어 농후한 정도였으며 은근한 단맛이 제법 길게 이어졌다. 이 또한 두부에서는 처음 느껴 보는 맛이 분명했다.

아침식사를 끝내기 무섭게 두부공장으로 향했다. 210년 된 두부공장이 120년 된 료칸에 매일 아침 두부 배달을 한다는 스토리가 흥미로웠고, 무엇보다 그렇게 대단한 두부를 만드는 현장이 궁금했다.

'가와시마川島 두부점'은 바닷가 언덕에 자리 잡은 아름다운 가라쓰 성과 그리 멀지 않은 '교마치 상점가'에 위치하고 있다. 규모도 외관도 특별날 것 없는, 그저 일본 어디서나 볼 수 있는 평범한 상점이다. 가와시마 두부점의 가와시마 요시마사 사장(66)의 인상도 마찬가지다. 패딩점

퍼를 입은 그는 9대째 가업을 잇고 있는 장인이라기보다는 그저 인심 좋은 동네 아저씨 같은 느낌이었다.

가와시마 두부점은 에도시대인 간세이연간寬政年間(1789~1801)부터 가라쓰성의 영주에게 두부를 바쳤다고 하는데, 지금은 9대째인 요시마사 사장이 10대째인 두 아들과 함께 운영하고 있다. 아침 작업이 끝난 직후라 아쉽게도 두부 만드는 과정을 직접 볼 수는 없었다. 깔끔하게 정리된 공장을 둘러보며 제조공정에 대한 설명을 듣는 것으로 만족해야 했다. 그런데 공장의 규모도, 설비도, 심지어 제조공정도, 한국에서 익히 봤던 그것과 크게 다르지 않았다. 어디를 둘러봐도 210년의 역사를 증거할 만한 것은 보이지 않았다. 두부의 80퍼센트 이상을 차지하는 것

120년 된 료칸인 요요카쿠의 아침 밥상에는 210년 된 가와시마 두부점에서 당일 새벽에 만든 두부가 놓인다. 전통과 전통의 만남은 그러지 않아도 특별한 아침식사를 더욱 특별하게 만든다.

이 물이니 행여 당시에 파 놓은 우물이라도 있지 않을까 싶어 물어봤더니, 그냥 수돗물을 고도정수 처리해서 사용한다고 했다.

아침 댓바람부터 부푼 기대를 품고 왔건만, 익숙한 모습과 하나마나한 소리를 듣고 있자니 괜히 조급해졌다. "그럼 대체 210년의 전통은 무엇으로 확인할 수 있냐?"는 직설적인 질문을 던졌다. "두부의 맛!" 만면에 주름 가득한 미소를 짓던 사장으로부터 돌아온 답이었다. 머리를 한 대 맞은 기분이었다. 처음에는 너무 싱거운 대답이라 그랬고, 곰곰이 생각하니 그보다 더 확실한 증거가 어디 있겠냐 싶어서 그랬다. 아울러 바로 그 순간, 동네 아저씨 같았던 가와시마 사장에게서 '두부 장인'다운 내공이 느껴졌다. 맞다. 우리는 가끔 이런 오류에 빠진다. 역사와 전통을 본질이 아닌 구체적인 기록이나 부수적인 증거물을 통해 확인하고 싶어 한다. 두붓집의 역사는 그 무엇도 아닌 두부 자체가 증명하는 것이 옳다. 가와시마 두부점 210년의 역사와 전통은 내가 먹었던 두부 한 덩어리에 오롯이 녹아 있었다.

그런데 음식에 있어서 전통은 단지 그것을 계승하고 유지하는 것으로는 충분치 않다. 환경이 변하고 고객의 기호와 입맛이 변하기 때문이다. 따라서 적절한 시기에 시대의 변화를 반영한 자기혁신이 필요하다. 1989년 가와시마 사장은 두부 본연의 맛을 보다 오래 유지할 수 있는 '자루도후ざる豆腐'를 개발했다. 예로부터 두부는 부패를 방지하기 위해 물에 담아 보관해 왔다. 하지만 물에 오래 담아 두면 두부의 맛과 향을 뺏긴다. 이를 개선하기 위해 두부를 만든 즉시 항균 효과가 있는 대

나무 소쿠리에 담았다. 두부의 고유한 풍미가 유지되면서 쉽게 상하지도 않았다. 하지만 이는 가와시마 사장의 독창적인 아이디어라기보다는 일본의 전통적인 두부 보관 방법의 하나였다. 그러니 이 정도로 '혁신'이라 하기에는 부족하다.

일반적으로 두유에 간수를 칠 때, 두유의 온도가 높을수록 응고가 쉽고 실패 확률도 적다. 하지만 높은 온도에서 응고된 두부는 단단해진다. 자루도후에서는 보다 부드러운 두부를 만들기 위해 두유가 응고할 수 있는 가장 낮은 온도(62~65도)까지 떨어뜨렸다. 음식에서 소재가 가진 본연의 맛은 한계상황에서 가장 활성화된다. 낮은 온도에서 응고되고, 대나무 소쿠리에서 중력으로만 여분의 수분이 빠진 두부는 탄력·부드러움·농후함이라는 삼박자를 두루 갖추게 되었다.

가와시마 사장은 다음 대를 물려받을 아들들에게 "좋은 콩을 찾아라" 하고 입버릇처럼 말한다. 두부의 맛을 좌우하는 것은 제조법 이전에 콩이라고 생각하기 때문이다. 구마모토현 아소산의 고랭지에서 재배된 콩을 비롯해 사가현, 후쿠오카현 등의 계약농가에서 재배된 콩만 엄선해 항온·항습 창고에 보관하며, 이를 자신만의 노하우로 혼합해서 사용한다. 여기서 그치지 않는다. 좋은 콩은 결국 좋은 흙에서 자란다는 생각에 스스로 농부가 되었다. 가라쓰시 인근에 대규모 '가와시마 농장'을 일궈 콩과 쌀을 비롯해 다양한 작물을 유기농법으로 재배하며 흙은 살리는 일에 몰두하고 있다. 애써 개발한 두부 제조법에 굳이 연연하지 않는 것은 이처럼 보다 근원적인 것에 대한 자신감 때문이다.

가와시마 두부를 생산하는 공장과 공정은 한국과 비교해 특별한 차이가 없다. 210년을 이어 온 전통의 두부 맛은 특별한 비법보다는 원재료인 콩에 대한 까다로운 선별에서 비롯된다.

'두부요리 가와시마'는 가와시마 두부점이 이룬 또 하나의 혁신이다. 가와시마에서 만든 두부는 현재 일본 전국에 걸쳐 80여 곳이 넘는 레스토랑, 호텔, 료칸 등에 공급되고 있다. 210년 전통의 자존심을 유지하는 데는 이것으로 충분하지만, 한편으로는 아쉬움도 있었다. 자신이 만든 두부의 가장 맛있는 순간을 고객들이 맛볼 수 있기를 원한 것이다. 그래서 두부공장 옆에 10석 규모의 두부요리 전문점을 열었다.

'두부요리 가와시마'에서는 아침과 점심에 세 종류의 두부요리 코스를 선보이고 있다. 아침에는 기본코스가 제공되고, 점심에는 가라쓰 근해에서 잡은 생선회와 생선구이가 곁들여진 두 개의 코스를 선보이고 있다. 기본코스는 우선 새벽에 만든 따뜻한 두유 한 잔으로 시작한다. 당분과 각종 첨가물이 가미된 조정두유나 가공두유에 길들여진 입맛에는 낯설 수 있지만, 아무것도 섞지 않은 순수한 두유를 먹어 본 사람들에게는 꽤나 놀라운 맛이다. 두유 한 잔으로 적당히 속을 다스린 다음에는 세 가지 두부가 나온다. 두유를 거르고 남은 비지에 나물을 섞어 버무린 '비지무침', 검은깨를 갈아 만든 두부에 된장소스를 올린 '고마도후', 그리고 가와시마의 명물인 자루도후. 각각의 두부는 맛도 맛이지만 담긴 모양새가 예사롭지 않다. 가와시마에서는 그릇의 대부분을 일본 3대 도자기인 가라쓰야키의 명인으로 평가받는 나카자토 다카시中里隆 선생이 만든 것을 사용한다. 210년의 전통에 합당한 선택인데, 이러니 단순한 두부 한 덩어리가 마치 가이세키 요리와도 같은 품격을 갖게 된다.

이어지는 것은 두부튀김. 앞서 나온 두부 차림에서 이미 적잖이 충격

두유로 시작해 두부푸딩으로 끝나는 가와시마의 아침 코스는 《니혼게이자이》가 "일본 제일의 아침밥"이라 극찬했을 정도로 일품이다. 두부라는 하나의 테마로 차려지고 연출되는 가와시마의 아침 코스는 210년의 전통은 물론이거니와 두부라는 식재료에 대한 일본인의 애정과 진지한 태도를 엿볼 수 있게 한다.

을 받았지만 진정한 클라이맥스는 바로 이 요리다. 튀김은 튀김옷에 가두어진 맛이 열에 의해 활성화되는 장점을 가진 조리법이다. 그러잖아도 콩의 고소함이 오롯이 녹아 있는 두부가 이 조리법을 거치니 더욱 농후해졌다. 뜨거운 김과 함께 농축된 콩의 고소함이 터져 나온다. 여러 번의 시도 끝에 최종적으로 선택된 현미유는 두부 맛을 다치지 않으면서 산뜻함을 더했다. '아게도후'라 부르는 두부튀김은 일본뿐만 아니라 한국에서도 흔히 만날 수 있는 음식이지만, 가와시마의 아게도후는 차원이 다른 맛이다.

마무리로 나오는 식사도 더할 나위 없이 부드럽고 깔끔하다. 두부를 섞어서 끓인 보리죽 한 그릇에 자루도후 한 덩어리를 넣은 된장국, 그리고 어쩌면 이리도 정갈할까 싶은 오신코(채소절임)가 곁들여진다. 식사를 끝내면 달콤한 두부푸딩이 디저트로 나온다. 맛, 건강, 품격을 두루 갖춘 아침식사다. 명불허전이랄까?

우리 선조가 전한 음식이건만

중국 한나라 때 만들어진 두부는 대륙과 한반도를 거쳐 일본으로 전해졌다. 당나라와 신라의 선진 학문과 문물을 배우기 위해 일본에서 파견한 견당사와 견신라사를 통해 전해졌을 것으로 추측되지만 이에 대한 정확한 기록은 남아 있지 않다. 대신, 임진왜란 직후 고치高知현으로 끌려간 경주 성장 박호인朴好仁이 두부 제조 기술을 전했다는 기록이 남아 있다. 고치현에서는 지금도 옛날 방식 그대로 두부를 만들고 있다.

두부뿐만 아니라 많은 문물이 중국 대륙과 한반도를 거쳐 일본으로 전해졌다. 이를 인정하기 싫은 일본은 그 모든 것이 그저 '대륙'으로부터 전해졌다고 눙치고 만다. 하지만 두부와 도자기만큼은 예외다. 이는 한반도와 조선인에 의해 전해졌다는 역사적 사실과 기록이 명확하기 때문에 대충 넘어갈 수 없는 사안이다.

그래서 자랑스러우냐? 천만의 말씀이다. 400여 년 전 우리 선조들로부터 전해진 기술이 일본 땅에 깊이 뿌리내리고 고도로 발달한 현실과 마주하면 여러모로 심사가 복잡해진다. 회한과 반성은 극복을 전제로 한다. 모쪼록 가와시마 두부점을 극찬한 의도에 대해 오해가 없길 바란다. 한국의 식문화에서 두부의 가치를 새롭게 조명하자면, 그 본질을 정확하게 헤아릴 필요가 있다. 400여 년 전에는 일본이 한국으로부터 배웠다면, 지금은 한국이 일본으로부터 배운다 한들 전혀 부끄러운 일이 아니다.

그러니 기회가 되거든 가와시마의 두부요리 코스를 꼭 한 번 드셔 보길 권한다. 만약에 그 맛에 감동한다면, 당장에 동네 근처의 작은 두부 공장부터 찾게 될지도 모른다. 우리 두부의 변화는 소비자 한 사람 한 사람이 진짜 두부 맛을 알게 되는 그 순간부터 시작된다.

가와시마 두부점(川島豆腐店)
佐賀県 唐津市 京町 1775 T.0955-72-2423

가야노야

고양이 목에 방울을 단 음식점

    한국의 밥상과 일본의 밥상은 닮은 점이 세 가지 있다. 첫째, 밥이 밥상의 주인이다. 둘째, 밥을 맛있게 먹고 영양을 고루 섭취하기 위한 방편으로 다양한 반찬이 만들어졌다. 셋째, 된장, 간장 등의 발효조미료로 음식의 간을 한다. 이처럼 한국과 일본의 밥상은 식재료나 조리 방식에 있어 약간의 차이가 있을 뿐, 기본적인 구성이나 근간에 흐르는 철학은 동일하다. 따라서 좋은 밥상, 혹은 인간에게 이로운 밥상을 위한 해답은 두 나라가 같다. 밥상의 주인인 밥을 제대로 대접하고, 발효음식을 복원하고, 순리에 따라 건강하게 키운 식재료를 사용하면 된다.

    사실 이런 해답은 누구나 안다. 문제는 그 해답을 찾는 방법 혹은 과정에서 딜레마가 발생한다는 것이다. 즉 '악순환의 고리를 끊고, 누가 먼저 선순환의 구조를 만들기 위해 나설 것이냐'는 물음에 이르면 서로 뭉그적거린다. 생산자는 아무리 정직하게 농사지어 봐야 시장이 이를 알아 주지 않는다고 하소연한다. 음식점은 좋은 식재료를 사용하자니 가격이 너무 비싸고, 그런 식재료로 음식을 만들어 봐야 소비자에게 외면당하기 일쑤라고 볼멘소리를 한다. 소비자는 생산자도 음식점도 못 믿겠다며 분통을 터뜨린다. 시장의 세 주체가 서로 남 탓을 하며 불신에 가득 차 있으니, 답을 알고서도 해결의 기미는 보이지 않는다.

이런 와중에 고양이 목에 방울을 달겠노라 자청하며 나선 음식점이 있으니, 일본 후쿠오카현 가스야粕屋군에 있는 '가야노야茅乃舍'라는 레스토랑이다.

흙을 살리는 것부터 시작하다

먼저 이 레스토랑을 알게 된 사연부터 설명할 필요가 있겠다. 3년 전 지인이 후쿠오카에서 사 온 '멸치다시팩'을 선물했다. 직업이 직업인지라 먹을 것을 받아들면 요모조모 분석하고 따지는 버릇이 있다. 우선 재료가 놀라웠다. 다섯 가지 재료 가운데 홋카이도北海道산 다시마를 제외하고는 전부 규슈에서 생산된 것이었다. 나가사키현의 멸치와 날치, 가고시마현의 눈퉁멸, 구마모토현의 소금 등 하나같이 비싼 값에 팔리는 지역 명물들이다.

그 맛이 하도 궁금해 된장찌개부터 끓여 봤다. 맹물에 선물받은 멸치다시와 집 된장을 풀고 약간의 채소만 썰어 넣고 맛을 보았다. 놀라운, 아니 그리운 맛이었다. 된장찌개에서 늘 뭔가 부족하다 생각했던 부분이 이 다시 덕분에 완전히 해갈되는 느낌이었다. 이건 좋은 재료 외에는 달리 설명할 길이 없었다. 바로 이 다시팩을 제조·판매하는 곳이 가야노야라는 레스토랑이었다. '이렇게 훌륭한 다시팩을 만들어 판매하는 음식점의 음식은 대체 어떤 맛일까?' 궁금했다. 가야노야와의 인연은 그렇게 시작되었다.

'가야노야'의 모기업은 후쿠오카현에서 1893년 창업한 '구바라쇼유'라는 간장공장이다. 일본 어느 동네에서나 흔히 있는 소규모 간장공장이었던 구바라쇼유가 유명세를 얻고 돈을 벌게 된 것은 조금 특별한 간장 때문이다. 일본인, 특히 후쿠오카 사람들은 양배추를 날것 그대로 먹는 것을 즐긴다. 이에 착안해 구바라쇼유는 양배추에 뿌려 먹는 조미간장을 개발했고, 이것이 큰 인기를 얻었다. 발효식품인 간장으로 출발해 어느 정도 자본을 축적한 구바라쇼유는 때마침 이탈리아에서 시작된 슬로푸드 운동에 자극을 받았다. 그리고 전통의 맛과 식자재를 지키기 위해서는 '진짜 맛'을 보여 줄 필요가 있다고 생각해 레스토랑을 열기로 한다.

외식산업에 있어 세계 최고 수준인 일본에서 레스토랑을 여는 것은 어쩌면 쉬운 일이다. 유명 컨설팅 회사에 의뢰하면 콘셉트부터 메뉴에 이르기까지 모든 과정을 맡아서 해 준다. 하지만 구바라쇼유는 '어떤 레스토랑을 만들 것인가?'라는 기획에만 무려 4년을 투자했다. 자신들이 만들 음식의 가치와 철학을 고민하고 구체화시키는 과정이었다.

다음으로 농업의 근간인 흙을 살리는 일을 시작했다. 이를 위해 가야노야를 시작하기 일 년 전에 레스토랑이 위치한 지역에 '비덴美田'이라는 농업생산법인을 설립했다. 자신들이 추구하는 가치를 지역 주민과 공유함으로써 협조를 끌어내기 위한 방안이었다. 제대로 된 농작물을 생산하면 판로가 확보되고 수익이 증대된다는 사실을 확인한 농민들은 가야노야가 추구하는 가치를 받아들이기 시작했다. 이로써 가야노야와 지역민 간에는 가치를 공유하는 단단한 네트워크가 형성되었다.

'진짜 맛'을 위한 가장 기본적인 문제들이 해결된 다음에는 공간을 설계했다. 전통의 맛을 느끼기 위해서는 건물 역시 이에 합당해야 하며 주변의 자연환경과 조화를 이뤄야 한다고 판단했다. 일본 전통가옥에서 초가로 이은 지붕을 가야부키茅葺き라고 한다. 이때 모茅라는 한자어

일본 각지의 장인들이 모여 80톤의 억새를 사용해 만든 서일본 최대 규모의 초가집인 가야노야는 단순한 음식점을 넘어 그 자체가 하나의 문화유산이다.

는 띠풀의 총칭인데 일본의 초가지붕에서는 주로 억새를 많이 사용한다. 가야노야는 300평의 대지에 목조건물을 세우고 약 80톤의 억새를 사용해 초가지붕을 얹었다. 전국에서 모인 장인의 솜씨로 완성된 높이 11.5미터, 폭 37.5미터의 가야부키는 서일본 최대 규모로, 이 자체가 레스토랑의 상징이자 이름(가야노야는 초가집이라는 뜻이다)이 되었다. 식당으로 돈을 벌기에 앞서 우선은 후손에게 물려 줄 문화유산 하나를 장만한 것이다.

80여 석 규모의 건물 내부 가장자리에는 뜻밖에도 부뚜막이 설치되어 있다. 미장 장인의 솜씨로 빚어낸 부뚜막 역시 가야노야의 상징이자 기능적인 조형물이다. 우선, 가야노야에서 가장 중요하게 생각하는 음식은 밥이다. 먼저 계약농가에서 무농약으로 재배한 쌀을 수확 후 저온 저장을 해 둔다. 쌀은 도정 후 15일 정도가 지나면 산패가 진행된다. 따라서 갓 도정한 쌀이 맛있는 것은 당연한 이치. 가야노야에서는 그날 사용할 쌀을 당일 아침에 도정한다. 이를 특수 제작한 아리타도자기 솥을 이용해 주문과 동시에 밥을 짓는다.

가끔은 장작불을 피워 부뚜막에 설치된 가마솥에서도 밥을 짓는다. 밥에 대한 가야노야의 고집을 보여 주는 퍼포먼스일 뿐만 아니라, 밥 짓는 연기가 초가지붕을 그을려 방충 역할도 한다. 그 옛날 일본의 전통가옥에서 행하던 방식 그대로다. 이러니 밥맛이 꿀맛이다. 밥상의 주인이 반듯하니 나머지 음식 역시 반듯할 수밖에 없다.

가야노야에는 총주방장을 비롯해 모두 여덟 명의 조리사가 있다. 모

가야노야에서는 저온 저장한 쌀을 당일 아침에 도정해 밥을 짓고, 모든 식재료는 후쿠오카현을 비롯한 인근의 계약농가에서 재배한 것을 직접 구매해 사용하고 있다.

든 요리는 코스로 이루어지고 매달 한 번씩 코스의 내용이 바뀐다. 식재료는 거의 후쿠오카를 비롯한 인근 20여 곳의 계약농가에서 공급받는다. 된장, 간장을 비롯한 조미료는 직접 만들어서 사용하고 판매까지 한다. 일본 전통 조리법을 기본으로 하되 식재료 본연의 맛을 끌어내기 위해서라면 서양식이든 중국식이든 구애받지 않고 자유로운 스타일을 추구한다. 근본은 타협하지 않지만 음식의 완성도를 위해서는 열린 태도를 취한다.

전통의 맛을 유지하고 알리는 일 또한 소홀히 하지 않는다. 매달 바뀌는 코스에 빠지지 않고 등장하는 '나가노 할머니의 일품요리'라는 메뉴가 있다. 후쿠오카 향토음식 연구가로 올해(2013) 83세인 나가노 미치요 할머니가 만드는 음식이다. 지역에서 생산된 식재료를 사용해 전통적인 조리법으로 만든 나가노 할머니의 요리들은 특유의 '손맛'으로 인해 고

'어떤 레스토랑을 만들 것인가?'라는 기획에만 4년이 걸린 가야노야는, 건강한 음식을 찾는 일본인의 높은 관심과 인기를 얻고 있다.

객들로부터 많은 인기를 얻고 있다. 가야노야는 이 점을 놓치지 않았다. 매달 '나가노 할머니의 요리교실'을 개최해 고객들에게 전통의 비법을 전수한다.

'이타다키마스'에 담긴 마음

2005년부터 영업을 시작한 가야노야는 내내 적자를 면치 못했다. 후쿠오카 시내에서 자동차로 한 시간이나 걸리는 시골에 홀로 떨어진 레스토랑이니, 어지간해서는 찾기 어려웠을 것이다. 그런데 3년 전부터는 일본 전국에서 손님이 몰려온다. 다시팩 덕분이었다. 가야노야에서 만든 다시팩이 판매 랭킹에서 1위를 차지한 것이다. 소비자는 다들 비슷한 생각을 했다. '이렇게 훌륭한 다시팩을 만드는 레스토랑의 음식은 대체 어떤 맛일까?'라는 호기심이 그것이다. 아울러 동일본 대지진 이후 식재료의 안전성에 대한 관심이 높아지면서 가야노야가 추구하는 가치가 새삼 주목받은 결과이기도 하다. 덕분에 지금은 평일이든 주말이든 예약을 하지 않고서는 낭패를 보기 일쑤다.

일본인은 식사를 하기 전에 두 손을 가지런히 모으고 '이타다키마스 いただきます'라고 나지막이 읊조린다. 의역을 하면 '잘 먹겠습니다' 정도가 되지만, 어원을 따져 보면 '자연으로부터 받은 은혜를 감사히 받들겠습니다'라는 뜻이다. 이는 종교적인 의미라기보다는 음식의 근본이 무엇인지를 스스로 되새기는 과정이다. "생명 덕분에 생명입니다"라는 가

최고의 식재료를 추구하는 대신 식재료의 맛을 살리기 위해서라면 조리법에는 굳이 제한을 두지 않는다. 따라서 정통 일식은 물론이거니와 지역의 토속적인 조리법과 서양식 조리법 등 다양한 방식을 채택한다.

야노야의 슬로건 역시 이와 다르지 않다. 비록 다른 생명의 목숨을 끊음으로써 내 생명을 유지하는 모순 속에 살고 있지만, 적어도 그 생명에 대한 감사와 염치 정도는 가지는 것이 인간 된 도리라는 의미다.

이는 실천이 따르지 않으면 그럴듯한 홍보 문구에 지나지 않는다. 하지만 가야노야는 이념을 현실에서 구체화했다. 땅을 살리고 농민을 설득함으로써 가치를 공유했다. 안정적인 판로가 확보되고 그에 합당한 가격을 받을 수 있음을 확인한 농민들은 가야노야를 위해 더 좋은 식재료를 생산하고자 노력한다. 이제 그들은 자신의 이름과 농부의 자존심을 걸고 농사를 짓는다. 시간이 좀 걸리긴 했지만 소비자들 역시 진가를 알아보기 시작했다. 좋은 약은 입에 쓰지만, 좋은 음식은 맛까지 달다. 패스트푸드와 가공식품에 길들여진 입맛조차 '진짜 맛'은 구분할 줄 안다. 인간의 입맛과 기호도 결국엔 자연으로부터 왔기 때문이다.

그 가치를 알기에 오늘도 가야노야에는 도쿄, 오사카, 오이타, 가고시마 등지에서 온 자동차들이 줄을 잇는다. 그리고 1인분에 최소 3,675엔에서 최고 15,750엔이라는 음식 값을 아낌없이 치른다. 좋은 음식이기도 하거니와 맛있는 음식이기 때문이다.

생산자는 지금과 같은 유통 시스템 속에서 음식점과 소비자를 계몽하는 데 한계가 있다. 소비자가 암만 떠들어 봐야 생산자와 음식점은 들은 척도 안 한다. 당장의 생존이 문젠데 소비자의 요구 따위에 신경 쓸 겨를이 없다. 결국 생산자를 설득하고 소비자를 계몽할 수 있는 주체로는 음식점이 합당하다. 적어도 누군가가 먼저 움직여야 한다면, 가장 적임자는 외식업체다. 고양이 목에 방울을 달겠다고 나선 외식업체는 굳이 가야노야뿐만이 아니다. 물론 한국에도 있다. 하지만 가야노야의 완성도는 상상 그 이상이다. 그러니 기회가 된다면 꼭 한 번 경험해 보시길 바란다.

자동차 없이도 맛볼 수 있는 가야노야, 쇼보안

가야노야는 다 좋은데 접근성이 현저히 떨어진다. 단기 여행자라면 어지간해서 일정 맞추기가 쉽지 않다. 설령 시간 여유가 있다 해도 자동차가 없으면 갈 수 없다. 그렇다고 전혀 방법이 없는 것은 아니다. 규슈 여행자라면 대부분 한 번쯤은 방문하는 후쿠오카의 JR하카타역으로

후쿠오카 하카타역 1층에 있는 가야노야의 매장에서는 간장, 된장, 식초, 소스, 다시팩 등 가야노야에서 직접 만들고 사용하고 있는 다양한 가공식품을 구입할 수 있다.

가시면 된다.

우선 1층에는 가야노야의 매장이 있다. 앞서 설명한 다시팩은 물론이고, 가야노야에서 생산한 간장, 된장, 식초, 소스, 가공식품 등 다양한 제품을 판매하고 있다.

음식이 궁금하시면 9층에 있는 쇼보안椒房庵을 추천한다. 가야노야의 계열 레스토랑으로 식재료와 음식에 대한 철학은 동일하게 공유하고 있다. 가야노야가 파인다이닝 레스토랑이라면 쇼보안은 비스트로라고 할 수 있다. 코스요리 대신 잘 차려진 정식이나 일품요리 등을 즐길 수 있다.

우선 인상적인 것은 입구에 설치된 붉은색의 부뚜막과 부뚜막에 걸린 세 개의 가마솥이다. 백화점 입점 매장이라는 공간적 제약으로 장작 대신 가스를 연료로 사용하지만 밥맛 하나만큼은 탁월하다. 인심도 넉넉해 밥은 원하는 만큼 얼마든지 퍼 준다. 계절에 따라 규슈 각 지역에서 나는 식재료를 활용한 일품요리는 맛도 계절감도 충만하다. 반찬으로 곁들여지는 채소절임이나 명란젓 역시 가야노야의 명성을 확인하기에 부족함이 없다. 어느 모로 보나 정성껏 준비한 기분 좋은 밥상임에 분명하다.

가야노야(茅乃舍)
福岡県 糟屋郡 久山町 大字猪野 395-1 T.092-976-2112

6

旅館
_{료칸} 일본 식문화의 결정판

가고시마 슈스이엔

29년간 지켜 온 료칸 요리의 정상

일본에는 기준을 어떻게 잡느냐에 따라 수천에서 수만 개의 료칸이 존재한다. 이 중에는 민박 수준의 료칸도 있고, 수백 년 된 전통 료칸도 있으며, 방이 100개가 넘는 호텔식 료칸도 있다. 호텔은 5성급이니 6성급이니 해서 등급이 나뉘고 이를 기준으로 시설과 서비스의 수준을 가늠할 수 있는 데 반해, 료칸에는 별도의 등급이 존재하지 않는다. 제도가 만들어지기 전부터 존재했던 것을 두고 뒤늦게 획일적인 기준을 적용할 수도 없는 노릇이고, 역사가 몇 백 년 된 료칸은 단순한 숙박시설을 넘어 그 자체를 문화유산으로 여기는 경향이 강하기 때문이다.

그래서 미디어, 여행사, 온라인 사이트 등에서 설문조사나 투표를 통해 다양한 료칸 랭킹을 선정하고, 소비자는 이 결과를 료칸 선택의 중요한 기준으로 삼는다. 그중에서도 《여행신문》과 《관광경제신문》에서 매년 발표하는 랭킹이 특히 권위를 인정받는다. 2012년을 기준으로 각각

37회와 26회째를 맞아 나름 전통 있는 이벤트이기도 하거니와 더 중요한 것은 조사대상이다. 여행업계 소식을 전하는 신문답게 이들은 일반 고객이 아닌 업계 관계자들을 대상으로 조사를 실시한다. 1만~2만여 통의 투표용지를 엽서로 보내 시설, 온천, 요리, 서비스, 분위기 등 각 항목별로 추천을 받고, 이 결과를 취합해 부문별 순위와 종합 순위를 발표한다. "프로가 선정한"이라는 수식어가 붙는 이 랭킹은 샘플의 규모도 크고 무엇보다 '선수'들이 선정한 결과라는 점에서 그 신뢰도가 높다.

일본 최고의 료칸은 규슈 최고의 변방에

바로 이 랭킹에서 가고시마현 이부스키시에 있는 하쿠스이칸白水館과 슈스이엔秀水園은 꽤 오랫동안 최고의 료칸으로 선정되었다. 수만 개의 료칸이 치열한 경쟁을 하는 가운데서 인구 4만 명에 불과한 이부스키시에 최고의 료칸이, 그것도 두 개씩이나 있다는 사실은 좀 뜻밖이다. 물론, 여기에는 그럴 만한 사연이 있다.

중세시대 일본 열도의 최남단이나 마찬가지였던 가고시마현을 지배

일본의 전통 료칸은 체크인한 고객에게 대접하는 말차와 화과자 하나부터 자신의 수준과 품격을 유감없이 드러낸다. 그만큼 첫인상을 중요하게 생각한다.

했던 사쓰마번은 일찍이 오키나와를 거점으로 한국, 중국, 네덜란드 등과 적극적인 해상무역을 실시하는 한편, 주변 섬인 아마미 군도와 야쿠시마에서 생산된 사탕수수와 삼나무를 독점해 많은 부를 축적했다. 이 과정에서 '사쓰마야키'라 불리는 도자기와 '사쓰마기리코'라 불리는 크리스털 등 수준 높은 문화유산도 남겼다. 근대에 접어들어서는 지정학적 이점을 활용해 일본의 그 어느 지역보다 빨리 서양 문물을 받아들였다. 이 모든 것이 축적된 결과, 변방 중의 변방이었던 사쓰마번은 일본의 근대화 과정에서 가장 중추적인 역할을 수행하게 된다.

오늘날 가고시마와 가고시마 사람들에게는 이런 역사와 전통이 여전히 이어지고 있다. 그래서 가고시마를 가 보면 촌 동네가 분명한데도 왠지 촌 동네답지 않은 품격을 곳곳에서 확인할 수 있다. 중세시대에 이미 동서양을 넘나드는 글로벌한 문화를 창조하고, 일본 근대화를 견인한 주역이었다는 자존심 때문이다. 규슈 최남단인 이부스키가 일본 최고의 료칸을 두 개나 가진 것은 이러한 역사와 무관하지 않다. 동네가 수준이 맞아야 료칸도 최고가 되는 것이지, 역사도 문화도 없는 동네의 료칸을 단순히 시설이 최고라고 해서 최고로 쳐주지 않는다는 말씀이다.

전생에 무슨 복을 그리 지었는지, 혹은 조상님 덕인지는 몰라도 일본인이 평생에 한 번쯤 가 보고 싶은 곳으로 꼽는 두 료칸에 묵을 기회가 있었다. 규모, 시설, 온천, 입지 등으로 보자면 하쿠스이칸이 슈스이엔보다 단연 한 수 위다. 어디를 봐도 '일본 최고'라는 명성에 걸맞은 품격과 섬세함 그리고 전통의 향기가 느껴진다. 특히 하쿠스이칸은 지난 2004

년 노무현 대통령과 고이즈미 총리가 1박 2일 동안 머물며 정상회담을 했던 곳으로도 유명하다. 사실 가고시마현은 정한론을 주장했던 사이고 다카모리(西鄕隆盛)의 고향이자 가미가제 특공대의 기지가 있던 곳이다. 그래서 한국 정부는 국민감정과 경호 문제 등을 이유로 끝까지 난색을 표시했는데, 일본 정부가 워낙에 끈질기게 요청하는 바람에 결국 수

'슈스이엔'은 그리 크지 않은 규모와 50년이라는 짧은 역사에도 불구하고 《여행신문》이 발표하는 '프로가 선택한 일본 료칸 100선' 요리 부문에서 무려 29년 동안이나 1위를 차지하고 있다.

락했다는 후문이다. 일본 정부의 이러한 태도를 일종의 외교적 '노림수'로 볼 수도 있지만, 실제로 하쿠스이칸을 가 보면 '자신들의 문화적 역량을 진심으로 자랑하고 싶었을 수도 있었겠다'는 생각이 살짝 들기도 한다. 그만큼 완성도가 높은 료칸이다.

하지만 그렇게 대단한 하쿠스이칸도 '요리'에 있어서만큼은 슈스이엔에 미치지 못한다. 슈스이엔은 《여행신문》이 발표하는 '프로가 선택한 일본 료칸 100선'의 요리 부문에서 무려 29년 연속으로 1위를 차지하고 있다. 한 분야에서 정상을 차지하는 것도 어렵지만 이를 29년이나 유지하는 것은 어떤 이유로든 대단하다고밖에 달리 할 말이 없다. 더군다나 평가 방식이 절대평가가 아닌 설문조사라는 점에서 슈스이엔이 이룬 성과는 대단함을 넘어 미스터리에 가깝다.

계절, 기술, 그릇이 어우러진 가이세키 요리의 정수

일본 료칸의 숙박료는 1박 2식, 즉 하루치의 방값에 저녁식사와 아침식사가 포함되는 것이 보통이다. 통상 숙박료의 절반 정도를 음식 값이 차지하기 때문에 전통 료칸이든 현대식 료칸이든 객실과 온천 못지않게 음식에 신경을 쓴다. 그중에서도 음식 값의 80퍼센트 이상을 차지하는 저녁식사가 관건이다. 료칸의 저녁식사는 7~13가지 코스로 구성되는 가이세키會席 요리가 기본이다. 전채·생선회·국물·찜·구이·전골식사·디저트를 기본으로 여기에 저마다의 추천 요리나 해당 지역의 향토요리가 추가된다.

　사람의 기호는 성장 환경과 경험에 따라 달라질 수밖에 없다. 특히 미각은 더 제각각이다. 기호와 환경뿐만 아니라 컨디션에 따라서도 차이를 보인다. 절대미각이란 존재하지 않을뿐더러 절대적으로 맛있다고 주장할 수 있는 음식 또한 존재할 수 없다. 때문에 합리적이고 타당한 기준이 요구되고, 그 과정에 전문가의 역할이 필요하다. 29년간 요리 부문 1위를 고수한 슈스이엔의 저력이 높이 평가받는 것은 관련 분야 전문가들의 의견을 종합한 결과이기 때문이다.

　가이세키 요리를 평가하는 기준은 계절(季), 기술(技), 그릇(器)으로 요약할 수 있다. 먼저 식재료가 좋아야 한다. 신선함은 물론이거니와 식재료 자체로 계절감을 나타내야 한다. 다음은 요리사의 능력이다. 여기에는 좋은 식재료를 선택하는 안목, 재료의 고유한 맛을 이끌어내는 기술, 그리고 코스를 구성하는 연출력까지 포함된다. 끝으로 음식의 색, 형태와 조화를 이루는 그릇을 선택하고 이를 아름답게 담아내는 미적 감각까지 두루 살핀다. 이 세 가지 기준만 충족해도 충분히 좋은 음식이다. 그런데 슈스이엔의 가이세키에는 여기에 한 가지가 더해진다.

　우선은 주변 지역부터 살펴보자. 슈스이엔에서 자동차로 10여 분 정도 거리에 니시오야마(西大山)역이 있다. 사람도 없는 간이역에 불과하지만 일본 최남단에 위치한 기차역이라는 상징성 때문에 관광객의 발길이 꾸준히 이어진다. 최근에는 한국에서도 유명세를 타기 시작했다. (사)제주올레와의 제휴로 개설된 '규슈올레' 8개 코스 가운데 하나인

요리로 유명해진 료칸이라 해서 요리에만 치중하는 것은 아니다. 시설, 객실, 서비스 등 모든 것이 그에 합당한 수준에서 유지되고 있다. 이러한 일관성이 유지되기에 요리가 더욱 빛을 발한다.

이부스키 코스의 출발점이기 때문이다.

역을 출발해 올레길을 걷다 보면 뜻밖의 장관이 펼쳐진다. 화산재가 섞인 검은흙으로 뒤덮인 광활한 대지 위에 고구마, 작두콩, 단호박, 무, 양배추 등이 끝도 없이 자라고 있다. 그야말로 검은 건 흙이요 푸른 건 작물이다. 여기서 유기농이라는 말은 거추장스런 수식어에 불과하다. 인간의 능력은 거센 바닷바람을 막기 위해 방풍림을 조성하고 작물을 보호하는 것만으로도 벅차다. 발밑을 살피며 걸어야 할 정도로 지렁이, 달팽이 등이 많다. 그만큼 건강한 땅이라는 증거다. 살아 꿈틀거리는 대지이자 인간과 자연이 공존하는 현장이다.

그렇게 5킬로미터쯤 걷다 보면 가고시마현의 땅끝에 닿는다. 오른쪽으로는 드넓은 동중국해가 펼쳐지고 왼쪽으로는 규슈의 내륙 깊숙이 파고든 가고시마만이 시작된다. 이 바다는 예로부터 풍부한 해산물로 유명한데 특히 샛줄멸, 가다랑어, 방어, 잿방어, 보리새우, 참돔 등은 일본 전국에서도 손꼽히는 수준이다. 게다가 일본 최대의 소주 생산지인 가고시마는 발효 기술이 발달해 가쓰오부시, 간장, 흑식초 등의 생산지로도 널리 알려져 있다. 슈스이엔의 가이세키 요리에는 이처럼 가고시마의 대지와 바다가 선사하는 모든 식재료가 주연과 조연으로 빠짐없이 등장한다. 가히 대하드라마 수준이다.

지금까지가 자연의 몫이라면 다음은 인간의 몫이다. 슈스이엔은 대대로 소주 양조장을 운영해 오던 유쓰도湯通堂 가문이 1962년 시작했다. 일본 료칸업계에서 50년 역사는 어디 가서 명함도 못 내미는 수준이다.

슈스이엔은 이를 극복하고 자기만의 경쟁력을 갖기 위한 전략으로 음식을 선택했다. 최고의 요리사를 총주방장으로 영입하고 그에게 모든 권한을 위임했다. 심지어는 후임 총주방장을 선택하는 것까지 전임 총주방장에게 맡겼다.

개업 후 지금까지 슈스이엔의 총주방장은 세 번 바뀌었다. 그럼에도 음식의 수준은 변함없고 평가 또한 여전하다. 후임 총주방장은 초대 총주방장이 만들어 놓은 전통에 자신의 기술과 당대의 흐름을 더해 눈에 보이지 않는 변화를 꾸준히 거듭하기 때문이다. 한 사람이 계속했으면 어쩌면 불가능했을지도 모를 성과다. 어지간한 자신감으로는 슈스이엔이 지금까지 쌓아 온 명성에 쉽게 도전할 수 없었을 것이니, 슈스이엔의 총주방장은 최고의 요리사에게만 허락된 자리다.

대부분의 고급 료칸은 길게는 분기에 한 번, 짧게는 한 달에 한 번 새로운 가이세키 코스를 선보인다. 계절감을 충분히 살리고 고객의 지속

검은 화산재로 뒤덮인 이부스키의 대지는 다양한 작물이 자라기 좋은 환경을 갖추고 있다. 땅은 생명력이 넘치고 그 생명을 이어받은 다양한 식재료들은 곧 슈스이엔 요리의 기본이 된다.

적인 재방문을 유도하기 위해서다. 하지만 슈스이엔은 그 반대의 길을 걸어왔다. 기본 골격은 계속 유지하되 재료와 조리법의 변화를 통해 계절감을 연출한다. 자칫 단조로울 것 같은 이러한 방식이 볼 때마다 새롭고 29년 동안이나 최고로 평가받는 이유는, 시간이 흐를수록 디테일과 완성도가 높아지기 때문이다. 새로운 것만이 창작이라고 생각하는 사람들에게, 슈스이엔은 전통의 깊이를 더하는 것 또한 창작이 될 수 있음을 보여 준다. 거기다 심지어는 시각적인 화려함까지 추구한다.

   1597년 정유재란 당시 남원성에 살던 박평의朴平意와 심당길沈當吉을 비롯해 수십여 명의 조선 도공이 사쓰마로 끌려갔다. 이들은 다도에 조예가 깊었던 당시 사쓰마 번주 시마즈 요시히로島津義弘의 전폭적인 지원을 받으며 곳곳에 가마를 열었다. 그리고 당시 일본 각지에서 유행하던 도자기 기법을 적극적으로 수용했다. 이렇게 해서 일본 도자기 역사에서 가장 화려하고 다채로운 '사쓰마야키'가 탄생했으며, 그 전통은

400년이 흐른 지금까지도 이어진다. 그 품에서 슈스이엔의 요리는 하나의 작품으로 거듭난다. 어지간한 박물관 못지않은 수준의 사쓰마야키 컬렉션을 갖추고 있기에 계절과 요리의 특성에 따라 선택할 수 있으며, 저녁식사와 아침식사에 깔리는 그릇의 개수만 40여 개에 이른다.

치밀하고 완벽한 접객의 기본

일본에서 가이세키 요리를 먹어 보면, 겉모양에 비해 맛과 만족도가 기대에 미치지 못하는 경우가 많다. 대부분의 한국인은 자신과 기호가 맞지 않거나 원래 일본음식이 그러려니 하고 만다. 하지만 일본의 전문가 중에는 그것이 가이세키 요리의 현실이라며 비판적인 평가를 내리는 이도 있다. 값싼 식재료로 가짓수만 채우고, 음식과 그릇의 조화를 고려하지 않고 단지 화려함에만 치중하기 때문이다. 하지만 슈스이엔은 코스를 구성하는 요리 하나하나가 시각적인 완성도는 물론이고 맛까지 완벽한 조화를 이룬다. 하나의 요리가 나오면 저도 모르게 탄성이 터져 나오고, 이어서 다음 요리에 대한 호기심이 발동한다. 이 과정을 반복하다 보면 11~13가지 코스로 구성된 두 시간 가까운 식사 시간이 순식간에 흐른다.

그런데 여기에 슈스이엔만의 치밀함과 음식에 대한 철학이 부가된다. 슈스이엔은 고객의 예약을 받으면 우선 그의 출신지 등을 따져 기본적인 기호를 살핀다. 다음 순서로, 고객이 체크인을 할 때 여행 일정과 그

슈스이엔의 아침식사는 그 구성과 가짓수에 있어 일본 료칸 가운데 최고 수준이라 할 만하다. '인생을 살면서 언제 또 이렇게 화려한 아침상을 받을 수 있을까?'라는 생각이 절로 들 정도다.

과정에 묵었던 숙소 등을 묻는다. 이를 통해 고객의 컨디션과 최근에 먹었던 음식을 분석한다. 슈스이엔은 그곳에 묵는 손님들이 선택할 만한 수준의 료칸과 호텔을 모두 경험하고 그곳 음식의 특징을 세세하게 파악하고 있다. 이러한 데이터를 바탕으로 재료의 선택, 양념의 정도, 심지어는 조리 방식까지 조절한다. 때문에 슈스이엔에 묵는 고객들은 기본적인 코스만 동일할 뿐, 사실은 전부 다른 음식을 먹는 셈이 된다.

물론 이를 눈치채는 고객도 드물거니와 굳이 알아 주길 바라지도 않는다. 일본인은 사람의 인연을 두고 '일기일회一期一會'라는 표현을 쓴다. 다도茶道에서 비롯된 이 말은, 어떤 만남이든 일생의 한 번뿐인 기회라 생각하고 최선을 다하겠다는 의지를 표현한다. 일본의 많은 음식점과

가고시마의 전통 도자기인 '사쓰마야키'의 화려함과 대를 이어 오는 장인의 요리 솜씨, 그리고 고객의 취향과 컨디션까지 두루 살피는 세심함이 어우러진 슈스이엔의 음식에는 맛과 품격은 물론이고 감동까지 녹아 있다.

료칸은 이를 접객의 기본적인 태도라 생각한다. 슈스이엔 역시 남들과 마찬가지로 이를 실천할 따름이다. 그런데 그 실천의 정도가 너무나 치밀하고 완벽해서 질투를 넘어 화가 날 지경이다.

가고시마의 대지와 바다가 선사하는 식재료, 50년의 경험과 전통을 고스란히 이어받은 요리사의 능력, 고객의 기호와 몸 상태까지 살피는 섬세함. 슈스이엔의 음식에는 이 세 가지 요소가 촘촘하게 엮여 있다. 이런 음식을 먹으면 미각은 물론이거니와 몸도 마음도 절로 즐거워진다. 사람들은 바로 이런 상태를 두고 '감동'이라는 표현을 쓴다.

무려 29년 동안 '일본 료칸 음식 부문 1위'라는 이 미스터리한 타이틀은 눈에 보이는 '요리' 자체만으로 얻은 것은 아니라는 생각이 들었다. 그것을 구성하는 모든 것이 궁극의 완성도를 지향하면서 만들어 내는 '감동' 때문이다. 이 또한 상당히 애매모호하고 미스터리한 해답이기는 하지만.

슈스이엔(秀水園)
鹿児島県 指宿市 湯の浜 5丁目 27-27 T.0993-23-4141

구마모토 아야노쇼

자연 속에 숨은 치밀한 인공미

온천을 찾는 일본인의 기호에는 독특한 취향이 하나 있다. 점점 산으로, 골짜기로 숨어들어 간다는 점이다. 온천 여행의 목적이 찌든 도시 생활에서 벗어나 자연 속에서의 진정한 휴식을 지향하는 것이라 그럴 것이다. 규슈의 벳푸別府, 유후인由布院, 구로카와黒川 온천은 매년 일본의 10대 온천으로 꼽히는 명소다. 이 세 온천 지역의 개발 단계는 온천을 찾는 일본인의 취향을 상징적으로 보여 준다.

가장 먼저 개발된 곳은 벳푸다. 19세기 후반부터 본격적으로 개발되기 시작한 벳푸 온천은 1960년대 일본의 고도성장과 함께 전성기를 맞는다. 이후 매년 1300만 명의 관광객이 찾는 대표적인 온천도시가 되었다. 하지만 자연, 한적함, 휴식을 지향하는 일본인에게 벳푸는 더 이상 매력적인 온천이 아니다.

바로 이 점에 주목한 곳이 유후인이다. 1,000미터 이상의 고산준령

에 둘러싸인 유후인은 온천 외에는 관광지로서 딱히 내세울 만한 자원이 없었다. 하지만 그들은 일본인의 욕구를 정확히 파악했다. 대규모 개발 대신 창조적이고 정감 있는 마을 만들기를 통해 감성을 자극한 것이다. 유후인은 자연과 문화의 결합을 통해 성공한 대표적인 사례다. 때마침 11번 국도인 야마나미 하이웨이가 개통되고 유후인노모리由布院の森라는 매력적인 관광열차가 다니기 시작했다. 대규모 단체 관광객은 받지 않는 대신 고급 료칸을 중심으로 가족과 여성 관광객을 주요 타깃으로 삼았다. 인구 1만 2000명의 작은 동네가 지금은 연간 400만 명의 관광객이 찾는 명소가 되었다.

유선형의 독특한 디자인을 채택한 관광열차 '유후인노모리'의 개통과 더불어 유후인은 가족과 여성 관광객에게 인기 많은 온천 휴양지가 되었다. 지금은 연간 400만 명의 관광객이 찾고 있다.

유후인 다음으로 개발된 구로카와 온천은 더욱 차별화된 전략을 선택했다. 이곳은 수백 년 전부터 온천으로 병을 치유하는 '탕치장'이 있었다. 하지만 1980년대까지만 해도 이름 없는 작은 온천마을에 불과했다. 험준한 구주九重산 골짜기에 위치한 구로카와의 상황은 유후인보다 더 열악했다. 때문에 대규모든 소규모든 아예 개발 자체를 포기했다. 대신 골짜기 곳곳에 흩어져 있던 료칸들을 모아 '구로카와 료칸조합'을 결성했다. "구로카와는 하나의 료칸"이라는 구호 아래 한 가지 목표에만 집중했다. 일본 본래의 풍경, 즉 고향에 돌아온 듯한 편안함과 따뜻함을 만끽할 수 있는 온천으로 가꾸었다. 이는 자연, 한적함, 휴식을 선호하는 일본인의 기호에 기가 막히게 맞아떨어졌다. 이제 구로카와는 유후인과 어깨를 나란히 하는, 일본인이라면 꼭 한 번 가 보고 싶어 하는 온천 관광지로 탈바꿈했다.

다시 찾고 싶은 료칸

인간의 욕망이란 끝을 모르는 법이다. 그러니 벳푸→유후인→구로카와로 끝은 아닐 것이다. 분명 그다음을 찾을 테고 누군가는 그것을 만들어 낼 것이다. 다음 수순을 정확하게 예측하기는 어렵지만 이를 짐작할 만한 사례가 있다.

구로카와 온천에서 편도 1차선 산길을 10여 분 달리면 오다小田라는 작은 온천마을에 닿는다. 말이 좋아 마을이지, 온천만 아니면 산나물이

나 캐 먹고 살아야 될 정도의 두메산골이다. 바로 이 동네에 '아야노쇼 彩の庄 료칸'이 있다. 뭐든 순위 매기기 좋아하는 일본이다 보니 료칸을 두고도 종합 순위는 물론이고 온천, 식사, 객실, 부대시설 등 다양한 분야별로 별도의 순위를 조사한다. 이 가운데 흥미로운 것이 '다시 찾고 싶은 료칸' 순위다. 실제 방문했던 고객을 대상으로 만족도를 조사한 것이니만큼 그 결과가 남다르다. 아야노쇼는 이 조사에서 규슈 지역에서 1위를 차지했다.

　아야노쇼는 산과 계곡 외에는 아무것도 없는 두메산골에 덩그러니 놓여 있다. 교통은 말도 못하게 불편하고 핸드폰조차 잘 터지지 않는다. 밤이면 물소리와 풀벌레 소리만 들릴 뿐이다. 마치 세상과 단절된 듯한 적막감이 밀려온다. "아무것도 없는, 아무것도 하지 않아도 되는 사치"라는 아야노쇼의 홍보 카피는 그래서 나왔다. 불교에서 말하는 공즉시색空卽是色이다. 비움으로써 비로소 충만해지는 공간이다. 이것은 온천

깊은 산속에 일본 전통가옥을 재현한 별채로 이루어진 아야노쇼의 객실은 독립된 정원과 노천온천을 갖추고 있어 완벽한 프라이버시와 휴식을 보장한다.

을 찾는 일본인들이 진정으로 원하는 감성이다.

그런데 사실은 그 모두가 인공적으로 연출된 것이다. 이게 핵심이고 아야노쇼의 숨은 매력이다. 인공적이긴 한데 그 연출이 너무나 정교하고 치밀해서 투숙객은 그저 자연의 일부라고 착각한다. 대신 불편하거나 부족하지 않다. 도시인은 수시로 자연에서의 삶을 꿈꾸지만, 도시 생활의 안락함을 포기하지 못한다. 아야노쇼는 그런 이중성을 정확하게 간파하고 완벽하게 충족시켜 준다.

깊은 산에서 흘러 내려오는 계곡 한켠에 터를 잡고 전통적인 에도시대 목조건물 몇 채를 올렸다. 하지만 내부는 영국 빅토리아시대의 가구와 소품으로 채웠다. 모조품이 아니라 실제로 사용했던 골동품들이다. 현대적으로 재해석된 일본의 과거와 실제 영국의 과거가 절묘하게 조우한다. '일본의 정신을 바탕으로 서양의 기술을 받아들인다'는 화혼양재, 메이지유신 이후로 정착한 그들 특유의 합리성이 고스란히 반영됐다. 이는 근대 이후에 형성된 일본문화의 축소판이나 마찬가지다.

애써 전통을 강요하지도 않는다. 그보다는 개인의 프라이버시를 존중한다. 전통적인 일본 료칸의 서비스가 오카미상(여주인)과 나카이상(여종업원)의 친절과 미소라고 한다면, 아야노쇼의 서비스는 그것과는 차별된다. 14개에 불과한 객실은 모두 '하나레離れ'라는 독립된 별채로 되어 있고 객실과 객실 사이는 회랑으로 연결된다. 고객들의 동선에서 직원은 좀처럼 눈에 띄지 않는다. 대신 직원들은 그림자처럼 움직인다. 체크인과 식사 시간을 제외하면 사람 구경하기가 힘들 정도다. 혼자 놀기

서양식 침실과 일본식 다다미방 등 객실 내부의 인테리어는 저마다 독특한 스타일을 추구하기 때문에 고객의 취향에 따라 선택할 수 있다. 식사는 인원 수에 맞게 구성된 독립된 공간을 이용한다.

좋은 시스템이 완벽하게 구축되어 있어 굳이 타인의 도움이 필요하지 않다.

　14개의 객실은 7개 스타일로 나눠진다. 어떤 방은 복층 구조의 트윈 베드고, 어떤 방은 화실(다다미방)에 더블베드고, 어떤 방은 완벽한 화실이다. 각자의 취향에 맞는 객실을 지정할 수 있다. 일본 료칸의 객실은 넓이, 노천온천과 정원의 유무 등으로 평가된다. 아야노쇼의 객실은 넓고 품격 있으며 각 객실마다 독립된 정원과 노천온천을 갖추고 있다. 이 정도 시설이면 1만 8000여 개에 이르는 일본의 료칸 가운데서 최고 수준에 속한다. 특히 넓은 창 너머로 보이는 정원이 백미다. 저녁에 창을 열어 놓으면 풀벌레 소리가 운치를 더하고, 아침에는 새소리가 잠을 깨

아야노쇼의 모든 식재료는 아소산과 그 인근에서 생산된 것을 활용한다. 특히 완숙 토마토를 화이트와인에 절인 '토마토컴포트'는 료칸을 찾은 모든 고객을 매료시킬 만큼 절품이다.

운다. 자연의 시간에 순응하니 자명종 따위가 애시당초 쓸모없다.

산책으로 계절을 느끼고 요리로 표현하다

완벽할 정도로 구현된 공간 연출에도 불구하고 아야노쇼의 진정한 매력은 식사에 있다. 우선 프라이버시를 존중하는 콘셉트는 식사에서도 일관성을 유지한다. 전통적인 일본 료칸의 식사는 객실에서 상을 받는 '헤야쇼쿠部室食'가 일반적이다. 아주 규모가 크거나 조금 저렴한 료칸의 경우에는 식당을 이용한다. 최근엔 방에 음식 냄새가 남는 것은 싫고, 프라이버시는 지키고 싶어 하는 고객을 위해 두 가지 형태가 절충된 방식이 선호된다. '오쇼쿠지도코로お食事処'라는 독립된 공간에서 식사를 하는 경우다. 아야노쇼는 이 방식을 택하고 있다. 그래서 객실 숫자만큼 별도의 식사 공간이 따로 마련되어 있다.

식사는 가이세키 요리로 구성된다. 에도시대의 연회요리에서 시작된 가이세키 요리에서 가장 중요하게 생각하는 것은 재료다. 신선한 재료를 사용해야 할 뿐 아니라, 재료를 통해 계절감을 느낄 수 있어야 한다. 때문에 인위적인 맛을 내기보다는 재료가 가진 본래의 맛을 최대한 끌어내는 것이 관건이다. 그릇으로 계절감을 극대화하고 시각적인 만족감을 높이는 것도 중요하다. 재료의 색깔과 음식의 성질에 따라 담는 그릇이 다르다. 전통과 향토색 역시 재료로써 드러내야 한다. 주변에서 생산된 재료를 사용해 전통적인 방식으로 조리함으로써 요리를 통해 지역

旅館 ✚

무엇을 배울 것인가

관광이란 무엇(What)을 팔 것인지보다 어떻게(How) 팔 것인지를 고민하는 산업이다. '어떻게'라는 것이 흔히 말하는 콘셉트다. 아야노쇼의 콘셉트는 누가 봐도 쉽게 읽힌다. '원형 그대로의 자연 속에, 전통과 현대가 조화된 공간을 세우고, 프라이버시가 보장되는 완벽한 휴식을 제공하겠다'는 것이다. 이것은 누구라도 생각할 수 있고 쉽게 모방할 수 있다. 한국은 기획력과 시공 능력 그리고 서비스 매뉴얼에 있어 이미 일본 못지않다.

관건은 그것을 구현하는 방식이다. 아야노쇼를 비롯한 일본의 유명 료칸은 바로 이 부분에서 탁월한 능력을 발휘한다. 무릇 감동이란 눈에 보이지 않는 사소한 것조차 정교하게 다듬고 이를 스토리로 엮어 내야 전해진다. 좋은 료칸은 오랜 경험과 시행착오를 통해 사람을 감동시키는 방법을 축적하고 있다.

안타깝게도 한국은 이 부분에 있어서만큼은 한 수 배워야 한다. 일본의 오래된 식당이나 료칸에서 친절, 배려, 미소 따위를 배우던 시대는 지났다. 이제는 그들이 경험과 시행착오를 통해 다듬어 놓은, 사람을 감동시키는 비결을 읽어 낼 차례다. 그리고 그것을 한국의 전통과 한국인의 정서에 '어떻게' 접목시킬 것인지에 대한 고민이 필요하다.

성을 느낄 수 있어야 한다.

아야노쇼의 가이세키 요리는 10가지 내외의 코스로 구성되며, 일본 전통 조리법과 서양식 조리법을 다양하게 활용한다. 일본요리를 전공한 총주방장은 서양요리에도 만만찮은 내공을 보인다. 대부분의 식재료는 규슈의 명산 아소산에서 생산된 것만 사용한다. 토마토, 쇠고기, 산천어, 채소 등은 계약농가와의 직거래를 통해 공급받는다. 주변 산에 지천으로 널린 산나물과 각종 열매는 직접 채취하거나 동네 주민들에게서 공급받는다. 구마모토현이 예로부터 말 사육으로 유명한 곳이라 최고의 말고기 육회도 만날 수 있다. 식재료의 질과 음식의 맛, 그리고 미적 감각 모두 최고 수준을 자랑한다. 계절감을 극대화하기 위해 코스 구성도 두 달에 한 번꼴로 바뀐다.

봄철에 나오는 냄비요리는 특히 인상적이다. 먼저 곱돌냄비에 곱게 간 얼음이 수북이 담겨 나온다. 고객들은 이게 뭔가 고개를 갸우뚱하게 마련이다. 냄비를 가열하니 얼음이 녹기 시작하고, 얼음이 다 녹으니 죽순, 고사리, 두릅 등이 냄비 위에 떠 있다. 눈치 빠른 고객은 이때부터 감탄사를 터뜨린다. 얼음은 겨울 산을 의미하고, 냄비가 가열되는 것은 계절의 변화를 뜻한다. 겨울이 가고 봄이 오니 땅속에 웅크리고 있던 봄의 생명이 싹트는 것을 형상화한 것이다. 봄이 찾아온 냄비에는 그 해에 수확한 햇차를 우려낸 녹차를 더해 한소끔 끓인다. 여기에 최고 등급의 와규를 비롯해 각종 채소와 두부를 넣어 샤부샤부를 해서 먹는다. 음식을 먹는 것이 아니라 계절을 즐기는 셈이다. 손색없는 맛이지만, 이 기

아야노쇼의 냄비요리는 이른 봄의 이미지를 마치 한 편의 드라마처럼 녹여 내고 있다. 이 기발한 아이디어 덕분에 고객은 맛 이상의 감동을 느낀다. 이런 것이 바로 스토리텔링의 힘이다.

발한 아이디어 앞에서 맛은 이미 사소한 것이 되어 버린다.

대체 어떻게 이런 발상을 하게 되었는지 그 내막이 궁금했다. 일흔이 넘은 아야노쇼의 주인장과 총주방장은 매일 아침 산책을 나간다고 한다. 그들의 산책은 운동이라기보다는 계절의 변화를 확인하고 식재료와 장식용 오브제를 채집하는 것이 목적이다. 어느 이른 봄, 주인장은 채 녹지 않은 눈을 뚫고 나온 새싹을 발견했다. 그러고는 주방장에게 "이것을 요리로 표현할 수 없을까?"라고 물었다. 봄을 구체화한 냄비요리는 그렇게 탄생했다. 자연 속에서 소재를 발굴한 사람도 놀랍고, 그것을 요리로 구체화시킨 사람도 놀라울 따름이다. 이는 밥상 위에서 펼쳐지는 한 편의 자연 다큐멘터리에 다름없다.

식사 후에는 무엇을 하든 자유다. 온천을 해도 좋고, 영국식으로 꾸며진 라운지에서 커피 한 잔을 마시며 책을 읽거나 대화를 나누어도 좋다. 이도 저도 싫으면 아야노쇼의 슬로건처럼 '아무것도 없는, 아무것도 하지 않아도 되는 사치'를 누리며 편안한 휴식을 만끽해도 된다. 무엇을 하건 분명한 것은 1분 1초 시간의 흐름이 아까울 따름이라는 사실이다.

....

아야노쇼(彩の庄)
熊本県 阿蘇郡 南小国町 満願寺 5853-1 T.0967-44-0234

오이타 하나벳푸

낡은 벳푸를 되살리는 동백과 대나무

규슈의 동쪽 끝에 위치한 오이타현의 벳푸시는 일본 최대의 온천 관광지다. 온천이 솟아나는 원천의 수와 온천수의 양에 있어 단연 최고를 자랑한다. 덕분에 1950년에 이미 '국제관광 온천문화도시'로 지정되어 대규모 개발이 이뤄졌다. 전쟁의 폐허를 딛고 고도성장기에 접어든 1970년대 중반까지, 벳푸는 일본의 대표적인 온천도시이자 관광지로 활기를 띠었다. 신혼여행, 수학여행, 가족여행, 효도관광 등 거의 모든 여행의 필수코스였다. 한때는 인구 12만 명에 불과한 도시에 연 관광객이 1300만 명이나 찾는 호시절도 있었다.

하지만 1980년대 이후 벳푸는 급속히 쇠퇴하기 시작했다. 해외 여행객의 증가와 타 지역 온천의 본격적인 개발 때문이다. 특히 주변 온천의 개발이 결정적이었다. 벳푸가 대규모 관광지로 덩치를 키워 가는 동안, 인근의 유후인이나 구로카와 등은 대자연 속에서 휴식과 문화를 함께 누릴 수 있는 '온천마을'로 거듭났다. 벳푸는 점점 낡은 관광지라는 이미지로 굳어졌다. '부자는 망해도 3년은 간다'라는 속담처럼 지금도 연간 수백만 명의 관광객이 찾고는 있지만, 대부분 노인이나 외국인 관광객이다. 몇몇 관광지를 제외하고는 활기를 찾아볼 수 없고, 건물은 낡고 빛이 바랬으며, 상점가에는 빈 점포가 갈수록 늘고 있다.

이처럼 낡고 오래된 관광지라는 이미지를 벗기 위해 벳푸는 다양한 노력을 기울이고 있다. 도심 재생 사업과 국제적인 예술가를 초청한 아트 프로젝트 등을 통해 새로운 도시 이미지를 구축하기 위해 안간힘을 쓴다. 하지만 왠지 역부족으로 보인다. 지역이 안고 있는 근원적인 문제의식도 결여되어 있고, 지역민의 삶과 괴리된 채 진행되는 아트 프로젝트는 벳푸가 가진 칙칙한 이미지만 강조할 뿐이다. 그래서 벳푸는 어지간하면 피하게 된다.

그런 와중에 알게 된 곳이 '하나벳푸花べっぷ 료칸'이다. 벳푸역에서 걸어서 5분 정도 거리에 있는데, 기존에 료칸으로 사용하던 건물을 전면 리모델링해 2012년 4월 재개관했다. 흥미로운 대목은 하나벳푸의 소유주가 'JR규슈(규슈여객철도

대나무와 동백을 모티브로 사용한 '하나벳푸'는 섬세한 디테일로 고객을 감동시킨다. 사소한 달걀 받침 하나조차 대나무를 엮어 만들 정도로 정성을 기울였다.

주식회사)'라는 점이다. 규슈 전역을 커버하는 철도사업의 운영 주체이자 34개의 계열사에 9,500명의 종업원을 거느린 대기업이 고작 객실 30개짜리 료칸을 운영한다니, 우선 뜻밖이었다. 특히 JR규슈는 1987년 일본의 국철을 민영화하면서 6개로 나뉜 여객철도회사 가운데, 디자인 경영으로 정평이 난 회사다. 디자인 감각이 뛰어난 철도회사가 운영하는 료칸이라니 이래저래 구미가 당길 수밖에 없었다.

동백과 대나무의 일관성과 섬세함

하나벳푸는 벳푸를 외면하는 일본의 젊은 관광객, 특히 '여성을 위한 료칸'으로 콘셉트를 정하고 동백꽃과 대나무, 두 가지 소재를 선택했다. 동백꽃은 찰나의 아름다움, 즉 인생의 가장 화려한 순간을 상징하고, 대나무는 항상 변함없는 생명력을 상징한다. 가장 화려한 순간이 영원히 지속되기를 바라는 것, 이는 아마도 여성뿐만 아니라 인간이라면 누구나 꿈꾸는 욕망일 것이다.

하나벳푸에 들어서면 우선 대나무로 만든 거대한 칸막이가 눈길을 사로잡는다. 10명의 장인이 무려 1만여 개의 대나무 가지를 일일이 손으로 짜 맞춰 완성했으니 그 자체로 하나의 예술작품이다. 칸막이 너머로는 일본식 정원이 그림처럼 펼쳐진다. 칸막이와 정원 사이의 거실에 앉아 있으면 외부로부터 들어오는 빛의 각도에 따라 그림자가 시시각각으로 변한다. 마치 거대한 대나무 바구니 속에 든 것 같은 몽환적이며

서도 편안한 분위기에 휩싸인다.

 칸막이뿐만이 아니다. 무릇 하나의 콘셉트가 고객에게 스며들기 위해서는 일관성과 섬세함을 두루 갖춰야 한다. 마루와 벽면 등의 마감재는 물론이고 조명과 소품 등에 이르기까지 거의 모든 것을 대나무나 대나무의 질감을 살린 소재로 만들었다. 심지어 대나무로 만든 젓가락 받침대에 이르면 그 일관성과 섬세함에 혀를 내두르게 된다.

 대나무의 질감과 빛깔이 연출하는 차분함 속에서 붉은 동백꽃은 수줍은 듯 절제된 모양으로 곳곳에 피어 있다. 벽화에, 식기에, 안내판에 그리고 수건에까지 만개한 동백은 자칫 심심할 듯한 분위기를 화사하게 변모시킨다. 이러한 조화는 객실은 물론 온천, 레스토랑, 복도 등 모

거대 철도 그룹인 JR규슈가 운영하는 '하나벳푸'는 낡은 온천도시 벳푸의 이미지를 바꾸고 있다. 특히 모든 인테리어와 시설 그리고 서비스가 여성 고객 중심으로 연출되어 있다.

든 공간에 적용되어 편안하면서도 세련된 분위기를 만끽할 수 있다.

공간의 특징이 소재의 일관성과 섬세함이라면 음식의 특징은 한마디로 '지산지소地産地消'로 요약된다. 지산지소란 지역에서 생산한 농작물을 지역에서 소비한다는 의미로, 유럽의 로컬푸드나 우리나라의 신토불이와 비슷한 개념이다. 우선 하나벳푸는 음식을 만드는 모든 식재료를 벳푸시와 인근 지역에서 생산된 것만 사용한다. 단지 재료를 사용하는 것에서 그치지 않고 조리법까지도 지역의 전통적인 방식을 따른다. 그러나 이 정도까지는 1980년대 초반부터 시작되어 로컬푸드의 세계적인 성공 사례로 주목받고 있는 일본 지산지소 운동의 상황에서 볼 때 지극히 일반적인 경우다. 하나벳푸의 지산지소가 특별한 점은 그다음 단계를 실천한다는 데 있다. 하나벳푸는 자신이 원하는 수준의 농작물을 생산하는 농가를 직접 발굴하여 공급받을 뿐만 아니라 이를 적극 홍보함으로써 상생을 도모한다.

이를테면 저녁식사의 주메뉴는 닭고기전골인데 이때 사용되는 닭은 간무리지도리冠地どり라는 일본 토종닭과 오골계를 섞어 개량한 것이다. 일본 전국에서도 닭고기 소비량이 높기로 소문난 오이타현의 농림수산연구센터가 지난 2008년 개량에 성공한 이 닭은, 육질이 쫄깃하고 올레인산과 콜라겐이 풍부해 감칠맛이 뛰어나다. 보통은 90일 정도 사육하지만 하나벳푸와 거래하는 다하라 씨의 농장에서는 120일 동안 사육해서 공급한다. 굳이 이런 수고를 마다하지 않는 것은 사육 기간이 늘어남으로써 육질이 단단해지고 감칠맛은 증가해 전골용으로 더할 나위 없어지기 때문이다.

   비단 닭뿐만이 아니라 쇠고기, 쌀, 달걀, 채소, 과일 등 대부분의 식재료가 이런 방식으로 생산·공급된다. 그리고 이를 별도의 현장 취재를 통해 소비자에게 적극 알린다. 하나벳푸의 블로그를 보면 닭을 기르는 다하라 씨, 쌀 농사를 짓는 우라베 씨, 채소를 기르는 우쓰노미야 씨, 자몽절임을 만드는 마모루 부부 등 사용하는 식재료의 생산자를 상세히 소개하고 있다. 누가 어떻게 만든 식재료를 먹는지 고객이 알도록 하는 것은 매우 신선하고 바람직한 접근 방식이다. 아울러 생산 농민에게는 스스로 책임감을 높이고 동기부여를 할 수 있도록 자극한다. 료칸이 생산자와 소비자를 연결하는 매개체 역할을 하는 셈이다.

얼굴이 있는 생산자에게서 온 소박한 아침식사의 감동

   보통의 료칸은 저녁식사에 비해 아침식사의 비중이나 감동이 떨어지게 마련인데, 하나벳푸는 오히려 아침식사가 더 인상적이다. 우선 히타시에서 길어 온 생수 한 잔으로 몸을 깨운다. 다음으로 유후인의 우유를 마실지 아소의 토마토주스를 마실지는 고객의 선택 사항이다. 물론 이 모든 것이 오이타현의 것이다.

   지역의 농가에서 직접 생산한 여덟 가지 쓰케모노와 서너 가지 샐러드용 채소는 어찌나 색이 선명하고 정갈하게 차려져 있는지, 보는 것만으로도 군침이 돈다. 특히 완숙 상태에서 수확한 붉은 토마토는 그 신

하나벳푸는 지역에서 생산된 식재료를 소비하는 '지산지소'의 개념을 넘어 료칸에서 소비하는 모든 식재료를 계약농가에서 직접 생산하는 '자산자소'의 개념을 채택하고 있다. 따라서 모든 식재료는 하나벳푸가 추구하는 음식에 맞춰 재배되고 키워진다.

맛과 단맛 그리고 향기가 지금까지 경험하지 못한 수준이다. 덜 익은 상태에서 수확해 유통 과정에서 붉게 익힌 토마토만 먹어 본 사람에게는 딱히 설명할 방법이 없는 맛이다. 하여간 이 토마토를 맛보고 나면 토마토에 대한 기준이 완전히 바뀐다.

많은 음식 가운데 하나벳푸가 특히 자랑하는 것이 밥이다. 계약농가에서 유기 재배한 이 쌀은 특이하게도 바닷물을 사용해 병충해를 방지한다고 한다. 일본에서 좀 한다는 료칸치고 밥맛 없는 곳이 없지만, 하나벳푸의 밥은 특히나 달고 구수하다.

밥상에는 대나무로 짠 받침대 위에 날달걀 하나가 놓여 있다. '우치노타마고うちのたまご'라는 이름을 가진 이 브랜드 달걀은 JR규슈가 2011년부터 'JR규슈팜 주식회사'라는 계열사를 통해 직접 생산하고 있다. 사육 환경과 사료는 물론이고 닭이 마시는 지하수까지 '닭의 복지' 차원에서 관리한다고 한다. 그러니 일반 달걀보다 두 배 이상 비싼 몸값을 자랑하지만 규슈에서 큰 인기를 끌고 있다. 아울러 JR규슈가 운영하는 호텔과 료칸 그리고 모든 외식업체에 독점 공급된다. 일본서 가장 부러운 것 중의 하나가 바로 달걀인데, 우치노타마고의 맛과 품질은 그중에서도 최고다. 한국 같으면 대기업이 달걀 장사까지 하냐는 비판이 대두될 만도 한데, 안전한 먹거리를 최우선으로 생각하는 일본에서는 오히려 '대기업이라 더 신뢰'하는 분위기마저 감지된다.

좋은 밥과 좋은 달걀이 있으니 간장이 필요하다. 일본에서는 밥과 달걀을 비벼 먹을 때 뿌리는 간장을 '다마고쓰유'라고 한다. 이 조합을 위낙 즐기다 보니 다양한 브랜드의 다마고쓰유가 시판되고 있다. 하나벳푸에서는 이를 직접 만들어 쓴다. 소박하기 그지없는 추억의 음식에 그칠 수도 있다. 하지만 최고의 재료들이 만나니 아침부터 감동의 도가니에서 허우적거리게 된다. 1인당 20만 원이 넘는 숙박료를 지불하고, 고작 이 따위 음식에 감동하게 될 줄은 미처 몰랐다. 그러거나 말거나 '달걀밥'이야말로 하나벳푸의 진정한 명물임에 분명하다.

하나벳푸는 지역의 식재료와 조리법을 따르면서도 맛과 형태에 있어서는 여느 고급 레스토랑 못지않은 수준을 보인다. 명분만큼이나 중요한 것은 결과다. 로컬푸드를 지향하지만 그 결과물은 지극히 도시적이다. 그래서 하나벳푸의 감각적인 공간 연출과 친환경적이면서도 세련된 음식은 도시인의 감성을 자극하고도 남는다.

이 정도 수준이라면 머지않아 낡은 온천도시 벳푸의 이미지를 바꿀 아이콘으로 등장하지 않을까 싶다.

하나벳푸(花べっぷ)
大分県 別府市 上田の湯町 16-50 T.0977-22-0049

사가 요요카쿠

왜 료칸에 가느냐고 묻거든

　일본 사가현 가라쓰시에 있는 '요요카쿠洋洋閣'는 1893년에 문을 열어 올해로 꼭 120년 된 료칸이다. 오코우치 아키히코大河內明彦 씨(78)와 그의 아내 하루미春美 씨(67)가 3대째 가업을 잇고 있다. 세계에서 가장 오래된 호텔로 기네스북에 기록된 1300년 전통의 호시法師 료칸도 있고, 200~300년 된 료칸이 즐비한 일본에서 120년은 시시해 보일지도 모른다.

　한국이 그랬듯 일본 역시, 혹은 한국보다 조금 더 일찍 전통문화를 훼손하고 '글로벌 스탠더드'라는 명목하에 일방적으로 재단했던 시기가 있었다. 덕분에 지금은 대부분의 료칸이 겉모습만 전통가옥의 형태를 띨 뿐 내부를 완전히 리모델링했거나, 호텔식 료칸이라는 이름으로 현대식 건물로 증개축한 상태다. 일본식 다다미와 서양식 침대를 함께 배치해 '화양실和洋室'이라고 이름 붙인 방 또한 이러한 합리성 혹은 서구

중심적 사고의 결과물이다.

요요카쿠는 서구적 합리주의와 공무원들의 근시안적인 행정에 단호히 맞서 자기만의 전통을 힘겹게 고수해 왔다. 전통적인 분위기를 연출하기 위해 그저 모양새로 놓인 물건은 아무것도 없다. 모든 것이 진짜고, 제각각 존재 이유가 분명하다. 그래서 요요카쿠에서 느끼는 감동은 100년의 역사를 훨씬 뛰어넘는다. 무릇 시간이 켜켜이 쌓여 만들어진 흔적은 그 가치와 깊이를 짐작하기 어려운 법이다. 그렇다고 굳이 가치와 깊이를 헤아리려 애쓸 필요는 없다. 인간이 본능적으로 가진 심미안은 그것을 '감동'이라는 정서로 환산해서 받아들일 줄 안다.

더러 본질을 꿰뚫어 보는 눈 밝은 이들도 있다. 프랑스 출신의 유명 영화감독 장 자크 아노는 "도쿄에서 제일 좋은 호텔에 묵었지만 요요카쿠에서 비로소 일본을 느꼈다"고 했고, 도올 김용옥 선생은 "이곳에 머무는 것은 최고의 가치가 있다"는 찬사를 아끼지 않았다. 과연 무엇이

'요요카쿠'의 120년 전통은 3대째 이곳을 운영하고 있는 오코우치 아키히코 사장과 그의 아내 하루미 씨의 고집스런 철학과 수준 높은 안목 덕분에 더욱 빛을 발한다.

한국을 대표하는 지성과 프랑스를 대표하는 영화감독의 마음을 움직이게 했을까?

품위 있는 접대가 손님의 품격까지 높이다

우선은 사람이다. 아무리 좋다 한들 료칸이든 호텔이든 어차피 머물다 가는 곳이다. 인생의 한 순간 좋은 추억으로 남으면 그것으로 족하다. 그래서 료칸을 운영하는 분들은 이별에 익숙하다. 고객 역시 공간을 즐기고 서비스를 누릴 뿐, 그곳에 정情을 내려놓지는 않는다. 하지만 요요카쿠는 아키히코 사장과 안주인 하루미 씨로 인해 '인연'이 만들어지는 료칸이다. 하룻밤 머물다 떠나는 사람도, 이들을 보내는 사람도 반드시 다시 만날 날을 기약한다. 거자필반去者必返이라는 불교의 진리가, 요요카쿠에서는 의심할 바 없는 현실이 된다.

일본 료칸의 수준은 료칸을 들어서는 순간부터 가늠할 수 있다. 요요카쿠의 첫인상은 그저 조금 넓어 보이는 일본의 전통가옥이라는 다소 심심한 느낌이다. 하지만 문이 열리고 첫발을 내딛는 순간, 반전이 기다리고 있다. 기모노를 곱게 차려 입은 오카미상과 나카이상이 모두 꿇어앉아 절도 있는 동작과 온화한 표정으로 손님을 맞는다. 그들 등 뒤로 펼쳐지는 갈색 복도와 녹색 정원의 대비는 끝을 헤아리기 어려울 정도로 심도가 깊다. 마치 출입문 하나를 사이에 두고 전혀 다른 두 개의 세상이 공존하는 듯한 착각이 든다.

영화제에서 스타들이 레드카펫을 지나게 하는 것은 '이 순간 당신이 진정한 주인공'이라는 의미다. 국빈 방문 때 정부 대표가 공항에 영접을 나가고 의장대가 사열하는 것은 '우리나라를 방문해 주신 귀한 손님을 최선을 다해 모시겠다'라는 표현이다. 요요카쿠의 입장 세레모니에는 그 두 가지 의미가 동시에 담겨 있다. 때로는 너무 거창한 환대에 화들짝 놀라 문 밖으로 달아나는 고객이 있을 정도라고 한다. 쫄지 말고 즐기시라! 요요카쿠의 문턱을 넘는 순간, 당신이 바로 스타고 국빈이다.

사람에게는 두 가지 종류의 자유가 있다. 무엇이든 해도 되는 자유와 아무것도 하지 않아도 되는 자유. 다양한 부대시설과 화려한 볼거리를 갖춘 해변의 리조트가 전자라면, 일본의 료칸에서 누릴 수 있는 것은 후자에 가깝다. 나카이상이 우려 주는 차 한 잔을 앞에 놓고 정원을 바라보며 하염없이 시간을 보내도 좋다. 온천욕을 한 후 늘어지게 낮잠을

일체의 인위적인 것은 배제하고 오로지 자연과 옛 것의 조화를 추구하는 요요카쿠의 철학 속에서 120년의 시간은 흘러간 과거가 아닌 현재의 것이 되고, 그것이 주는 울림은 깊이를 가늠할 수 없을 정도로 크다.

자도 누구 하나 참견하지 않는다. 때가 되면 밥 차려 주고, 밥상을 물리면 비단 금침이 부럽지 않은 이부자리까지 깔아 준다. 진정한 휴식이다.

요요카쿠에서는 그 자유에 두 가지 감동을 더 누릴 수 있다. 심미적 가치와 인간의 품격이 어우러진 가치, 그리고 최고의 식재료와 그릇이 연출하는 음식이 그것이다.

우선 100년을 고스란히 보존해 온 건물 자체가 문화재급이다. 요즘 일본에는 수백 년 된 민가를 통째로 사들인 다음 이를 해체해 료칸이나 음식점의 인테리어 소재로 사용하는 것이 유행이다. 일종의 만들어진 전통인 셈이다. 하지만 요요카쿠는 나무와 흙으로 된 건물의 뼈대와 내부를 그대로 유지하고 있다. 덕분에 행정기관과 소방 관련 법규 등으로부터 많은 규제와 불이익을 받기도 했지만, 요요카쿠는 이를 고스란히 감내하며 지켜 왔다.

건물 내부의 정원에는 수령 250~300년 된 곰솔들이 고고한 자태를 뽐내고 있다. 정원문화가 발달한 일본에서도 보기 드문 수준이다. 물론 이것이 가능하기 위해서는 정성과 돈이 필요하다. 이 정도면 일 년에 2회는 관리해 줘야 하지만 "돈이 없어 일 년에 한 번밖에 관리하지 못한다"며 오코우치 대표는 못내 아쉬워했다. 하지만 그조차도 네 명의 전문 인력이 두 달간 작업해야 하는 만만찮은 일이다.

내부는 안주인인 하루미 씨의 몫이다. 료칸 곳곳에 놓인 토기와 유리로 된 화병을 채운 꽃꽂이 솜씨가 예사롭지 않다. 섬세한 통찰력과 수준 높은 감각 덕분에 계절의 변화를 건물 내부에서 유감없이 느낄 수 있다. 객실에 비치된 소품 하나, 족자 하나도 손님의 출신과 취향을 고려한 선택이다. 이렇듯 숨은 배려를 읽어 내는 것은 료칸을 찾는 손님과 주인 간의 일종의 게임이다.

  요요카쿠에서 느끼는 예술적 감동의 압권은 객실이 20개밖에 없는 료칸에 마련된 세 곳의 갤러리다. 이곳에는 '가라쓰야키'의 명인인 나카자토 다카시와 그 아들의 작품이 전시되어 있다. 가라쓰야키는 사쓰마야키, 아리타야키 등과 더불어 임진왜란 때 끌려간 조선의 도공들로부터 시작된 일본의 대표적인 자기다. 그 때문일까? "옛 조선의 생활 도자기가 나의 스승"이라고 당당히 밝히는 나카자토 부자의 작품은 묘하게 한국인의 감성을 자극한다. 나카자토 씨의 작품세계를 귀하게 여긴 요요카쿠는 그의 상설 전시관을 설치하고 작품집을 발간할 정도로 열성적인 후견인을 자처하고 있다.

  견물생심이라고, 아름다움에 빠져들면 그것을 소유하고 싶은 것이 인간의 당연한 욕망이다. 갤러리에 전시된 자기의 모양과 색에 매료되어 하나쯤 갖고 싶다는 생각이 수시로 들지만, 막상 가격을 보고 나면 금세 이성이 복구된다. 하지만 실망하지는 말자. 요요카쿠에 묵는 고객에게는 사치를 누릴 특권이 부여된다. 일본 도자기 가운데서 식기로 사용될 목적으로 만들어진 그릇을 '우쓰와うつわ'라고 한다. 요요카쿠에서는 나카자토 부자가 만든 우쓰와를 식기로 사용한다. 따지고 보면 이 사실 하나만으로도 요요카쿠에서 하루를 묵는 것은 그 가치가 쉽게 가늠되지 않는다.

일본 3대 도자기의 하나로 평가받는 '가라쓰야키'의 명인 나카자토 다카시의 작품이 전시된 갤러리와 섬세한 통찰력과 수준 높은 감각이 어우러진 인테리어는 요요카쿠의 품격을 더한다.

수령 250~300년 된 소나무가 심어진 요요카쿠의 정원은 정원문화가 발달한 일본에서도 보기 드문 수준이다. 그리고 그 정원이 한눈에 펼쳐지는 로비는 진정한 휴식을 위한 공간이다.

가이세키 요리보다 귀한 다금바리와 사가규

120년의 전통은 음식에서도 그 품격이 고스란히 드러난다. 요요카쿠의 대표 메뉴는 다금바리 코스와 샤부샤부 코스다. 개업 초기부터 선보인 다금바리 요리는 요요카쿠의 자부심이다. 최고급 사가규를 사용한 샤부샤부는 규슈에서 최초로 선보인, 50년 역사를 가진 요요카쿠의 명물이다. 무엇을 선택하느냐는 고객의 취향과 예산에 달렸다.

현해탄과 인접한 후쿠오카현과 사가현에서 다금바리는 최고의 어종이다. 바닷고기를 좀 아는 분들은 능성어거나 기껏해야 붉바리 아니면 자바리겠지 하시겠지만, 요요카쿠에서 사용하는 것은 진짜 다금바리다. 대단히 안타깝게도 국내 해역에서 다금바리는 자취를 감춘 지 오래다. 어쩌다 가뭄에 콩 나듯 잡히기 때문에 공식적인 경로로는 구할 수도 없다.

그런데 일본의 현해탄 쪽에서는 다금바리나 자바리가 더러 잡힌다. 일본말로 자바리는 '구에くえ', 다금바리는 '아라あら'라고 한다. 둘 다 엄청난 몸값을 자랑하는데 특히 아라가 비싸다. 100년 가까이 이 아라를 취급하다 보니, 요요카쿠에서는 미리 예약을 하면 사시미, 샤부샤부, 조림 등 다양한 다금바리 요리를 맛볼 수 있다.

단단하면서도 쫄깃한 육질은 딱히 비교할 만한 대상이 없을 정도다. 특히 다금바리조림은 어떤 맛을 상상하든 무조건 그 이상이다. 이걸 한 번 입에 문 사람은 일단 말을 잇는다. 감탄사조차 거추장스럽다. 간장,

맛술, 설탕을 다루는 일본인의 타고난 솜씨에 120년 요요카쿠의 전통이 결합되었다. 이 정도 조림양념이라면 싸구려 잡어를 써도 충분히 환상적인 요리가 될 것이 분명한데, 다금바리와 만나니 정말로 환상적인 요리가 되었다. 만만찮은 가격을 지불해야 하지만 사치를 부릴 만한 충분한 가치가 있는 음식이다.

상대적(!)으로 저렴한 사가규 샤부샤부 역시 그 내공이 만만찮다. 핑크빛 속살에 싸락눈이 내린 듯 하얀 지방이 촘촘하게 박혀 있는 사가규가 가라쓰야키 위에 그림처럼 담겨 나온다. 그릇의 색은 분청사기의 그것을 닮았다. 소담스런 형태와 조신한 색은 음식을 포근하게 안아 줌으로써 그 자체로 작품이 된다. 음식은 우선 눈으로 먹는다는 말의 진가를 경험하는 순간이다.

눈과 마음이 요동치고 있는데 환청 같은 소리가 들려온다. "사가규가 충분히 준비되어 있으니 마음껏 드세요." 안주인인 하루미 씨의 말이다. 독학으로 한국어를 배웠다는 하루미 씨의 실력은 유창하다는 말로는 충분치 않다. 그녀가 구사하는 한국어에서는 품격이 느껴진다. 자국어든 외국어든, 자고로 언어에는 그 사람의 성정이 묻어나는 법이다. 그 품격 있는 억양으로 전해지는 "마음껏 드세요"라는 말은 축복임에 분명하다.

세계 최고 수준이라는 와규 중에서도 최고로 꼽히는 사가규이지만, 사가현에서 생산된 모든 와규에 '사가규'라는 브랜드가 붙는 것은 아니다. 육질 기준으로 A1~A5 등급 가운데 최상위 등급인 A5와 A4 등급에

나카자토 다카시 선생의 분청접시에 일본 최고 수준의 쇠고기가 담긴 샤부샤부는 그 자체로 하나의 작품이다. 거기에 안주인인 하루미 씨만 비법을 알고 있는 참깨소스를 곁들이면, 말 그대로 환상적인 궁합을 연출한다.

만 붙는다. 그 아래 등급과 A4 중에서도 지방의 분포가 나쁜 것은 그냥 '사가산 와규'가 된다.

문화재 수준의 그릇에 최고의 쇠고기가 담겨 있으니 더 이상 무슨 말이 필요할까마는, 요요카쿠의 샤부샤부에는 또 하나의 비밀이 숨어 있다. 일본인은 쇠고기 샤부샤부를 주로 깨를 베이스로 만든 '고마소스'에 찍어 먹는다. 워낙 즐겨 먹기 때문에 집집마다 비법이 있고 제품으로 판매되는 것도 많다. 그런데 요요카쿠의 소스는 지금껏 경험해 보지 못한 특별한 맛이다. 고소한 맛, 신맛, 알싸한 맛이 어우러져 고기 맛은 살려 주면서 기름진 뒤끝은 깔끔하게 정리해 준다.

예사롭지 않은 음식에는 그에 걸맞은 내력이 있을 터, 샤부샤부 소스는 2대째 안주인이었던 시어머니로부터 하루미 씨에게로 50년째 전해지는 비법이라고 한다. 제조법은 말 그대로 며느리도 모르고 료칸의 주

요요카쿠에서의 식사는 단순히 '음식을 먹는다'는 행위를 넘어 마치 내가 이야기의 주인공이 된 듯한 특별한 체험이다. 이것이야말로 '전통'이 가진 진정한 가치다. 그리고 이러한 가치는 직접 경험하지 않고서는 짐작하기 어렵다.

방장도 모른다. 물론 기록된 레시피도 없다. 오직 하루미 씨 혼자만 알고 있고, 혼자서만 만든다. 올해 67세인 하루미 씨는 그게 걱정이다. "누군가에게 전해 줘야 하는데, 아직은 마땅치가 않아요. 당장은 괜찮지만 행여 치매라도 올까 봐 걱정입니다. 요즘은 뭘 자꾸만 잊어버려요."

좋은 레드와인을 곁들이면 얼마든지 스테이크를 먹을 수 있는 것처럼, 50년 세월 동안 시어머니에서 며느리에게로 전해진 '고마소스'를 곁들이니 그 비싸고 귀한 사가규가 끝도 없이 입에 들어간다. 하지만 아무리 배가 불러도 노련한 나카이상이 솜씨 있게 끓여 준 죽을 거르면 섭섭하다. 다시마만 우린 맹물에 가까운 육수지만, 사가규가 수시로 몸을 담그며 육즙을 빼 준 덕분에 그 맛이 무척이나 달고 구수하다.

나는 100년이 넘은 건물에 앉아, 달빛에 반짝이는 300년 된 소나무를 바라보며, 400년 전 일본 땅에 전해진 조선의 그릇에 담긴 최고의 음식을 먹고 있었다. 무릇 모든 예술과 역사는 사람의 몫이다. 요요카쿠에서 느꼈던 모든 감동적인 순간들이 "요즘은 뭘 자꾸만 잊어버려요"라는 인간적인 고뇌 속으로 수렴되었다. 전통을 고수하는 것은, 그렇듯 힘겹고 치열한 일이다. 요요카쿠는 그 가치를 새삼 깨닫게 해 주는, 아주 특별한 공간이다. 안주인은 흐려지는 기억력을 걱정했지만, 고객인 나는 세상의 모른 시름을 까맣게 잊게 될까 봐, 그게 걱정이었다.

요요카쿠(洋々閣)
佐賀県 唐津市 東唐津 2-4-40 T.0955-72-7181

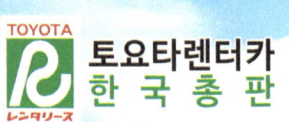 토요타렌터카
한국총판

렌터카로 즐기는
무한자유 일본여행

HOME PAGE http://www.toyotarent.co.kr **CUSTOMER CENTER** (서울) 02-2039-5100 (부산) 070-7017-7740

1. 왜 일본 렌터카 여행이 인기인가요?

《《 4명 이상이 같이 이동해야 할 경우 / 어린이나 노약자를 동반할 경우 / 짐이 많을 경우 또는 현지에서 물건을 구매해야 하는 경우 》》
현지에 내 차가 있다고 생각해 보세요. 얼마나 편리할지를... 동경이나 오사카 시내에만 머무르신다면, 당연히 전철이 편리할 수 있습니다.
그러나 오키나와, 홋카이도, 큐슈, 츄부 등 지방 소도시 너무나 아름다운 절경의 해안 드라이브 코스, 산악길 여행을 경험해 보세요.
지금까지 만나지 못했던, 새로운 일본여행이 펼쳐집니다.

2. 렌터카 비싸지 않나요?

7명 탑승 가능한 컴팩트 웨건 차량이 24시간 기준 대여료는 6,600엔 부터 ~ 1명당 하루 1,000엔이 안되는 돈으로 내 차를 이용할 수 있습니다.
유류비는 한국보다 더 저렴합니다. 2013년 가을 현재 리터당 160엔 정도 게다가 하이브리드 차량의 경우 리터당 35km 이상 달리는 경이로운 연비로 인해,
3박4일 여행을 하셔도 주유는 단 1번만 할 정도로 경제적입니다.

3. 일본어도 못하고 도로도 반대라던데 걱정되요.

한국에서 미리 예약하실 경우, 원하시는 차량 지정은 물론 한국어 네비게이션까지 신청하실 수 있습니다.
한국어 대응 네비게이션은 메뉴가 한글로 나오는 것은 물론, 음성안내도 한국어로 나옵니다.
목적지 설정은 전화번호나 맵코드로 번호만 누르면 되니까, 일본어를 쓰실 일은 없습니다.
주행방향은 반대가 맞습니다만, 한국에서 충분히 운전을 하셨던 분이라면 10분 정도만 몰면 금방 적응이 됩니다.
일본의 운전 스타일은 전체적으로 천천히 달리며, 충분히 상대방을 배려해주는 운전 매너를 배울 수 있습니다.
제이트래블은 월 1,000대 이상 렌터카 예약대행을 하고 있지만, 주차시 접촉사고나 스크래치 정도 외에 큰 사고는 발생하지 않고 있습니다.

4. 현지에 가서 신청하면 안되나요?

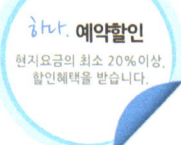
하나. 예약할인
현지요금의 최소 20%이상,
할인혜택을 받습니다.

두울. 차량지정
원하시는 차량을
미리 지정받을수 있습니다.

세엣. 한글네비
한글네비게이션 우선배정
가능합니다.

넷. NOC 가입
Non Operation Charge
보험은 한국에서 사전신청만
가능합니다.

연회비 5천엔 :: 큐슈 유명 관광지 8개 루트 무제한 탑승 :: 회원제 버스패스

큐슈여행의 교통비 종결자
요카로버스

YOKARO 요카로버스 8개노선

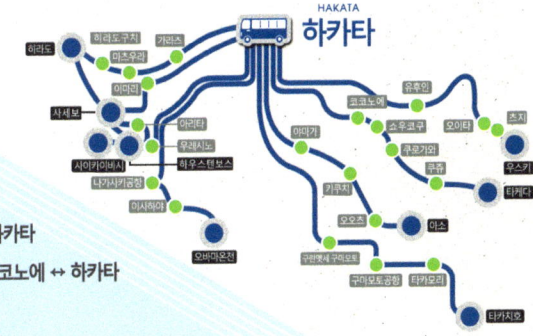

ROUTE 1 히라도 ↔ 히라도구치 ↔ 마츠우라 ↔ 카라츠 ↔ 하카타
ROUTE 2 다케다 ↔ 쿠주 ↔ 쿠로카와 ↔ 쇼우코쿠 ↔ 코코노에 ↔ 하카타
ROUTE 3 우스키 ↔ 츠지 ↔ 오이타 ↔ 유후인 ↔ 하카타
ROUTE 4 아소 ↔ 오오츠 ↔ 키쿠치 ↔ 야마가 ↔ 하카타
ROUTE 5 사세보 ↔ 사가현 아리타 ↔ 사가현 우레시노 ↔ 하카타
ROUTE 6 타카치호 ↔ 타카모리 ↔ 구마모토 공항 ↔ 구란멧세 구마모토 ↔ 하카타
ROUTE 7 오바마온천 ↔ 이사하야 ↔ 나가사키 공항 ↔ 하카타
ROUTE 8 하우스텐보스 ↔ 사세보 ↔ 사가현 이마리 ↔ 하카타

YOKARO BUS
1년 5,000엔 (한화 약 55,000원)
큐슈 유명관광지 무제한 탑승

1년 연회비 5,000엔으로 큐슈 유명 관광지 8개 루트를 무제한 탑승이 가능합니다. 회원제로 운영되며 사전예약제, 큐슈 여행의 필수 아이템!

요카로 버스 한국총판 | 070.7844.1100 | http://yokaro.co.kr